高考改革
——理想与现实

钟秉林　王新凤　著

图书在版编目(CIP)数据

高考改革:理想与现实/钟秉林,王新凤著.—北京:商务印书馆,2023
ISBN 978 - 7 - 100 - 21324 - 0

Ⅰ.①高… Ⅱ.①钟… ②王… Ⅲ.①高考—教育改革—研究—中国 Ⅳ.①G632.474

中国版本图书馆 CIP 数据核字(2022)第 105626 号

权利保留,侵权必究。

高考改革:理想与现实
钟秉林　王新凤　著

商　务　印　书　馆　出　版
(北京王府井大街36号 邮政编码100710)
商　务　印　书　馆　发　行
北 京 冠 中 印 刷 厂 印 刷
ISBN 978 - 7 - 100 - 21324 - 0

2023 年 3 月第 1 版　　　　开本 710×1000　1/16
2023 年 3 月北京第 1 次印刷　　印张 18¼
定价:78.00元

目　录

绪　言 …………………………………………………………… 1

政策解读

我国高考改革的价值取向变迁与理性选择 ………………… 13
新中国成立以来高考政策公平性的历史变迁与价值选择 …… 30
积极稳妥地推进高等学校考试招生制度改革 ……………… 51
我国高校实施"强基计划"的缘由、目标与路径 …………… 62
高考时间的变与不变：高考延期的再思考 ………………… 76
高考招生制度改革的重点与走向 …………………………… 87
尊重学生选择权成为教育决策价值取向 …………………… 89
中小学要应对高考招生制度改革的新挑战 ………………… 91
高招制度改革应跳出教育看教育 …………………………… 96
全面构建新时代立德树人评价机制 ………………………… 99
以学生为中心的评价转向 …………………………………… 103
实施"强基计划"，培养拔尖创新人才 ……………………… 107
艺体招考迎来大变革 ………………………………………… 110
"一档多投"需要循序渐进 …………………………………… 114
增加学生选择，促进文理融通 ……………………………… 116

成效评估

利益相关者视角下的高考综合改革实施效果分析 ………… 123
高考综合改革实施效果评价：学业表现的视角 …………… 133

基于高校学生发展的综合评价招生实施效果研究 ………… 146
北京高考综合改革的实施效果跟踪研究 ……………………… 159
新高考公平性问题及应对策略研究 ……………………………… 175
新高考考试科目设置的公平性问题研究 ……………………… 190
社会正义论视角中的新高考公平性问题研究 ………………… 204
新高考模式下高校人才培养质量的隐忧及应对 ……………… 216
新高考模式下高中选课走班实施的问题与应对策略 ………… 224
不能用旧眼光看待"新高考" ……………………………………… 233

路径选择

新高考的现实困境、理性遵循与策略选择 …………………… 243
深化教育评价改革背景下高考综合改革的实施路径 ………… 259
稳妥推进我国高考综合改革的四个着力点 …………………… 275
落实立德树人,探索教考衔接,深化高考内容改革 …………… 278
提高教师职业幸福感,重在深化教育改革 …………………… 282
增强高考改革的满意度与获得感 ……………………………… 284

后　　记 ……………………………………………………………… 288

绪 言

2014年《国务院关于深化考试招生制度改革的实施意见》颁布以来,北京师范大学高考改革研究团队持续跟踪高考综合改革实施进程,先后承担教育部哲学社会科学重大课题攻关项目"高考改革试点方案跟踪与评估研究"、北京市教育科学规划优先关注课题"北京市高考综合改革试点方案跟踪与评价研究"、全国教育科学规划国家一般课题"8省市高考综合改革实施的跟踪评估研究"等课题,2019年和2020年两次受浙江省委托对浙江省高考综合改革实施效果进行第三方评估工作。可以说,研究团队对迄今为止启动高考综合改革的21个省份都保持着不同程度的跟踪评估,密切关注高考综合改革政策设计的理念与政策实施的效果。

新一轮高考改革的理念承袭历史而来,在一定程度上实现政策设想的同时,也产生了新的问题与争议,面向未来的路径选择既应回顾历史,也应正视现实问题与挑战。本书收录的文章聚集高考改革的"理想"与"现实",立足过去、现在与未来,以政策文本为基础回顾高考改革政策的演变历程和价值变迁,基于大规模实证研究评估新一轮高考改革的实施效果,并力图在此基础上给出高考改革面向未来的理性选择。

一

普通高等学校考试招生制度是一项重要的人才选拔制度,是国家基本教育制度的重要组成部分。1952年以来,我国普通高校考试招生制度探索走过了70年的历程,既借鉴西方国家经验,又扎根中国大地,既适应经济社会发展对人才选拔的诉求,也适应个体全面而有个性发展的诉求,经历了迂回曲折的探索过程,"变"与"不变"成为高考制度的基本特征。1977年恢复高考以来,我国高考改革具有渐进性和连续性的特点,呈现出注重科学性、自主性、选择性和公平性的基本价值取向,具体来说,选拔标准从知识本位走向能力本位、素养本位,考试科目从零散、分科走向融合,考试方式从单一走向多元,招生录取从效率优先走向更加注重公平。

21世纪以来,随着经济社会和教育发展宏观环境的变化,各利益相关者的利益诉求不断增加与分化,对高考招生制度的科学性与公平性提出了挑战,现行高考招生制度已不能完全适应经济社会和教育发展的现实需求。2010年,中共中央、国务院印发《国家中长期教育改革和发展规划纲要(2010—2020年)》,提出推进考试招生制度改革,以考试招生制度改革为突破口,克服"一考定终身"的弊端,推进素质教育和创新人才培养,明确了新高考"有利于科学选拔人才、促进学生健康发展、维护社会公平"的改革原则和目标,提出了深化考试内容和形式改革、探索高等学校分类入学考试、完善高等学校招生名额分配方式和招生录取办法等改革任务。

2014年,《国务院关于深化考试招生制度改革的实施意见》(下文简称《实施意见》)正式颁布,标志着我国新一轮考试招生制度改革正式启动。《实施意见》明确了新一轮高考改革的问题导向,即针对"唯分数论影响学生全面发展,一考定终身使学生学习负担过重,区域、城乡入学机会存在差距,中小学择校现象较为突出,加分造假、违规招生现象时有发生"等问题深化改革。新一轮高考改革的主要任务包括三个方面:一是改进招生计划分配方式,提高中西部地区和人口大省高考录取率,增加农村学生上重点高校人数,完善中小学招生办法,破解"择校"难题;二是改进考试形式与内容,完善高中学业水平考试,规范高中学生综合素质评价,加快推进高职院校分类考试,深化考试内容改革;三是改革招生录取机制和录取方式,减少和规范考试加分,完善和规范自主招生,完善高校招生选拔机制,拓宽社会成员终身学习通道。

按照《实施意见》要求,2014年,浙江省、上海市率先启动高考综合改革试点,实施"3+3"科目设置方式,探索基于统一高考和高中学业水平考试成绩、参考综合素质评价的多元录取机制;2017年,北京、天津、山东、海南四省市作为第二批试点启动改革;2018年,辽宁、河北、江苏、湖南、湖北、广东、福建、重庆八省市启动改革;2021年,黑龙江、吉林、安徽、江西、广西、贵州、甘肃七省区启动改革。截至2022年5月,全国已有21个省区市分四批启动了高考综合改革,其中前三批14个省份已按新高考招生方案招生录取。新高考改革已经从东部试点省份向中西部省份拓展,并在全国范围内展开。

各改革省份按照《实施意见》的要求设计本省高考综合改革方案,后续改革省份借鉴试点省份经验,在考试科目、考试方式、招生录取方式等方面也进行了相应的调整,因此,各省改革方案有所差异。

第一,在考试科目方面,探索"3+3"和"3+1+2"考试科目设置,实现文理融通,解决文理分科带来的知识结构单一的问题。在传统"3+X"模式中,语数外三门为必选科目,另从文综和理综中选择其中一项作为选考科目。第一、二批试点省市改革考试科目设置,考生的总成绩由统一高考的语数外三个科目和高中学业水平的三个自选科目加权赋分成绩构成,即实施"3+3"考试模式。上海及第二批改革省份实施"6选3"模式,考生要根据本人兴趣特长和拟报考学校及专业的要求,从思想政治、历史、地理、物理、化学、生物这六门中选择三门作为高考选考科目;浙江省将技术纳入选考科目,实施"7选3"模式。第三、四批启动高考综合改革的广东等15个省份实施"3+1+2"模式,即学生要在物理、历史中选择一门为首选科目,在思想政治、地理、化学、生物中选择两门作为再选科目。截至目前,第一、二批改革试点省份延续"3+3"科目设置,第三、四批改革省份实施"3+1+2"科目设置,尚未启动改革的省份实施"3+X"科目设置,三种模式并存。考试科目改革增加了学生的选择性,旨在实现文理融通,为高校专业发展和创新型人才培养奠定文理交叉的基础,改变过去文理分科带来的学生知识结构不完善的缺陷。

第二,在考试次数方面,探索多次考试机会,增加学生选择性,解决"一考定终身"的传统考试弊端。考试次数的改革主要体现在外语科目、学业水平考试的选择性考试(等级性考试)和合格性考试等方面,实施多次考试。在外语考试方面,浙江、上海、天津等实施一年两考,北京、山东等听力考试一年两考,其他多数省份只有一次考试机会,部分省份提出待条件成熟后逐步探索实施"一年两考"。在选择性考试方面,除浙江省实施一年两考、选取成绩最高的一次计入高考成绩外,其余改革省市均实行一年一考;在合格性考试方面,浙江省实施一年两考,考试成绩以等级呈现并与高校综合评价招生挂钩,其余省市考试成绩多以"合格""不合格"呈现,成绩不合格的考试科目可以参加一次补考。

第三,在高考成绩赋分方面,有原始分、等级赋分、标准分等多种赋分方式,探索选择性考试成绩的可比性,提高考试的科学性与公平性。海南省统考科目和选考科目均实施标准分,其他省份语数外三科实施原始分,选考科目略有差异。浙江、上海、北京、天津实行"固定等级比例赋分",山东省与第三批改革省份的再选科目实施"等比例转换法",而且各改革省份等级赋分划分的等级不同,如北京、天津划分21个等级,浙江省2021年将原21个等级划分为20个赋分区间,上海划分为11个等级,山东划分为8个等级,第三批改革的八省市划分为5个等级。各省份等级赋分计分起始点及每个等级划分的百分比也存在差异。

第四,在招生录取方式方面,逐步取消录取批次,实施平行志愿招生录取,探索综合评价招生,增加高校与学生的双向选择,实现科学选才。各改革省份逐步取消或者合并录取批次,但实施进度有所不同,如浙江省取消本专科录取批次,北京合并本科二三批录取批次,江苏省合并本科一二批录取批次等。在志愿填报方式方面,各省份在部分保持梯度志愿录取的同时,不同程度地实施平行志愿投档录取,存在"专业

(类)+学校""院校专业组"两种平行志愿投档模式,增加高校和考生的双向选择机会。部分改革省份按照"两依据、一参考"探索综合评价招生,即高校依据统一高考成绩、高中学业水平考试成绩,参考学生综合素质评价择优录取。浙江省从2011年开始率先实施"三位一体"综合评价招生,截至2020年有59所高校探索综合评价招生;上海市2015年率先在复旦大学和上海交通大学探索综合评价招生录取;第二批试点的北京、天津等省市部分高校试点综合评价招生。

除了各省份稳步推进高考综合改革,我国在考试招生制度上也在进行一些微观领域的调整,比如教育部自2020年起在部分高校开展基础学科招生改革试点,即实施"强基计划",进行拔尖创新人才选拔与培养的新探索;受新冠疫情的影响,2020年统一高考时间推迟到7月份进行;2021年,教育部等部门相继发布《艺术类考试招生意见》《高水平运动队考试招生意见》,在艺术和体育招考方面进行改革探索,保证人才培养质量。高考改革始终在路上,按照"小步走,不停步"的改革路径,稳妥前行。

二

当然,高考改革政策实施的效果如何,有待实践过程中的检验与评估,对此,研究团队基于访谈和问卷调查等实证研究方法进行跟踪评估。跟踪评估覆盖浙江、上海、北京、山东、广东、湖南、吉林、黑龙江、江西等省市,对教育行政部门和考试机构的管理者、高校教师和学生、高中教师和学生及其家长等多方利益群体进行访谈和问卷调查,积累了100多万字的访谈资料、超过40万份的问卷调查数据。

从实证调查来看,我国高考综合改革平稳推进,取得初步成效。浙江、上海从2017年开始五年招生录取工作顺利完成,为后续改革省份积累了试点经验;第二、三批12省市基于浙沪试点经验和实际情况,对考试的次数、时间和科目设置等进行了调整,高中教学工作平稳有序;

第四批七省份参考第三批改革省份改革方案,在基础条件予以充分保障的情况下,预期改革可以相对平稳进行。改革已取得初步成效:第一,新高考增加了学生的选择性。无论是第一批改革试点的浙江、上海,还是第二批改革试点的北京市等省份;无论是高中教师、学生及其家长,还是高校教师与大学生群体,都普遍认可新高考增加了学生的选择性,体现了以学生为中心的改革导向,学生群体的满意度较高。第二,新高考促进了高校科学选才。试点省份探索高考综合招生,增加了学生与高校双向选择权,高校可以按照专业发展需要选择合适的人才。从试点省份高校新高考生源的追踪评价来看,综合评价招生学生表现出较好的学业发展潜力,试点高校扩大综合评价招生范围的意愿强烈。第三,新高考倒逼高校人才培养模式创新与专业结构调整。新高考探索逐步取消录取批次、实施平行志愿招生录取,对高校专业结构带来很大冲击;同时,学生选择性的增强和招生录取方式的改革带来了高校生源质量、知识结构的多元化,也对高校人才培养模式带来新的挑战。第四,新高考促进了教育治理现代化。新高考促进了教学组织形式、教学管理方式的变革,高中学校为适应新高考探索构建选课制和走班教学新常态,不断提升教育信息化水平;同时,高考改革政策制定和实施过程中,教育行政部门普遍加强了多方利益群体的参与,这些都在一定程度上提升了教育治理现代化的水平。

高考改革所涉及的问题复杂,利益诉求多元,改革实施过程中也产生了一些新情况、新问题。第一,高考科目改革的理想设计与应试教育惯性之间存在矛盾,在实施过程中出现个体理性与群体理性之间的冲突。为增强高考与高中学习的关联度,新高考实施选择性科目设置,但改革过程中,学生选科呈现出趋易避难的功利化选科倾向,带来选考物理人数的下降。试点省份先后出台选考科目保障机制,教育部也出台《普通高校本科招生专业选考科目要求指引》引导学生合理选科,第三、四批改革省份都实施"3+1+2"科目设置,将物理或者历史作为必选科目,以解决物理选科人数下降问题。第二,旨在打破"一考定终身"的系列改革举措实施遭遇现实困境。改革省份实施外语与选考科目一年两考等措施,增加学生选择机会,破解"一考定终身"的传统考试弊端,但实施中存在较大困境。一方面,多次考试在降低高考偶然性、减轻学生心理压力的同时,也影响了传统教学秩序,增加了高中教师工作负担;另一方面,两次考试的学生群体不同,考试难度难以保持一致。后续改革省份仅在合格性考试和外语听力考试保留两次考试机会。第三,高考改革依然存在公平性的问题。促进公平一直是高考改革的主要目标之一。新中国成立之初,高考改革致力于增加工农子女入学机会;随着高等教育规模的扩张,在普遍增加高等教育入学机会的同时,弱势群体子女接受优质高等教育机会的减少也受到普遍关注。21世纪以来,我国实施面向贫困地区农村学生专项计划、支援中西部地区招生协作计划等政策,弥补高考的区域、城乡差异。新一轮高考改革在促进教育公平的同时,依然存在考试命题的能力立意、城市立意对弱势群体子女不利的问题,受到学生与高校欢迎的综合评价招生政策也存在对弱势群体不利的质疑。第四,新高考生源学业质量面临新的挑战。随着高考综合改革在全国范围内的推进,新高考生源质量将在很大程度上决定高校人才培养的质量。从试点省份跟踪评价来看,新高考生源知识结构与学业质量、学生的学习诉求和学习体验均呈现出多样化的趋势;"统考+选考"的考试科目设置、学业水平考试制度安排、多元招生录取模式等都会给高校人才培养质量带来新的挑战,应该引起高校充分重视。第五,与高考改革配套的教育资源配置有待完善。高考综合改革需要具有相配套的教育资源条件,但当前从各省份实施情况来看,资源配置依然存在区域、城乡、校际差异,部分地区、学校难以满足选课走班所需要的师资、教室等条件;学生选科偏好带来教师的结构性缺编问题,部分省份高中教师群体负担较重,对改革满意度相对较低。因此,高考改革需要教育部门与其他部门加强统筹协调,推进新高考与新课程、新教材有机结合,不断完善与高考改革相适应的教育资源配置机制,为高考改革提供坚实的基础条件保障。

三

高考改革是一项系统工程,必须清醒地认识到其长期性、系统性和艰巨性的特点,这是高考改革未来路径选择需要面对的前提。第一,高考改革具有长期性的特点。十年树木,百年树人,人才培养的周期较长。2014年入学的高一新生开始启动新高考,2017年高校按新高考录取,2021年第一届新高考录取的本科毕业生才踏入社会。按照新高考模式选拔出的人才是否满足高校培养要求和社会用人需求,则需要更长时间的跟踪评价。因此,必须遵循规律,保持定力,循序渐进推进改革。第二,高考改革具有系统性的特点。高考改革不仅涉及高中育人方式的变革,而且涉及高校人才选拔与培养模式的变革;不仅涉及教师队伍建设等人力资源的保障,而且涉及教学条件建设等物质资源的保障;不仅涉及教育观念和育人理念的变革,而且涉及教育治理和教学管理体制机制的改革;不仅涉及教育系统内部的改革,而且涉及教育系统外部的综合配套改革。因此,必须加强系统研究和顶层设计,统筹各方推进改革。第三,高考改革具有艰巨性的特点。高考改革牵一发而动全身,涉及亿万学生的前途和千家万户的命运。新一轮高考改革从顶层设计至今已经历时十年之久,但改革过程中依然存在一些有待解决的问题。比如,如何不断完善高考制度本身的科学性与公平性,如何扎实推进各省份因地制宜制定适合本地基础条件的改革方案,如何引导解决学生选科的"功利性"并协调个体理性与群体理性的冲突,如何有效解决综合评价招生过程中效率与公平性的冲突,如何平衡不同群体的利益诉求,等等。因此,必须科学研判改革形势。

面向未来,落实中共中央、国务院印发的《深化新时代教育评价改革总体方案》,需要持续、系统、稳妥推进高考综合改革。既需要立足于高考对学生全面发展、高校人才选拔、促进社会公平的基本功能,又需要回归高考人才选拔的本质属性;既需要借鉴国际经验,更需要立足中国国情;既需要不忘改革初心,又需要循序渐进、因地制宜。第一,加强政府统筹。各级部门加强协调、系统推进,重点解决资源配置问题。加大财政性教育经费投入,引导社会力量投入高中教育;加强薄弱地区普通高中建设,解决大班额问题;加快智慧校园建设,为选课走班提供技术支撑;优化综合素质评价指标体系,加快省级平台建设;加强高职院校发展保障,引导学校内涵式发展。第二,加强高中师资队伍建设。国家与地方层面统筹协调编制部门、人社部门、财政部门增加高中教师编制,按照选课走班、分层教学的需求核算生师比。增强教师培训的针对性和时效性,完善教师绩效评价机制,维护教师权益。第三,加强学生发展指导。构建大中小学衔接的学生发展指导体系,开发省级层面的生涯规划指导教材,加强生涯规划教师的培养与培训,培养学生自我认知和自主选择能力,引导学生合理选择科目和专业。第四,强化高校内涵建设。引导高校合理设置选考科目,保证高校人才选拔效率和培养质量;优化学科专业结构,加强专业建设;创新人才培养模式,探索多样化、个性化培养;完善评价机制,改变以录取分数线为唯一标准的评价导向。第五,加强系统研究和综合改革。加强科学论证和条件建设,克服畏难情绪,尽早确定后续改革省份及其改革方案。加强宣传动员,及时回应改革热点和难点问题,形成改革共识与合力。加强跟踪与评估,及时发现问题,调整相关政策。

总之,从制度设计、观念转变、资源投入、配套改革等方面系统推进高考综合改革,需要加强前瞻性思考、全局性谋划、战略性布局、整体性推进。既要加强顶层设计,提升考试招生制度的科学性与公平性,也要统筹推进新高考和新课改,加强教师培训,保证改革理念落到实处;既要加强地方层面对教育资源的投入和保障力度,又要完善生涯规划教育等配套改革措施;还要加强舆论引导与宣传,最大程度凝聚改革共识,形成改革合力。

作者

2022 年 5 月 12 日

政策解读

我国高考改革的价值取向变迁与理性选择

改革开放40年来,伴随着我国高等教育规模和质量的快速发展,高校招生考试制度发生巨大变革。2014年,国务院发布《关于深化考试招生制度改革的实施意见》(以下简称《实施意见》),以浙江和上海为试点省份启动了新一轮高考综合改革;2017年,北京、山东、天津、海南四省市加入第二批高考综合改革试点,2018年又有8个省份申请启动高考综合改革。新一轮高考改革承袭历史而来,在历史与现实维度中呈现出面向未来的应然价值导向。

自1977年中共中央、国务院作出恢复高考的重大决定以来,教育部(国家教育委员会)几乎每年都会发布关于做好普通高等学校招生工作的政策文件,对高考招生工作进行部署。1981年、1983—1986年、2000—2017年度全国普通高校招生录取工作的通知都随文颁布了当年的普通高等学校招生规定;《中国教育改革和发展纲要》《国家中长期教育改革和发展规划纲要(2010—2020年)》《普通高等学校招生暂行条例》等文件亦明确指出了我国高考改革的方向,这些政策文件是我国高校招生工作的重要行动纲领。《实施意见》颁布以来,浙江、上海、山东、北京、天津、海南等试点省份相继颁布本地域深化高校考试招生制度综合改革试点方案(下文简称《浙江方案》等),2018年,浙江和上海颁布进一步深化高考综合改革试点工作的若干意见,对高考改革方案进行调整,这些方案类文件描绘出我国高考改革的未来愿景。笔者收集了改革开放以来的77个相关文件,其中,通知类35个、规定类21个、方案类8个、政策法规类13个,覆盖了1977年以来的所有年份,从中既可以窥见政策的延续性,又凸显出每年高考改革的重要动向。以这些政策文件为研究对象,分析改革开放40年来我国高考改革的制度变迁过程、政策发展脉络和重要价值调整,提供历史经验借鉴,对于新一轮高考改革的理性选择和平稳推进具有重要意义。

一、我国高考改革的价值取向变迁

改革开放40年来,我国高考的选拔标准、考试科目与内容、考试方式、录取方式及招生计划分配等都发生了较大变化,高考改革日趋注重全面发展、能力本位、综合评价和公平公正的价值取向。

1. 选拔标准从知识本位走向能力本位,重视全面发展

1977年以来,教育部历年招生政策文件中都规定了当年招生工作遵循的基本原则和报考条件要求,从中可以看出,40年来,我国高考招生的标准发生了显著变化——对政治标准进行调整,年龄限制逐步放宽,从强化文化考察到重视德智体美劳全面发展,高考选拔的标准从政治本位、知识本位逐步走向能力本位。

破除唯成分论,拓展入学机会。一是破除唯成分论,转而关注学生个人表现。1977年恢复高考后,我国高考政策文件逐步对考生的政治标准进行了重大调整。凡是政治历史清楚,具有高中毕业或相当于高中毕业文化水平,身体健康者均可报考。教育部《关于一九七八年高等学校招生工作的意见》指出,要全面地正确地贯彻执行党的"有成分论,不唯成分论,重在政治表现"的政策。1979年,教育部《关于高等学校录取新生政治审查工作的意见》强调,"政治审查,主要看本人的政治表现……父母及主要社会关系的政治问题和历史问题,一般不应影响考生的录取。"之后的40年,对考生的政治审查主要看报考者本人的政治思想品德表现。二是放宽年龄限制,拓展社会成员入学机会。改革开放的前二十多年,高考政策文件中对考生报名条件一直都有年龄限制:"未婚,年龄一般不超过二十五周岁",有实践经验者可以放宽到28岁。《2000年普通高等学校招生工作规定》提出,从终身学习的理念和构建学习型社会的视角出发,进一步拓宽考生的报名条件,取消对考生年龄和婚否的限制。2014年,《实施意见》强调,拓宽社会成员终身学习通道,扩大社会成员接受多样化教育机会。2016年9月,教育部专门出台了《关于推进高等教育学分认定和转换工作的意见》,鼓励探索多种形式学习成果认定,以满足人民群众多样化学习和发展需要。三是将违规者拒之门外。历年文件报考条件中规定了不得报考人员的细则,明确了对报考人员思想品德的要求。2009年以来,我国普通高等学校招生工作规定除了限制高校在校生、非应届毕业的在校生、服刑者参加高考之外,替考或者考试作弊的学生也被限制参加高考。这既是对报考人员基本权益的维护,也是对破坏考试规则的学生的惩戒,有利于维护高考制度的公平与公正。

重视文化考察,探索综合评价。改革开放以来,我国高校招生工作一直按照"德智体全面衡量,择优录取"的原则选拔学生。《2002年普通高等学校招生工作规定》指出,"高等学校招生工作应贯彻公平竞争、公正选拔,德智体全面考核、综合评价、择优录取,入学考核形式以文化考试为主的原则。"综合评价首次成为高校招生工作的基本原则。2003年,取消了"入学考核形式以文化考试为主的原则"的表述,并将"德智体全面考核"调整为"德智体美全面考核",强调全面发展、综合评价。2006年,加入了"公开透明"的原则,"公平竞争、公正选拔、公开透明,德智体美全面考核、综合评价、择优录取"的基本原则沿用至今。

总而言之,改革开放以来,我国逐渐取消了对考生家庭出身等政治条件的限制,加强了对考生的文化考查,强调为经济社会发展培养高质量的建设者。进入21世纪之后,"应试教育"倾向备受诟病,为了培养经济社会发展需要的多样化、高素质的高级专门人才,满足人民群众日益增长的受教育需求,高考政策取消了对年龄和婚否的限制条件,同时强调学生德智体美全面发展。人才选拔的标准从政治本位、知识本位逐步向全面发展和综合评价转变。

2.考试科目从零散、分科走向融合,强调能力立意

改革开放40年来,我国高校招生考试的科目设置、考试内容和命题方式发生了很大变化。总体而言,考试科目逐步减少,文理从分科走向融合;高考内容从注重考查知识的获得,转向考查创新精神、综合素质及问题分析能力,强调能力立意;考试命题方式从分散到集中几经反复,更加注重考试质量。

考试科目从分科走向融合,强调文理互通。1977年,高考文科考试科目为政治、语文、数学、史地;理科考试科目为政治、语文、数学、理化。由省、自治区、直辖市组织命题,县(区)统一组织考试。1978年,文理科考试科目均为6门,文科考政治、语文、数学、外语、历史、地理,理科考政治、语文、数学、外语、物理、化学;外语为必考科目,但除了外语院校或专业外,成绩不计入总分。命题方式调整为全国统一命题,省、自治区、直辖市组织考试、评卷。1979年,报考重点院校的考生外语成绩按照10%计入总分。1981年,理科考试科目增加了生物,外语成绩50%计入总分。1983年,外语成绩100%计入总分。

1987年后,我国开始探索在普通高中会考基础上减少考试科目,形成各种科目组合,由高校确定选考科目组合。1987年,上海市开始探索自主命题,在会考基础上开展高考科目改革的试点,将高考科目减少为4门,分为6组。1989年和1990年,国家教育委员会均发布文件规定当年的高考科目组合。1992年,国家教育委员会《关于在普通高中毕业会考基础上高考科目设置的意见》提出,按文理分科设置考试科目,文科考语文、数学、外语、历史和政治;理科考语文、数学、外语、物理和化学,语文和数学分别根据文理科的特点在试题内容方面适当加以区别,从1993年开始逐步实施。至此,在普通高中会考基础上的高考科目改革探索基本成形。

1999年,教育部《关于进一步深化普通高等学校招生考试制度改革的意见》提出,在广东省前期试点的基础上,试行"3+X"科目设置方案。"3"是指语文、数学、外语三门考试科目;"X"是指由高等学校根据

本校层次特点的要求,从物理、化学、生物、政治、历史、地理六个科目或者综合科目中自行确定一门或几门考试。2000年开始,在广东、山西、吉林、江苏、浙江五省试点,并逐步推开。2002年,北京开始自主命题,到2006年自主命题的省份达到16个,高考命题采取统一命题(全国卷)与分省自主命题(地方卷)相结合的方式。这一时期的高考内容改革强调对考生能力和素质的考查。《教育部关于做好2007年普通高等学校招生工作的通知》指出,进一步深化高考内容改革,着力体现全面实施素质教育和培养创新人才的要求。

2014年,《实施意见》指出,浙江和上海作为高考综合改革首批试点省份进行高考科目设置改革。考生成绩由两部分组成,一是统考的语文、数学、外语三科成绩;二是高中学生自选三科的等级考试赋分成绩,由考生根据报考高校要求和自身兴趣、特长,在思想政治、历史、地理、物理、化学、生物等科目中自主选择。目前试点省份均按"3+3"组合进行高考科目设置,但选考科目组合有所不同,浙江省是从思想政治、历史、地理、物理、化学、生物、技术(含通用技术和信息技术)等7门设有加试题的高中学考科目中,选择3门作为选考科目;上海是从普通高中6门学业水平考试中自主选择3门作为选考科目;山东也是6选3,并探索将技术(含信息技术、通用技术)科目纳入等级考试科目。

考试命题强调能力立意,命题方式几经调整。改革开放40年来,高考命题从注重考察知识的获得,转向考察创新精神、综合素质及问题分析能力。新一轮高考改革取消了文理分科,着重增强基础性、综合性,着重考查学生独立思考和运用所学知识分析问题、解决问题的能力,高考内容更加强调能力立意。同时为保证国家教育考试的质量和社会公信力,我国高考考试命题方式由分散走向集中。1977年,我国高考由省、自治区、直辖市组织命题,县(区)统一组织考试。1978年调整为全国统一命题,省、自治区、直辖市组织考试、评卷。2000年开始,在广东、山西、吉林、江苏、浙江五省开展自主命题试点,并逐步推开。2002年,北京开始自主命题,到2006年自主命题的省份达到16个。

之后又逐步走向集中,2016年,使用全国统一试卷的省份从15个增至26个,国家教育考试机构命制多套不同的卷种供有关省份选用,形成"以统为主、统分结合"的命题格局,保证试卷信度和效度,提高命题质量。

3.考试方式从单一走向多元,注重综合评价

改革开放40年来,我国高考招生从"一考定终身"的单一选拔方式,向一年两考、多次选择、综合评价和多元录取的方式转变,致力于改变过去唯分数论的弊端,实现综合评价,科学选才。

预选基础上全国统考。1977年,我国恢复高考后的第一次考试采取口试和笔试等多种形式,提倡开卷考试。同时,还试招收少数应届高中毕业生直接上大学。1979年,我国实施全国统一试题、统一录取标准、统一安排、统一划定重点院校录取分数,也允许考生人数较多的省、自治区、直辖市在高考前进行预选。1980年,四川、湖南、陕西、湖北等省结合高中毕业考试进行预选。1981年,放宽预选的人数,并将预选下放到中学。1987年,国家教育委员会颁布《普通高等学校招生暂行条例》明确我国普通高等学校招生实行统一考试,而统考前是否预选由地方招生委员会决定。1987年,国家教育委员会同意上海在会考基础上减少高考科目。1989年,国家教育委员会发布《关于试行普通高中毕业会考制度的意见》,将会考作为检查、评估高中阶段教学质量、考核高中毕业生文化课学习是否合格的手段。1990年,国家教育委员会决定用两年时间在全国逐步实行普通高中毕业会考制度。1993年,开始实施会考科目基础上的高考科目设置方案,高考成绩基本相同时,可参照普通高中会考成绩决定取舍。

统考基础上的多元评价。2014年,《实施意见》指出,要完善高中学业水平考试,各地要合理安排课程进度和考试时间,创造条件为有需要的学生提供同一科目参加两次考试的机会;规范高中学生综合素质评价,建立规范的学生综合素质档案,各省、自治区、直辖市制定综合素质评价基本要求,学校组织实施;加快推进高职院校分类考试,实行"文化素质+职业技能"评价方式,学生也可参加统一高考进入高职院校。各地试点方案在落实方面有所差别,比如在考试次数方面,《浙江方案》规定学考与选考同卷进行,外语和选考科目一年两考;《上海方案》规定合格性考试和等级性考试分开进行,只有外语一年两考。2018年,浙江省《关于进一步深化高考改革试点的若干意见》和山东省《深化高等学校考试招生综合改革试点方案》都规定,外语一年两考,而其他选考科目则只能报考一次。同时,浙江、上海都提出建立科学合理的选考科目保障机制,确保学生专业学习基础与国家人才培养需求相适应,在考试方式改革方面进行政策微调。

4. 招生录取从效率优先到更加注重公平,实施阳光工程

改革开放40年来,"尊重志愿、分数由高到低、择优录取"是我国高等学校录取新生的一贯原则,注重效率,看重分数,优先保证重点高校生源,但是,这也造成了唯分数论倾向以及高校之间的不公平竞争,因而遭到社会诟病。近年来,通过各种改革措施,在保证生源质量的基础上更加强调公平性。

逐渐推行平行志愿,取消录取批次,增加学生选择机会。《教育部关于1979年高等学校招生工作的意见》规定,要优先保证重点院校新生质量;全国重点院校如按规定的录取分数线在某些地区不能完成招生任务时,允许调整到成绩较好的地区录取;同时规定了第一批次录取的高校名单,之后第一批次录取高校数量逐年增加。2000年以后,"211工程"高校都在第一批次录取。这保证了重点高校录取新生的质量,但也固化了高校身份,造成了高校间的不公平竞争。2008年,教育部鼓励各省、自治区、直辖市采取平行志愿投档。2009年,在湖南、江苏等16个省份进行平行志愿投档改革试点。2014年,《实施意见》要求改进录取方式,创造条件逐步取消高校招生录取批次,推进并完善平行志愿投档方式,增加高校和学生的双向选择机会。当前,部分省市已经取消录取批次或合并了本科二批、三批录取批次,实行平行志愿投档。

清理和规范加分政策，改善公平录取政策环境。1977年，我国高校录取新生，根据不同专业对考试成绩有所侧重，优先保证重点高校、医学院校、师范院校、农业院校，注意招收女学生、少数民族学生、港澳台和归国华侨青年等。经过近40年的发展，高考加分政策受惠群体大为扩展，分为加分录取、减分录取、优先录取、加分投档等多种优惠政策。2014年，教育部开始大幅度减少、严格控制高考加分项目，规定从2015年起取消体育、艺术等特长生加分项目，2015年1月1日前取得相关奖励者可以获得适当加分投档，但不超过5分；2016年起取消全部体育、艺术特长加分项目。2018年，《关于做好2018年普通高校招生工作的通知》规定，全面取消体育特长生、中学生学科奥林匹克竞赛、科技类竞赛、省级优秀学生、思想政治品德有突出事迹等全国性高考加分项目，高校公平录取的政策环境进一步改善。

探索多元录取方式，规范和完善自主招生。1993年，国家教育委员会提出，对在培养人才方面有特殊要求的学校或专业，经过批准可以按系统或地区，联合或单独组织招生考试，并按有关规章录取新生，把选拔新生的职权放到学校。2003年，我国开始在部分高等学校开展自主选拔录取的试点。2007年以来，我国通过高中新课程试验的省（自治区、直辖市）、自主选拔录取试点高校、高考综合改革试点省市开展多元选拔机制的试验探索。2014年，《实施意见》提出，要探索基于统一高考和高中学业水平考试成绩、参考综合素质评价的多元评价方式。《浙江方案》提出"三位一体"综合评价招生方式，高校依据统一高考、高中学考和综合素质评价成绩按比例合成综合成绩，择优录取；《上海方案》提出，将本科院校需要通过面试等方式考核学生能力的部分特色专业招生计划投放到春季考试招生中，依据统一考试成绩、普通高中学业水平考试成绩、面试（或技能测试）情况进行录取。同时，2014年，《实施意见》提出，要完善自主招生，试点高校不得采用联考方式或者组织专门培训，控制招生规模，从2015年起自主招生安排在统考后进行。各地方案都强调规范录取程序和要求，做到信息公开公示，实现程序公平。

实施"阳光工程",以技术手段保障公平。1999年,《教育部关于进一步深化普通高等学校招生考试制度改革的意见》强调,重点实施计算机网上录取。2001年,全国实行计算机网上录取。网上录取是以技术手段实现录取公平的一项重要措施,是高校招生手段的革命性变革。2005年,教育部强调实施高校招生"阳光工程",颁布《关于高等学校招生工作实施阳光工程的通知》。此后历年招生政策文件都将实施"阳光工程"作为重要内容,招生录取的透明度和公平性显著提高。

5. 招生计划从质量优先走向综合考量,实施政策补偿

改革开放40年来,秉承以生源质量为主,兼顾地区平衡的原则,我国招生计划分配向生源质量好的省份倾斜,同时面向农村和艰苦地区、行业定向招生,强调对社会处境不利群体的政策补偿。

向生源质量好的省份倾斜,兼顾区域公平和行业需求。恢复高考后,为保证招生质量,招生计划向重点高校、向考生质量好的地区倾斜。1984年,教育部发布《关于改革教育部部属高等学校招生来源计划的意见》,强调贯彻择优录取的原则,将年度计划招生数的30%—35%安排到考生质量与招生工作较好的地区;同时,招生来源计划也兼顾到面向农村和艰苦地区、行业定向招生。1987年,国家教育委员会颁布的《普通高等学校招生暂行条例》明确规定,中央部门所属学校,对工作与生活条件比较艰苦的地区,可在国家任务招生来源计划中确定适当比例,实行"定向招生、定向分配"。21世纪以来,随着中国西部大开发战略的实施,西部省份的招生来源计划有所增加。

实施补偿性招生政策,促进入学机会公平。随着规模的扩张,高等教育入学机会的区域与城乡差异逐步扩大,高考改革政策更关注招生计划分配的公平性。教育部《2006年普通高等学校招生来源计划管理试行办法》提出,部属高校要按照"生源质量为主,兼顾地区平衡"的原则,在保持各地计划总量相对稳定的同时,将计划增量向中西部高等教育欠发达且生源质量好、数量多的省区倾斜。2014年,《实施意见》提出改进招生计划分配方式,提高中西部地区和人口大省高考录取率,继续实施"国家支援中西部地区招生协作计划";增加农村学生上重点高校人数,继续实施"国家农村和贫困地区定向招生专项计划",由重点高校面向贫困地区定向招生,形成对农村地区、中西部地区的系列补偿政策;完善中小学招生办法破解择校难题,推进义务教育均衡发展,完善义务教育免费就近入学办法、高中阶段教育机会的分配,解决进城务工人员随迁子女就学和升学问题等。北京、山东、海南、天津方案都对此作出回应,尤其是北京推出一系列措施解决择校问题,比如,推广热点小学、初中多校划片,合理确定片区范围等措施,在全国作出表率。

21世纪以来,招生计划分配依然面向生源质量较好的地区,民族班、民族预科班、国防生、免费师范生等定向招生计划依然存在,但招生政策更加关注区域公平和城乡公平,关注进城务工人员随迁子女入学问题和贫困地区农村考生上重点大学问题。高考改革从效率优先向公平效率兼顾转变,更加强调公平性价值取向。

二、理性认识我国高考改革的价值取向

1. 高考改革的价值取向

改革开放40年来,我国高考改革具有渐进性和连续性的特点,呈现出注重科学性、自主性、选择性和公平性的基本价值取向。

高考改革注重考试的效率,科学选拔人才。我国高考科目设置在会考(学业水平考试)基础上逐渐减少,文理从分科逐渐趋向于综合,以顺应经济社会发展需求和科技发展趋势,引导中小学校重视完善学生知识结构和思维方式,为高校培养创新型、复合型人才提供生源。考试内容以知识学习为基础,更加强调能力立意。考试命题方式以统为主、统分结合,提高命题质量,保证试卷信度和效度。评价方式在统考、学业水平考试、中学生综合素质评价的基础上探索综合评价。这些改革举措旨在提高高考的效率,科学选拔合适的学生进入高校深造,引导中小学教育改革发展的方向。

高考改革注重扩大高校自主权,多元选拔人才。1977年恢复高考以来,高考政策就强调高校在科学选才中的重要作用,逐步扩大高校办学自主权。1987年,国家教育委员会《关于扩大普通高等学校录取新生工作权限的规定》提出,逐步扩大高等学校选拔新生的权限。20世纪90年代开始,允许高校按照各自的特色、风格和专业要求培养人才,把选拔新生的职权放到学校。2003年,部分高校开展自主选拔录取的试点。新一轮高考改革探索"两依据、一参考"的综合评价机制,逐步取消录取批次,尝试采取统一招生、自主招生、注册招生、定向招生、破格录取相结合的多元录取方式,这些改革举措都体现了扩大高校招生录取自主权的基本价值取向。

高考改革注重增加学生的选择性,引导学生全面发展。改革开放40年来,高考招生的基本原则从德智体全面发展,调整为德智体美全面发展;加分政策从注重对少数民族等弱势群体的政策补偿,逐步增加科技创新、志愿者服务等加分项目;高考科目从文理分科,设置文综、理综固定科目,改革为学生根据自身发展和高校要求自主选择三科参加等级考试;本科和高职高专院校分类考试,高职高专院校探索注册入学;英语等科目实行一年两考等,这些改革举措都体现了以学生为本,给学生提供更多选择机会的重要价值取向。

高考改革注重公平性,增加弱势群体入学机会。公平公正一直是我国高考改革的基本价值取向,高考公平的内涵和外延则随着时代进步在发生变化。具体表现在:注重个人政治表现,冲破家庭出身论的桎梏;取消年龄和婚否的限制,扩大受教育机会;清理和规范加分政策,出台"异地高考"政策,规范自主招生政策,维护入学机会公平;调整招生计划,缩小省际高考录取率差异,增加农村和贫困地区学生上重点大学的人数,促进教育公平和社会公正。总之,改革开放40年来,我国高考改革在推进形式正义和实质正义方面有显著成效,公平竞争、公正选拔、公开透明等成为高考的主要指导原则,报考机会面前人人平等,实现机会的平等;分数面前人人平等,实现选拔标准的客观性与公正性;

选择面前人人平等,达到录取条件的学校无权拒绝且其他高校无权强制录取,具有正义的属性。

2. 高考改革的实践困境

改革开放 40 年来,我国高考改革经历了迂回曲折的发展过程,部分领域的改革进展缓慢甚至阻力重重,高考改革负重前行。

高考改革是辗转迂回的发展过程。高考改革具有渐进性的特征,新一轮高考改革的亮点并不是突然出现的,而是在 40 年的改革进程中不断摸索和试验逐步形成的。不断"试错"的改革实践,为构建和完善我国现代考试制度提供了本土化经验,对此应有客观的认识和科学的判断。比如,考试文理分科还是不分科的争议,一直伴随着高考科目和内容改革的整个过程;对考试成绩评定的标准分方式的选择、扬弃,以及当下再度被呼吁,一直处于争议之中;高考加分受惠群体的逐步扩展,到目前的大幅度减少,相关改革措施争议不断;为改变一考定终身的弊端而进行的新一轮高考改革,又引发了科学性与公平性的质疑。任何制度变革都是对当下社会发展需求的回应,还受到外部环境和技术条件的限制,在某个阶段试验失败的改革,在条件成熟的情况下也可能成功。但是同时,也需避免受急功近利的政绩观影响或缺乏对历史经验的借鉴而盲目进行改革。因此,高考改革问题的解决也需要在改革中继续探索,在发展中逐步形成共识。

高考改革在部分关键领域进展缓慢。由于社会、经济、文化等种种因素的制约,在高考招生制度改革的一些关键领域,改革推进还比较缓慢,一些理念先进或设计初衷很好的改革设想在实施中遇到阻力,往往欲速则不达,对此应该有清醒的认识和坚韧的毅力,稳妥地探索前行。例如,高校招生自主权问题,从恢复高考开始就强调将招生权力下放到高校,包括进行单独招生、联合招生、自主招生等各种探索,但直到目前这依然是高考改革中的薄弱环节,需要在深化综合改革中逐步到位。再如,中学生素质评价问题,1983 年我国就提出,应届高中毕业生报考高等学校,必须具备高中阶段的档案,供高校录取新生参考,之后又建立了考生电子档案,但迄今为止,中学生综合素质评价结果在高校录取中尚未发挥重要作用,仍然需要高校和中学协同探索。新一轮高考改革将"两依据、一参考"的综合评价招生录取作为重要改革举措,但在高校有限的招生自主权和总分录取模式的条件下,这一领域的改革依然任重而道远。

高考改革受制于多重社会功能。随着经济社会发展和高等教育规模扩张,高考的社会功能与工具价值逐渐增强。高考不仅是高校选拔人才的主要途径,引导着中小学教育教学的改革方向,还肩负着促进社会阶层流动的重要社会功能。尤其应该指出,在当前社会背景下,维护社会稳定与公平更成为高考的重要社会功能之一,对此应该有充分的认识。高考的首要功能是选拔,即为不同类型的高校选拔合适的人才。但改革开放40年来,高考被赋予了过多的社会功能,甚至教育系统之外不能解决的问题也寄希望于通过高考改革实现,这无疑会使高考改革步履维艰。以高校招生自主权为例,高校作为人才选拔的主体,有权根据自身发展定位选择合适的生源,从国际上来看,根据多元标准选拔学生是普遍发展趋势,我国虽然一直在倡导和鼓励高校发挥招生自主权,但因为社会诚信体系不健全等因素,至今尚未真正实现。高考改革受制于多重社会功能,必然步履艰难,有学者甚至提出为高考"减负"。[①]

3.高考改革的动力机制

改革开放40年来,我国高考改革在理想的价值追求与现实的差距间负重前行,经济社会和教育发展宏观环境的变化,各利益相关者不断增加与分化的利益诉求,对高考招生制度的科学性与公平性提出了变革要求,成为高考改革的动力机制。

外部动因:适应经济社会发展需求。40年前,社会百废待兴,要实现农业、工业、国防和科学技术现代化的宏伟目标,迫切需要从以阶级斗争为纲转移到以经济建设为中心。因此,高考改革注重效率和质量,

---

① 郑若玲:《高考改革的困境与突破》,《厦门大学学报(哲学社会科学版)》2017年第3期。

加强文化考查,选拔最好的生源,培养各行各业技术精英,为经济社会发展服务。改革开放以后,我国经济体制发生了巨大变革,从计划经济向社会主义市场经济转变。人们的生活水平显著提高,完成了从解决温饱问题到实现小康水平的历史性跨越,向全面建成小康社会的目标努力。经济发展方式从要素驱动、投资驱动转向创新驱动,科学技术迅猛发展,学科发展趋于综合,移动互联网技术与教育教学融合。这些对高校选拔合适人才、培养不同层次和类型的高级专门人才提出了新要求。

内部动因:适应教育发展现实需求。40年前,中国教育发展的任务是"两基"攻坚:基本普及义务教育、基本扫除青壮年文盲。高等教育处于精英发展阶段,每年高考报名人数超过500万,但实际录取只有30万人左右,录取率只有6%。① 经过40年的发展,中国教育的普及化程度大为提高,改革与发展的目标已经转向追求公平、优质的教育。高等教育规模急剧扩张,从精英教育向大众教育转变。2016年,高等教育毛入学率达到42.7%,录取率超过76%,正加速迈向普及化阶段。高等学校分层、分类发展趋势明显,高校选拔人才的标准和方式趋于多样。在基础教育领域,九年免费义务教育全面普及,高中阶段教育基本普及,进入优质、均衡发展新阶段,中小学课程改革、评价制度和教学方式改革以及教师专业发展得到高度重视,如何改变高考选拔标准单一、唯分数论的现象,为中小学教育教学改革服务,是基础教育发展对高考改革的现实需求。

制度动因:应对公平性的严峻挑战。高考招生制度必须回应教育公平的现实诉求。其一,制度实施过程中背离设计初衷,影响入学机会公平。比如,高考加分政策设计的初衷是为不同天赋的孩子、社会处境不利群体的子女获得更好的发展机会,但政策执行过程中一度局部失控,出现了奖励性加分名目繁多、分值过高、身份作假等现象,影响了社

---

① 《教育部关于一九八〇年全国高等学校招生工作会议的报告》,见杨学为编:《高考文献(1977—1999)》(下),高等教育出版社2003年版,第124页。

会公信力。其二,社会结构变迁带来新问题,高考面临新挑战。比如,在我国社会城市化进程中,随着时间延续,进城务工人员随迁子女的"异地高考"问题逐渐凸显。其三,高考成为社会阶层向上流动的阶梯,是学生改变个人和家庭境遇尤其是农村考生跨域城乡二元结构实现阶层递进的主要通道,关系着社会稳定和公正。但由于区域经济、社会、文化水平的差异,中西部地区、农村地区、贫困家庭、少数民族等弱势群体的入学机会尤其是进入重点大学的机会难以得到充分保障,高考招生制度的公平性受到质疑,必须通过政策调整促进入学机会公平。

价值动因:平衡不同群体的利益诉求。40年来,随着中国社会结构变迁、体制改革深化以及教育规模扩张,高等教育利益相关者增多,高考改革牵涉多元利益主体,包括各级政府、发达地区和欠发达地区、不同社会阶层、性别群体等。不同利益群体关于高考改革的利益诉求和冲突会以价值观的形式体现在社会舆论、学术争论和政策制定中,呈现出不同的、矛盾的甚至相悖的价值取向。如现行的分省定额、划线录取政策,有人认为这导致了省级政府与区县政府之间、不同区县政府之间的利益博弈;"异地高考"政策的实施,体现出户籍人口和外来人口间的利益冲突;实行加分政策、自主招生、综合素质评价等,有人认为对弱势阶层子女不利等。高考改革政策的制定往往折射出不同利益群体的利益博弈,必须平衡各方利益诉求,争取最大限度的价值共识。

三、我国高考改革的价值选择

1.遵循教育规律,回归高考基本功能

高考的基本功能是科学、公正选拔人才。回顾40年来高考改革的价值取向变迁,可以看出,高考被赋予了越来越多的社会功能。比如,受制于户籍制度而产生的进城务工人员随迁子女就地高考问题,资源分布不均衡而导致的入学机会城乡差异、区域差异问题,贫富差距扩大产生的入学机会阶层差异问题,大众化进程中优质高等教育资源供给短缺带来的"上好大学难"问题,等等。如果将这些问题都归责或寄望于高考改革,无疑会增加高考改革的艰巨性和复杂性。新一轮高考改革的基本目的是科学、公平地甄选适合于在不同层次和类型高校深造的人才,引导学生实现全面而有个性的发展,力求在增加学生选择机会和扩大高校招生自主权方面有所突破。以高校招生自主权为例,高校作为人才选拔和培养的主体,有权根据自身发展定位和人才培养目标及规格选择合适生源进入高校深造。在40年高考改革变迁中,尽管一直倡导扩大高校招生自主权,却囿于招生规模庞大、体制机制和方法手段不完善、社会诚信体系不健全等原因,至今未能全面实现。新一轮高考改革应坚持落实高校招生自主权,稳妥扩大综合评价招生试点高校范围,不能因高考制度被捆绑过多功能而动摇这个改革方向。

2. 坚持与时俱进,平衡多元价值取向

新一轮高考改革的亮点是,强调按照学生的意愿和能力提供相应的教育,为学生提供更多的选择机会,发展每个学生的天赋、才华,把重视补差的教育转变为注重扬长的教育,体现了对教育的理想价值的追求。高考改革政策的价值选择要与时俱进、结合实际。我国社会主要矛盾的转化反映在高等教育领域,就是人民群众接受优质高等教育的迫切需求与优质高等教育资源供给短缺且不均衡之间的矛盾。在这样的背景下,不同利益群体具有不同的价值追求。优势群体更倾向于在享有优质教育资源的基础上追求教育的理想价值;而弱势群体往往更倾向于追求教育的工具价值,获得向上流动的稀缺机会。因此,在当前,高考改革的价值选择应该兼顾理想价值与工具价值,兼顾效率与公平,兼顾科学与正义,在高考综合改革的实践探索中要高度重视和妥善协调这些关系。

3. 加强科学决策,正确引导社会舆论

高考改革事关国计民生,应构建国家主导、多元参与的协同治理体系,拓展利益相关者的参与途径,增加他们的实质参与,减少民众对直觉判断的依赖,正确引导社会舆论。对于政策制定者和管理者而言,应从公共政策主体的角度,悬置个体主观性的价值立场,实现科学决策并有效实施。高考是多元利益主体博弈场,改革涉及不同群体间利益的重新分配,多数改革措施在增进部分人利益的同时,也会影响另一部分人的切身利益。政策制定者要站在多元利益主体的立场,根据社会和教育发展的状况,依靠专业的团队和科学的证据,对政策价值进行分析研判和权衡选择,谨慎地平衡各利益主体的诉求,实现科学民主决策。

4. 注重动态协调发展,实现制度理性创新

高考改革是一项系统工程,需要正视高考政策的系统性、持续性与发展性。坚持国家统一的考试制度不动摇,坚持以人为本、科学选才、促进公平的改革方向不动摇,以部分关键领域的改革为突破口,实现高考改革的协同推进,实现教育系统内外、教考招不同环节、中学与高校的系统推进。加强国家宏观层面的统筹协调,深化教育体制机制改革,建立配套的长效保障机制,为高考改革提供制度保障和资源支撑,保证高考改革政策的持续性和稳定性,最大程度地实现改革预期。以发展性、动态性的眼光看待高考改革,从长远的角度对政策进行前瞻性系统评估,在高考改革进程中分析和解决高考改革的问题,允许试点省份、高校、领域对高考改革政策进行微调。高考制度变迁具有渐进性特点,需要在改革实施过程中保持政策的稳定性和持续性;高考制度也不是一成不变的,需要根据社会需求变化和教育发展趋势适时修正与完善。只有在动态发展中完善高考制度,才能保证高考招生制度的公平性与科学性,使之更具有生命力。

(本文作者钟秉林、王新凤,原刊《教育研究》2017年第10期)

新中国成立以来高考政策公平性的历史变迁与价值选择

新中国成立以来,教育部(国家教委)历年发布的高等学校招生工作通知(含规定)①,无论是形式还是内容上都保持了延续性,也体现出阶段性的改革重点。笔者从政策文本分析的视角,聚焦高校招生的基本原则、入学标准、考试内容、招生计划、招生录取等五个方面,呈现新中国成立以来我国高考政策公平性的演变过程,并在此基础上进行阶段性特征的总结与分析,从而提出新时期高考政策设计的价值选择。

一、我国高考政策的历史演变

从历年高等学校招生工作通知(含规定)来看,根据高校招生的基本原则、入学标准、考试内容、招生计划、招生录取等方面的内容,可以看出我国高校招生优先考虑何种价值,是谁获得了高等教育入学机会,什么知识更有价值,招生计划如何分配,谁能够获得优先录取等价值选择。研读这些文件,可以厘清我国高校招生政策公平性的演变过程。

(一)基本原则:何种价值被优先考虑?

我国历年高校招生政策文本中一般都会明确本年度高校招生遵循的原则,尤其是 2000 年以来普通高等学校招生工作规定,在文本标题和格式上都保持了一致性,从中可以看出高校招生工作首要的价值取

---

① 1949—1999 年间的政策文本参见杨学为编《高考文献》(上、下),高等教育出版社 2003 年版;2000—2019 年政策文本来自教育部官方网站。

向逐步从隐性公平走向显性公平,公平的内涵逐步丰富。

新中国成立之初,高校招生规定中没有明确指出招生工作遵循的基本原则,但是文件中还是有类似的规定。如《关于全国高等学校一九五六年暑期招考新生的规定》强调,"要做到从政治、健康、学业三方面,选择录取质量好的新生入学。"《关于一九五八年高等学校招生工作的请示报告》指出,"在招生工作中必须政治挂帅,加强党的领导,这是做好招生工作的根本问题。高等学校录取新生,要注意政治质量,贯彻阶级路线。"《关于一九六五年高等学校招考新生的规定》指出,必须"严肃认真地挑选好政治思想好、学业成绩好、身体健康的新生入学,按质按量完成招生任务"。可以看出,这段时期高校招生工作强调生源的政治、学业、身体状况,其中最重要的是政治质量,注重对学生政治审查。

1977年恢复高考后,高校招生工作基本遵循全面衡量、择优录取的原则,高校招生更加聚焦于德智体全面发展。如《关于一九七七年高等学校招生工作的意见》指出,"为了保证招收新生的质量,在各级党委领导下,贯彻群众路线,根据德智体全面衡量,择优录取的原则。"《关于一九七九年高等学校招生工作的意见》指出,高等学校招生工作要"切实贯彻德智体全面考核,择优录取的原则,把优秀的青年选拔上来,为实现四个现代化培养又红又专的各类专门人才"。《国家教育委员会关于一九九二年普通高等学校招生工作的通知》强调,要认真落实"德智体全面考核、择优录取的原则",把提高招生质量放在重要位置,使招生工作更好地为社会主义现代化建设服务。

1997年以来,我国高校招生工作明确提出了公平、公正的原则。《国家教育委员会关于一九九七年普通高等学校招生工作的意见》第一次提出公平、公正的原则,强调普通高等学校招生工作要继续贯彻"德智体全面考核、择优录取"和"公平、公正"的原则,推动招生工作规范化、制度化、法制化。自2000年起,历年普通高等学校招生工作规定都会将公平公正作为高校招生工作的基本原则,保持了政策的连续性;自2002年起,公平竞争、公正选拔上升为普通高校招生工作的首要基本原则;2006年开始增加了"公开透明"的原则;2019年,普通高等学校招生"贯彻公平竞争、公正选拔、公开透明的原则,德智体美劳全面考核、综合评价、择优录取新生"。公平、公正、公开成为高校招生公平性的基本内涵,公平竞争强调机会公平,公正选拔与公开透明则更加强调程序公平(表1)。

表1　1977—2020年我国普通高等学校招生工作遵循的基本原则

年份	基本原则
1977—1996	德智体全面衡量,择优录取的原则
1997—1999	德智体全面考核,择优录取和公平、公正的原则。
2000—2001	德智体全面考核,择优录取的原则;入学考核形式以文化考试为主的原则;公平竞争、公正选拔的原则
2002	公平竞争、公正选拔,德智体全面考核、综合评价、择优录取,入学考核形式以文化考试为主的原则
2003	公平竞争、公正选拔,德智体美等方面全面考核、综合评价、择优录取的原则
2004—2005	公平竞争、公正选拔,德智体美全面考核、综合评价、择优录取的原则
2006—2009	公平竞争、公正选拔、公开透明的原则,德智体美全面考核、综合评价、择优录取
2010—2018	公平竞争、公正选拔、公开透明的原则,德智体美全面考核、综合评价、择优录取新生
2019—2020	公平竞争、公正选拔、公开透明的原则,德智体美劳全面考核、综合评价、择优录取新生

(二)入学标准:谁获得了教育机会?

我国历年高校招生政策文本中都规定了考生的报考条件,包括可以报考和不得报考的条件。符合报考条件的人可以获得受教育机会,而其他人则被排除在外,这特别明显地反映了高考政策的公平性价值导向。

新中国成立之初,高校招生工作注重对考生的政治审查。《关于一九五八年高等学校招生工作的请示报告》指出,"在招生工作中必须政治挂帅,加强党的领导,这是做好招生工作的根本问题。高等学校录取新生,要注意政治质量,贯彻阶级路线。要根据政治审查标准进行认真的审查,政治条件不合格的,不予录取。"同时发布了《高等学校录取新生的政治审查标准》,确定了一般专业和机密专业的政治审查标准,对考生实行政治审查,对工农成分的学生实行保送入学制度,强化了政治出身和政治表现在高等教育入学机会分配中的作用。

1977年恢复高考后,我国高校招生政策逐步调整对考生政治标准的限制,凡是政治历史清楚,具有高中毕业或相当于高中毕业文化水平,身体健康者均可报考。教育部《关于一九七八年高等学校招生工作的意见》指出,要全面地正确地贯彻执行党的"有成分论,不唯成分论,重在政治表现"的政策。1979年,教育部《关于高等学校录取新生政治审查工作的意见》强调,"政治审查,主要看本人的政治表现……父母及主要社会关系的政治问题和历史问题,一般不应影响考生的录取。"《教育部关于一九八一年全国高等学校招生工作会议的报告》指出,"从当年起取消对考生划分密级的规定,机、绝密专业招生,由学校根据有关政策和考生的实际情况决定。"此后,我国高校对考生的政治审查主要看报考者本人的政治思想品德表现。

进入21世纪以来,我国高校招生逐步取消对考生的标准限制,完善非歧视政策,维护规则公平。首先,取消了新中国成立以来一直存在的对考生年龄与婚否的限制。《2000年普通高等学校招生工作规定》提出,从终身学习的理念和构建学习型社会的视角出发,进一步拓宽考生的报名条件,取消了对考生年龄和婚否的限制。其次,完善了对考生的性别和身体残疾者的非歧视政策。《2000年高等学校招生工作规定》明确指出,"未经教育部批准,高等学校不得规定男女生比例","对符合体检标准、高考成绩达到要求的残疾考生,高等学校不能仅因其残疾而不予录取。"最后,规定了不得报考人员的条件。2009年以来,我国高校招生工作规定除了限制高校在校生、非应届毕业的在校生、服刑者参加高考之外,替考或者考试作弊的学生也被限制参加高考。这既是维护考生的起点公平,也是惩罚破坏考试规则的学生,以维护高考的程序公平。

(三)考试内容:什么知识更有价值?

考试内容的核心问题是知识的选择问题,即哪些知识更有价值。斯宾塞提出"什么知识更有价值",认为科学知识更有价值;阿普尔提出"谁的知识更有价值",认为应该关注知识背后的意识形态。促进每个人智力和能力发展的平等,是马克思主义的教育公平观的基本内容,考试内容的选择是从个体发展出发,还是从社会发展的要求出发,体现出不同历史时期的价值选择。

新中国成立初期,考试内容强调政治导向,注重命题的思想性。1958年《教育部关于做好今年高等学校招生工作的通知》指出,"各科试题应当体现政治挂帅的精神,注意试题的思想性,避免形式主义的考试,特别是政治课考题,更应该有明确的政治方向,不是叫人去背书,而是通过考试,引导青年注意参加现实的斗争。"政治质量是高校录取新生的前提,国家按照工人阶级的政治标准挑选干部。同时,高校要培养又红又专的工人阶级知识分子,新生就必须具备较好的学业素质,强调考生的基础知识与基本技能。《教育部对一九六三年高等学校招生命题工作的意见》指出,"为保证高等学校入学新生的学业质量,命题时要注意考查学生对基础知识的理解程度和运用能力以及对基本技能的掌握和熟练程度。"可以看出,这一阶段高考在考试内容的选择上除了重视知识基础外,更重视政治标准,体现出强烈的意识形态影响,从而忽略个体价值和知识本身的价值。

1977年恢复高考后,高校招生延续文理分科的传统,考试科目和外语比重逐步增加。1978年,文理科考试科目均为六门,除了政治、语文、数学、外语之外,文科考历史、地理,理科考物理、化学,外语为必考科目,但除了外语院校或专业外,成绩不计入总分。1983年,外语成绩100%计入总分。1987年后,我国开始探索在普通高中会考基础上减少考试科目,由高校确定选考科目组合;上海市探索自主命题,在会考基础上开展高考科目改革的试点,将高考科目减少为四门,分为六组。1992年,国家教育委员会《关于在普通高中毕业会考基础上高考科目设置的意见》提出,按文理分科设置考试科目,文科考语文、数学、外语、历史和政治;理科考语文、数学、外语、物理和化学,语文和数学分别根据文理科的特点在试题内容方面适当加以区别,在普通高中会考基础上形成了固定的考试科目组合(表2)。可以看出,这段时间考试内容在会考的基础上,逐渐形成了文科与理科的固定组合,外语的比重逐步增加。这适应了改革开放后经济社会发展对专业化、国际化人才的需求,也在一定程度上造成固定的文理分科、知识的分化,并忽略了学习者个体的兴趣差异。

为适应21世纪科学技术突飞猛进的发展和知识经济对人才综合素质和创新能力的要求,1999年,教育部《关于进一步深化普通高等学校招生考试制度改革的意见》提出,在广东省前期试点的基础上,试行"3+X"科目设置方案,"X"指由高校从物理、化学、生物、政治、历史、地理六个科目或者综合科目中自行确定一门或几门考试;考试命题也要重视能力立意,尤其是考查跨学科的综合能力。2014年以来,浙江和上海作为高考综合改革试点省份实行"3+3"考试科目组合,即除了统考的语数外3科之外,考生自选3科作为选考科目。2018年启动高考综合改革的河北、辽宁、福建、广东、湖南、湖北、重庆、江苏等8省市实施"3(语数外)+1(物理或者历史必选1门)+2(政治、地理、化学、生物4门选2门)"科目组合。2021年,我国高考科目设置将有"语数外+文综或者理综""语数外+6选3或者7选3""语数外+1+2"共3种科目组合方式。① 新高考更加强调文理融合、能力立意,着重考查学生独立思考和运用所学知识分析问题、解决问题的能力。如果说1999年的高考科目设置依然强调考试内容的社会价值,那么新一轮高考综合改革方案则致力于增加学生的选择性,是社会价值与个体价值的统一。

---

① 王新凤:《新高考考试科目设置的公平性问题研究》,《重庆高教研究》2020年第1期。

表 2　1950—2021 年我国高校招生考试科目

年份	考试科目
1950	国文、外国语、政治常识、数学、中外历史、中外地理、物理、化学
1954	理工专业：语文、政治常识、数学、物理、化学、生物、外国语
1954	文史专业：语文、政治常识、历史、地理、外国语
1955	理工专业：语文、政治常识、数学、物理、化学
1955	农医专业：语文、政治常识、生物、化学、物理
1955	文史专业：语文、政治常识、历史、地理
1960	理工专业：语文、政治、数学、物理、化学、外国语
1960	农医专业：语文、政治、物理、化学、生物、外国语
1960	文史专业：语文、政治、历史、外国语
1963	理工专业：语文、政治、数学、物理、化学、外国语
1963	农医专业：语文、政治、物理、化学、生物、外国语，加试数学
1963	文史专业：语文、政治、历史、外国语
1964	理工农医：语文、政治常识、数学、物理、化学、外国语
1964	文史专业：语文、政治常识、历史、外国语，哲学与财经各专业加试数学
1977	理工科专业：语文、政治、数学、物理、化学
1977	文科专业：语文、政治、数学、历史、地理
1978	理工科专业：语文、政治、数学、外语、物理、化学
1978	文科专业：语文、政治、数学、外语、历史、地理
1981	理工科专业：语文、政治、数学、外语、物理、化学、生物
1981	文科专业：语文、政治、数学、外语、历史、地理
1987	上海试点，减少科目为四门，分为六组：语文、数学、外语、政治；语文、数学、外语、历史；语文、数学、外语、地理；语文、数学、外语、物理；语文、数学、外语、化学；语文、数学、外语、生物
1992	理工科专业：语文、数学、外语、物理和化学
1992	文科专业：语文、数学、外语、历史和政治
1999	3+X："3"是指语文、数学、外语三门考试科目；"X"是指由高等学校根据本校层次特点的要求，从物理、化学、生物、政治、历史、地理六个科目或者综合科目中自行确定一门或几门考试
2017	浙江、上海：3+3
2017	尚未启动高考综合改革的省份：3+X
2020	浙江、上海、北京、天津、海南、山东：3+3
2020	尚未启动高考综合改革的省份：3+X
2021	浙江、上海、北京、天津、海南、山东：3+3
2021	河北、辽宁、福建、广东、湖南、湖北、重庆、江苏：3+1+2
2021	尚未启动高考综合改革的省份：3+X

(四)招生计划:哪些因素被综合考量?

高校招生计划分配受制于多种因素制约,包括国家、地方政府、高校多重权力主体,高等教育资源分布、地区生源分布、高校自身办学条件等多重客观条件限制等,在这些因素影响下形成了我国高校分省定额招生政策,对这些因素的权衡可以反映出不同时期高考政策公平性的价值选择。

新中国成立之初,学生来源少,区域分布不平衡,我国实施全国统一招生,统一计划、统一组织、统一报考和录取调配。《关于全国高等学校一九五三年暑期招考新生的规定》强调,由于各大行政区高等学校招生名额与学生来源不平衡,各区间必须适当调配。《关于全国高等学校一九五六年暑期招考新生的规定》明确了各地区高校录取的基本原则,华北、西北地区部分高校可以在华东、中南录取部分学生。《关于高等学校一九五八年招考新生的规定》明确了高校招生遵循就地取材与地区调剂相结合的原则,为本省培养干部的院校以招收本省学生为主,协作区性的高等院校在所在地的协作区或原大行政区范围内招生;全国性高校和专业设置特殊的高校在全国招生。高校招生基本遵循属地原则,本地招生数量不足才在其他地区录取学生。

1977年恢复高考后,普通高校招生分配依然按照国家计划执行,面向全国的院校及专业实行全国招生,面向地区的院校及专业在地区范围内招生,学生毕业后由国家统一分配。《一九八一年高等学校招生工作的规定》指出,全国重点院校如果在某些地区按原计划录取不能保证质量,允许调整到其他省区市录取,调整幅度以不超过20%为原则。《一九八四年普通高等学校招生规定》强调,在考生质量好、数量多,政治思想品德考核、考试、体检、中学建档等工作比较好的省区市多安排一些招生名额,并促进人才的合理流动;农业、林业、煤炭等部门所属高校实行定向招生,定向分配。《教育部关于做好一九九九年普通高等学校招生工作的通知》指出,具有2%招生计划调节权的高等学校,应集中在录取期间视有关省生源情况使用,原则上只用于该校在有关省按生源计划数120%调档内的考生。可以看出,这段时期允许重点高校调整招生计划,赋予了高校部分招生计划调节权。

2004年以来"招生来源计划"改为"分省(自治区、直辖市)分专业招生计划"。高校招生政策首先逐步明确了各级教育行政部门和高校在招生计划编制和分配中的管理职责;其次明确统筹考量多方因素,考虑国家及地区经济社会发展需求、高等教育资源分布及生源分布等情况;最后明确预留学校自主调整招生计划的余地,从2002年起规定明确高校在国家核定年度招生规模内,可以自主决定是否预留少量计划,用于调节各地统考上线生源不平衡的问题,有预留计划的高校须将预留计划数向社会公开。同时,招生计划分配向农村地区、中西部地区倾斜。2014年《国务院关于深化考试招生制度改革的实施意见》提出,继续实施国家专项计划、地方专项计划、高校专项计划等补偿政策,增加农村学生上重点高校的人数;继续实施"支援东西部地区招生协作计划",缩小区域高考录取率差异;引导地方出台政策,解决进城务工人员随迁子女就地就学和升学问题,促进城乡、区域、校际公平。

(五)招生录取:谁能获得优先录取?

招生录取政策的公平性问题,主要是看不同历史时期哪些群体可以获得优先录取、加分录取、降分录取等优惠政策,在考试公平的规则之外获得额外的附件条件继而获得高等教育入学机会,以及以什么方式保证这种入学机会。

从1950年开始,我国高校招生录取对产业工人、革命干部、少数民族学生、华侨学生等从宽录取或者优先录取;1955年增加复员建设军人和转业军人;1956年增加烈士子女和港澳学生。1964年规定,为了切实保证新生的质量,进一步贯彻阶级路线和政治业务兼顾的原则,对以下人员采取推荐与考试相结合的办法优先录取:参加过两年以上工农业生产和其他劳动的政治思想好、劳动表现好的往届高中毕业生;本届高中毕业生中政治思想好的产业工人、贫农、下中农子女和学生干部;高中(包括业余高中)毕业的或具有同等学力的政治思想好的产业工人、贫农、下中农、退伍士兵;政治思想好的在职青年干部。这段时期高校招生优先录取工农子弟,强调考生的家庭成分与政治质量。

1977年恢复高考后,高校招生优先录取各行各业经济建设第一线的知识分子,保障农村人才培养。《教育部关于一九七八年高等学校招生工作的意见》规定:"农林院校要注意录取农业科技积极分子,以及'五七'学校和农业中学毕业生、经过农业劳动锻炼的上山下乡和回乡知识青年。医药院校要注意录取优秀的赤脚医生。煤炭、石油、地质院校要注意录取该系统所属单位的职工和该系统矿区的中学毕业生。"《一九八三年全日制高等学校招考新生的规定》特别强调:"打开人才通往农村的路子。中央部门所属农、林、医、师院校实行部分定向招生,省市自治区所属农、林、医、师院校实行大部分定向招生,必要时可以适当降低分数要求,择优录取。"这段时期也格外强调师资的培养,《一九八五年普通高等学校招生规定》强调,对中专和中师推荐的应届优秀毕业生可适当降低分数;对具有三年以上实践经验的考生,报考政法、财经或文科其他一些专业以及管理、哲学等专业,可适当降低分数。

2000年后,我国高考加分政策受惠群体大为扩展,分为加分录取、减分录取、优先录取、加分投档等多种优惠政策:优秀三好学生、思想品德突出事迹者、科技竞赛获得者、体育大赛获奖者等,加分投档;少数民族考生等可以在院校调档分数线下适当降低分数投档,由学校择优录取;退出现役的义务兵,在与其他考生同等条件下,优先录取;荣立二等功以上的退役军人,可以适当降低分数投档,择优录取;烈士子女可以适当降低分数投档,择优录取。同时,这段时期各类科技竞赛获得者会获得加分,如2005年加分项目增加高级中等教育阶段获得"全国青少年科技创新大赛"、"明天小小科学家"奖励活动及全国中小学电脑制作活动一、二等奖者;高级中等教育阶段在国际科学与工程大奖赛、国际环境科研项目奥林匹克竞赛中获奖者等。2014年起,教育部开始大幅度减少、严格控制高考加分项目,2015年起取消体育、艺术等特长生加分项目,维护教育公平。

　　这一时期特别值得一提的是,信息技术促进招生录取方式的改革。我国高考改革一直反对、抵制"走后门"等不正之风,但是屡禁不止。1999年,《教育部关于进一步深化普通高等学校招生考试制度改革的意见》指出,重点实施计算机网上录取;2001年,全国实行计算机网上录取;2002年高等学校招生工作规定中首次开始将"考生电子档案"作为单独一条列出,并规定了考生电子档案的内容与管理办法等;2003年,各省级招办全面实行远程录取;2005年,教育部强调实施高校招生"阳光工程",此后历年招生政策文件都将实施阳光工程作为重要内容。计算机网上录取极大程度促进了录取的公平性。

二、我国高考政策公平性的阶段特征

　　历史性、具体性和相对性是公平、正义的重要特征,这也使得高考政策的公平性体现出阶段性特征。当然这种阶段性特征在社会现实中并不是突然出现的,而是呈现出渐进性特征;同时各种特征可能会在某一时期并存,继而呈现出耦合的特点,只是从高校招生工作重点来讲,某个阶段会着重于促进某种内涵的公平。

　　国内学界一般从三个视角研究高考政策公平性的阶段特征:第一,依据入学机会分配的标准,从高等教育入学机会的分配标准透视教育公平问题,认为新中国成立以来,我国高等教育入学机会的分配标准经历了学术和政治的双重标准、教育"革命"时期突出强调政治标准、"文革"后学术标准被重新确立,进而到经济实力成为影响机会分配的重要因素的变革历程。① 第二,依据高考公平的内涵,将恢复高考后的四十多年划分为建立形式公平、探索实质公平、多渠道追求实质公平、兼顾

---

　　① 杜瑞军:《从高等教育入学机会的分配标准透视教育公平问题——对新中国50年普通高校招生政策的历史回顾》,《高等教育研究》2007年第4期。

效率与公平四个阶段,认为改革的总体趋势是从效率优先走向公平优先,继而走向公平与效率的兼顾与平衡。① 第三,依据改革的动因,将恢复高考后高考改革政策划分为政治(经济)驱动阶段、教育自身驱动阶段、文化动因驱动阶段,公平选才与科学选才是高考改革决策的坐标。② 这些研究在高考政策公平性的划分依据以及阶段性特点方面都很有启示,但较少从新中国成立至今的历史时间段,以公平性的内涵特征为依据进行政策梳理。

历史制度主义因关注制度及其形成、变迁等常被研究者用来作为划分教育发展阶段的理论框架。从历史制度主义的视角来看,制度动力的来源包括社会经济系统和政治背景的大范围变化使得潜在的制度突然显现,并对政治结果产生影响;社会经济背景的变化或政治权力平衡状况的变化,使得新的行动者利用现存制度来追求新目标;外在的变迁使得在现行制度框架下所追求的目标和策略发生变化等。同时,历史制度主义还进一步探讨:在稳定的制度安排下,政策变迁是如何发生的?在何种情况下制度本身以何种方式成为变化的客体?在特定制度的约束下观念更新如何导致政策变迁?③ 也就是说,制度本身是抗拒变迁的,但会对更大范围内的社会经济或政治背景变化作出反应,继而发生政策变迁;当权者的政治策略会改变制度的结构性特征以实现长远利益,从而导致制度变迁;政治制度与政治观念之间相互所用,从而导致政策变迁。

因此,笔者试图从高考政策主要关注的公平性内涵特征为依据,关注经济社会系统及其环境的变化、政府部门的政治策略和政治观念变化等角度,来划分并解释新中国成立以来我国高考政策公平性价值变

---

① 周群英、谌丹:《基于公平视角的高考40年政策变迁研究》,《华南理工大学学报(社会科学版)》2018年第6期。
② 边新灿:《公平选才和科学选才——高考改革两难价值取向的矛盾和统一》,《中国高教研究》2015年第9期。
③ 凯瑟琳·西伦、斯温·斯坦默:《比较政治学中的历史制度主义》,载何俊志等编译:《新制度主义政治学译文精选》,天津人民出版社2007年版,第163页。

迁的阶段。

(一)基于政治身份的权利公平

新中国成立之初,我国实施统一招生、统一计划、统一分配,通过对工农干部和革命军人、产业工人采取优先录取、降低分数线、免考外语等方式扩大其进入高等院校的机会,在考试内容上注重学生基础知识和能力的同时,更注重考查学生的政治质量,优先保障工农子女入学,以政治革命的方式扩展了工农子女的入学机会和受教育权利。

新中国成立之初的高考政策体现社会主义教育的鲜明阶级导向,因此具有政治革命的特点,体现出强烈的国家意志,只有符合政治标准的学生才能获得高等教育入学机会。高考政策聚焦于增加工农子女入学机会,确保考生政治质量和学业质量。国家层面高度集中的政治体制决定了高校考试招生制度完全服从于经济建设和政治控制的需要。从经济上来说,高考政策满足了新中国成立初期经济社会复苏的需要。新中国成立之初,百废待兴,高校招生工作的重点在于更有效地选拔新中国建设所需要的各种专门人才和管理干部,因此,确保人才选拔的数量和质量是当务之急,尤其是人才的政治和学业质量。从政治上来说,刚刚获得国家政权的工农阶级为维护政治利益与政治稳定,明确了教育为人民大众服务的社会主义本质特征。1949年的《中国人民政治协商会议共同纲领》第五章第四十一条规定:"中华人民共和国的文化教育为新民主主义的,即民族的、科学的、大众的文化教育。"1954年的《中华人民共和国宪法》规定:"中华人民共和国是工人阶级领导的、以工农联盟为基础的人民民主国家。"这些法律纲领明确了新中国成立初期发展教育公平的价值导向和指导思想,为广大人民群众接受良好教育提供了法律政策保障。①

这种政治导向强烈的高考政策,也以一种革命的方式保障了工农阶层子女的受教育权利和高等教育入学机会。据统计,1953年,工农

---

① 胡娟:《中国共产党的教育公平观》,《中国教育学刊》2019年第9期。

家庭出身和本人是工农成分的新生,仅占新生总数的27.39%,1958年上升为55.28%,1965年又上升为71.2%。① 梁晨等研究发现,新中国成立后,精英教育的生源构成相对之前大为开放,工农子弟、农村学生比例迅速提高;新中国成立之后取得的成绩与开放性,不仅相对于自身传统是成功的,而且也可能要优于当时高等教育水平更高的欧美发达国家。② 可以说,这一时期的高考政策体现了当时教育方针的倾向性,符合当时历史条件,提高了劳苦大众的受教育机会,保障了人民大众的受教育权利,促进了教育公平。③

但是,这一时期高考政策的公平性也是以牺牲效率的方式强制增加工农子女入学机会,难以满足经济社会发展对人才的需求;同时,也以牺牲程序公平的方式保障工农子女的受教育权利,最终也难以实现真正的公平。这种因政治革命而发生的政策变迁也终因"文革"而中止,高考制度也因此中断十年,带来巨大的社会影响。

(二)强调效率优先的程序公平

1977年恢复高考后,高考政策的公平性体现在从优先保障工农子女入学机会转向人人都享有平等受教育的权利,同时在"效率优先、兼顾公平"的价值导向下,注重基于学业质量的公平性,保障受教育者个体的权利,强调分数面前人人平等,更加注重程序公平。

具体来说,高校招生的首要原则是效率,强调学生德智体全面考察、择优录取,培养各行各业所需专门人才。在入学标准方面摆脱家庭成分的桎梏,注重考生个人的思想政治表现;在考试内容方面,在会考基础上考试科目逐步减少,强调学生知识基础之上的特色发展,更加强调外语科目的比重;在招生计划方面,随着教育的法制化、规范化,教育管理部门逐步下放了部分招生自主权;在招生录取方面,优先录取各行

---

① 杨学为编:《高考文献》(上),高等教育出版社2003年版,第1页。
② 梁晨等:《无声的革命:北京大学、苏州大学学生社会来源研究(1949—2002)》,生活·读书·新知三联书店2013年版,第2页。
③ 胡娟:《中国共产党的教育公平观》,《中国教育学刊》2019年第9期。

各业建设一线的知识分子,保障经济生产和农村人才培养。"文革"结束以后,随着党的十一届三中全会决定将工作重心转移到经济建设上来,高考政策体现出强烈的经济社会发展需求和政治秩序重建的导向。

在经济上,这一时期高考政策在公平与效率的关系上更加强调效率优先。教育公平的特点是由生产力发展水平决定的,教育公平是社会公平的基础。1981年,党的十一届六中全会提出的我国社会主要矛盾是人民日益增长的物质文化需要与落后的社会生产之间的矛盾。因此,党和国家的政治理念是以经济建设为中心,1993年通过的《中共中央关于建立社会主义市场经济体制若干问题的决定》提出,"建立以按劳分配为主体,效率优先、兼顾公平的收入分配制度,鼓励一部分地区一部分人先富起来,走共同富裕的道路。"这一发展理念体现的社会正义原则就是在遵循市场经济效率至上的前提下兼顾公平,反应在教育领域就是集中力量办大事。邓小平说:"办教育要两条腿走路,既要注意普及,又注意提高。要办重点小学、重点中学、重点大学。要经过严格考试,把最优秀的人集中在重点中学和大学。"①高考政策的价值导向就是在高等教育资源有限的情况下,将最优秀的人才选拔出来,"培养大量的熟练劳动者和各种专业人才,同时要造就一批进入世界科技前沿的跨世纪的学术和技术带头人"。②

在政治上,这一时期高考政策的公平性特征更多体现为权利的平等,废除了考生的政治身份限制,更加强调作为公民的个体都应该平等地享有受教育的机会和权利。③ 教育法制化、规范化的进程为这个重要转向提供了制度保障,如1982年修订颁布的《中华人民共和国宪法》

---

① 《邓小平文选》第二卷,人民出版社1994年版,第58页。
② 《中共中央关于建立社会主义市场经济体制若干问题的决定》,《中华人民共和国国务院公报》1993年第28期。
③ 袁振国、翟博、杨银付:《共和国教育公平之路》,华东师范大学出版社2019年版,第49页。

提出,中华人民共和国公民有受教育的权利和义务;1995年颁布的《中华人民共和国教育法》规定受教育者在入学、升学、就业等方面依法享有平等权利。这一系列教育法律法规保障了个体平等的受教育权利,确立了分数面前人人平等的考试招生制度,保障了受教育者的平等权利。

改革开放后教育领域拨乱反正,恢复了新中国成立之初形成的招生制度,扭转了"文化大革命"期间高校招生"走后门"的混乱局面①,建立起了经济建设亟需的人才选拔制度,服务于四个现代化建设的需要,培养和造就了一大批又红又专的建设者与接班人。可以说,这一时期的高考政策是党和国家根据经济社会发展需要作出的一种基于成本与收益的理性选择,改变了以政治身份为选拔标准的高考制度,强调受教育者个体基于学业标准的权利平等,体现了教育制度甚至社会制度的变迁与重建。正如刘海峰所言,"文革"后高考制度的恢复并不只是使教育恢复了正常秩序,更是带动了整个国家由乱而治。②高考因而成为了一种以知识和能力为标准的选拔机制、一种迄今为止最公平公正的人才选拔制度。

(三)注重协调发展的实质公平

1990年代末以来,我国高考政策更加注重在协调发展的基础上多渠道探索实质公平,既注重学生个体的德智体美劳全面发展,又尊重学生社会背景因素的多元性与差异性,既注重扩大社会成员的入学机会、保障受教育者权利,又注重以程序公平保障实质公平。

这一时期高考政策公平性的内涵更加丰富,公平、公正、公开逐步成为高校招生政策首要的价值导向,高考政策的公平性从隐性走向显性③,在协调发展基础上多渠道探索实质公平。具体体现在:高校取消

---

① 杨学为:《高考十年之回顾》,《高等教育学报》1987年第Z1期。
② 刘海峰:《而立之年论高考》,《东南学术》2007年第4期。
③ 袁振国、翟博、杨银付:《共和国教育公平之路》,华东师范大学出版社2019年版,第273页。

了对考生年龄与婚否限制,完善了对语言、性别、残疾等非歧视政策,扩大了社会成员入学机会;从注重考查知识的获得转向考查创新精神、综合素质及问题分析能力,强调文理融合、能力立意,重视学生全面发展;在招生计划分配方面明确了各级教育行政部门、高校、考试机构的责任,强调城乡公平、区域公平,注重政策补偿;全面实施计算机网上录取,通过技术手段实现录取公平,随着各项加分优惠政策繁多,逐步规范与减少加分政策,维护考生程序公平。

这一时期伴随着我国经济高速发展和社会转型,很难用一种公平观统摄高考政策的价值变迁,也很难用一种视角解释这二十余年我国高考政策公平性的丰富内涵。但从政策变迁的视角来看,至少可以说,这一时期在经济社会发展和信息技术等外部环境因素与教育制度互动的背景下,关键行动者在现有制度框架内的政治策略和政治观念的改变带来了高考政策的变迁。

以高考补偿性政策的实施为例。从社会结构因素来看,经过改革开放 40 年的发展,中国社会发生了翻天覆地的变化,国民财富迅速增长的同时社会财富的两极分化加剧,区域差异、城乡差异拉大,从国家层面上开始强调均衡发展的重要性。从教育系统来看,我国政府为了实现成本分担、拉动国内消费①,从 1998 年开始实施高等教育大规模扩招,迅速从精英化、大众化步入普及化阶段,在增加人民群众入学机会的同时,优质高等教育资源分配的不公平问题凸显,重点高校的农村学生比例在下降,引起学术界关注②,扩招后城乡教育不平等在上升。③在社会结构因素与教育制度的互动中,政府层面开始重视协调发展的政治策略,其中最重要的历史节点是 2010 年国务院审议通过《国家中

---

① 刘海兰、姚荣、周光礼:《建国以来高校大规模扩招的历史制度主义分析》,《现代大学教育》2014 年第 5 期。
② 刘精明:《高等教育扩展与入学机会差异:1978—2003》,《社会》2006 年第 3 期。
③ 李春玲:《高等教育扩张与教育机会不平等——高校扩招的平等化效应考查》,《社会学研究》2010 年第 3 期。

长期教育改革和发展规划纲要(2010—2020年)》,纲要明确将促进公平作为国家基本教育政策,明确教育公平的主要责任在政府。2014年《国务院关于深化高考综合改革的实施意见》明确提出,实施系列高校招生补偿政策,促进城乡公平、区域公平、校际公平。可以看出,高考政策从效率优先转向更加注重公平,强调发展公平的紧迫性,从注重受教育者机会"量"的公平转向"质"的公平。

党的十八大以来,党和政府将公平正义贯穿于治国理政的全过程,鲜明揭示了公平正义的价值追求,形成了关于公平正义重要论述的内在逻辑和基本理论。这些新时期的政治策略、政治理念伴随着中国特色社会主义制度体系的完善与构建,既是对历史经验的总结,也成为新时代高考政策公平性的价值引领。

三、新时期高考政策的价值选择

新时期高等教育改革与发展面临前所未有的挑战。从教育外部来说,国际发展环境不确定性因素增多,竞争与冲突成为国际环境的重要特征,综合国力提升的迫切需求对高校自主创新、创新型人才选拔与培养提出了新的挑战。从教育内部来说,2019年我国高等教育毛入学率达到51.6%,已经进入高等教育普及化阶段,人民群众的教育需求更加多样化,而且对优质资源的迫切需求与优质高等教育资源不均衡、不充分的矛盾更加凸显。同时,随着高考综合改革的深入推进,在增加学生选择性、促进高校科学选才的同时,高考制度的公平性问题依然存在,甚至产生新的公平性问题。[①]

基于这样的社会背景,高考政策的价值选择必然要求实现效率与公平、科学与公平的统一,以程序公平保障实质公平。具体来说,高校

---

① 王新凤、钟秉林:《新高考公平性问题及应对策略研究:基于浙沪经验》,《国家教育行政学院学报》2019年第4期。

招生应贯彻落实以人民为中心的教育公平观,坚持立德树人的根本任务,促进学生德智体美劳全面发展,以共享发展为导向促进高考的城乡公平、区域公平,完善多元参与的教育治理格局以实现程序公平。

(一)以人民为中心保障教育机会

我国的社会公平观首先是以人民为中心,人民群众在公平正义中处于主体地位。新中国成立之初,优先保障工农子弟接受高等教育的权利和机会;恢复高考后,来自具有经济或文化优势家庭的学生增多,精英大学名额的争夺更加激烈,但精英大学中工农家庭学生的比例却依然稳定。[①] 近年来,我国通过一系列补偿政策,提高中西部地区和高考大省高考录取率,提高农村学生上重点高校的比例,保障高考城乡公平、区域公平。可以说,在不同历史时期,高考改革始终贯彻以人民为中心的理念。新时期高考改革应继续贯彻以人民为中心的政治理念:坚持育人为本,把促进学生健康成长、成才作为高考改革的出发点和落脚点;稳妥推进高考综合改革,尤其关注改革过程中可能对社会处境不利群体带来的新的公平性问题;确保一系列高考补偿政策的精准实施,避免对其他群体造成反向歧视,从而保障最广大人民群众的受教育机会和发展权利。

(二)五育并举促进学生全面发展

教育是每个公民的平等权利,教育公平体现为每个人智力和能力发展的平等,即人的自由发展和全面发展。新中国成立以来,我国高校招生从对学生政治质量的考察到学业质量的考察,从对注重基础知识的"以文化考试为主"到注重综合能力的"德智体美劳全面考察",从"一考定终身"到综合评价、多元录取,体现了从国家本位到个体本位的转变,也体现了马克思主义全面发展的教育公平观。新时期高考改革应坚持立德树人根本任务,坚持德智体美劳五育并举,促进人的全面发

---

① 梁晨等:《无声的革命:北京大学、苏州大学学生社会来源研究(1949—2002)》,生活·读书·新知三联书店 2013 年版,第 2 页。

展,实现学生发展、高校科学选才、国家发展目标的统一。尤其要落实高考综合改革选择性的理念,加强学生学业发展指导,引导学生根据自己的兴趣特长合理选科,从而实现个体价值与社会价值的统一。

(三)以发展为导向促进结果公平

党的十八届五中全会提出的共享发展的新理念,蕴含了公平正义的价值理念,指明了我国社会公平正义的实现途径,即让改革发展成果更多、更公平地惠及全体人民。新中国成立初期,高校招生服务于政治斗争的需要,强调考生的政治质量;自从改革开放以来,强调以经济建设为中心,高校招生政策以效率为导向,注重学生的知识与能力;新一轮高考改革实施系列补偿政策,增加弱势群体子女受教育机会,使他们共享发展成果。当前的高考改革应处理好效率与公平的关系,而不宜过分强调高考选拔的公平性而忽略效率,毕竟高等教育应首先强调效率优先的核心价值。① 因此,应该进一步深化落实高校招生自主权,引导不同类型的高校根据各自人才培养目标科学选才,尤其是应该重视拔尖创新人才的选拔与培养,造就能为增强国家自主创新能力、提升综合国力和国际竞争力的优秀人才,在此基础上,以发展为基础实现结果公平。

(四)多元参与完善教育治理格局

党的十九届四中全会通过《中共中央关于坚持和完善中国特色社会主义制度、推进国家治理体系和治理能力现代化若干重大问题的决定》提出,完善党委领导、政府负责、民主协商、社会协同、公众参与、法治保障、科技支撑的社会治理体系,为教育治理体系与治理能力的现代化指明了方向。新中国成立以来,我国一直注重防止高考中的不正之风,恢复高考之后高校招生逐步加强信息公开公正,尤其是实施计算机网上录取,以技术的手段保障了公平,我国高校招生在教育法制化的轨道上逐步走向程序公平。新时期高考改革应该在政府主导的决策模式

---

① 眭依凡:《公平与效率:教育政策研究的价值统领》,《中国高等教育》2014年第18期。

下,逐步建立起自上而下为主、政府适当分权、公民优先参与的决策模式[1],在国家和教育行政部门发挥主导作用、权衡各方利益、保证社会公平正义的前提下,更多关注相关利益群体的多元诉求,促进多元参与下的共同治理、科学决策,以治理体系与治理能力的现代化实现程序公平,进而保障结果的公平。

(本文作者王新凤,原刊《教育学报》2021年第1期)

---

[1] 李芳:《新中国高考公平70年:国家意志与个体发展有机统一之路——基于政策文本的分析》,《重庆高教研究》2019年第6期。

积极稳妥地推进高等学校考试招生制度改革

高等学校考试招生制度(以下简称"高考招生制度")是国家高等教育制度体系的重要组成部分。高考招生制度自1977年恢复以来,不仅为众多学子提供了继续深造的机会,同时也拓展了社会流动的渠道,对我国教育乃至整个经济社会生活都产生了不可估量的深远影响。客观而言,普通高等学校入学考试是迄今为止社会公信力最高的国家考试,不仅最大程度地保证了入学机会均等,维护了教育公平,而且为后来陆续实施的一系列国家考试(如公务员考试、各类专业人员考试等)提供了宝贵的经验。但不可否认的是,近年来高考招生制度广遭社会诟病,关注群体之众多、抨击意见之尖锐、观点建议之多样,为其他领域所罕见。作为曾经发挥过重要历史作用的高考招生制度,为什么面临不得不改的处境?高考招生制度改革的复杂性和艰巨性何在?应该按照什么样的原则和路径进行高考招生制度改革?这是在对现行高考招生制度进行审视、反思和改革时不可回避的重大问题。

一、高考招生制度改革的必要性

事实表明,迅速变化的经济社会发展和教育改革实践,以及促进高等教育公平的时代呼唤,已经成为高考招生制度改革的重要动因。

(一)现行高考招生制度已不能完全适应经济社会发展和教育改革的现实需求

作为我国教育制度重要组成部分的高考招生制度的存续,不可能脱离我国经济社会发展和教育事业发展的历史进程。总体而言,与经济社会发展和教育改革的现实需求相比,现行高考招生制度呈现出三个"不适应"现象:

1. 不能很好适应我国高等教育大众化阶段的现实需求。现行高考招生制度是在我国精英化高等教育阶段的背景下建立的,设立这一制度的目标,就是要从众多考生中选拔少数优秀人才,对他们实施精英教育。因此,高校录取学生时严格坚持学术标准,实行"分数面前人人平等",在实现人才选拔这一高考招生制度首要功能的同时,也相应达到了促进教育公平和社会公平的目标。随着20世纪末以来高等教育规模的急剧扩张,我国高等教育进入了大众化阶段,高校入学机会不再是一种极度稀缺的资源。2012年报考人数达915万人,计划录取685万人,高考录取率将超过75%。在这样的背景下,将每年一次的高考成绩作为高校录取的唯一依据,面临越来越多的质疑:一方面,高等教育进入大众化阶段后,高校分层显著,仅用高考成绩难以有效满足不同类型高校的人才选拔需求;另一方面,随着高等教育普及程度的不断提高,高考录取率也迅速提高,已经可以考虑在高职院校实行注册入学,在本专科层次实行全国统一高考的必要性也值得商榷。

2. 不能很好适应科学选拔优秀人才的现实需求。随着科教兴国和人才强国战略的实施,培养创新型人才的迫切需求对现行高考招生制度提出了新的挑战。从考试来看,现行高考偏重考察考生一般性、程式化的知识,而难以考察创造性、批判性等创新型人才必备的能力,更难以考察社会责任感、道德品质、团队精神等方面的综合素质。从招生来看,高校将高考成绩作为录取学生的主要依据或唯一依据,致使那些具有特殊禀赋、但高考成绩并不理想的学生,大都难以获得升学的机会,或是失去了享受优质高等教育资源的机会。虽然目前已在90所高校实行自主选拔录取(亦称"自主招生")试点改革,2011年实际录取学生逾8万名,但不论是自主招生的规模还是试点高校自主的程度,以及试点高校自主选拔的对象和考核评价内容及方式,都难以保证具有学科特长和创新潜质的学生能够脱颖而出。

3. **不能很好适应我国基础教育改革的现实需求。**改革开放以来,我国基础教育发生了巨大变化,培养模式、课程体系、教学方式,以及教学管理、学校管理、教育行政管理等教育模式和制度,已经或正在发生深层次的变革,这对包括高考招生制度在内的各类考试评价制度都相应提出了变革的要求。比如,基础教育新课程改革要求改变课程评价过分强调甄别与选拔的功能,发挥促进学生发展、教师提高和改进教学实践的功能;教学改革极力推崇探究式教学、参与式教学等新的教学模式,要求打破以教师和学科为中心的传统教学模式,培养学生的创新精神和实践能力。而现行高考制度明显与课程和教学方面的改革不协调,滞后于基础教育改革发展的步伐,甚至在某种程度上误导了基础教育改革发展的方向。近年来,中小学课程改革和教学改革推进困难,先进的教育教学理念难以推行,应试倾向难以扭转,素质教育难以全面实施,中小学生课业负担重、健康状况下滑等问题日渐严重。在反思基础教育改革本身的同时,许多人将此归责于高考招生制度的阻碍,认为高考招生制度是应试教育的根源,学校的办学行为、教师的教学行为和学生的学习行为等都受其调控;基础教育改革的深化,只有在高考招生制度改革的基础上才得以实现。

(二)高考招生制度的公平性遇到严峻挑战

高考招生制度设计的初衷,旨在为不同阶层、不同地域、不同民族、不同性别的考生提供公平竞争高等教育入学机会的平台,将高考成绩作为入学的唯一依据或主要依据,藉此最大限度地保障教育公平和社会公平。应该说,高考招生制度在这方面确实发挥了积极的作用,得到了社会的广泛认可。但同时也应看到,经过三十多年的发展演变,高考招生制度的公平性不断遭到侵蚀,并面临新的问题,改革现行高考招生制度已势在必行。

1. **实施过程中出现偏差,部分背离了制度设计的初衷。**近年来,由于种种原因,高考招生制度在实施过程中出现了一些违背制度设计初衷的现象,招致了社会公众和新闻媒体的抨击。比如,高考加分政策,其设计初衷是为了拓宽特殊人才的升学通道,但在实际操作中,由于加分依据缺乏统一标准、信息不透明、监管不力等原因,导致加分政策近乎失控,为一些掌握社会资源的人谋取不正当利益提供了便利。类似问题在高校自主招生和特殊类型招生等多个环节都程度不同地存在。更有甚者,"点招"现象屡禁不止,高考舞弊现象屡屡出现,比如今年发生的硕士研究生考试泄题事件,教训惨痛,发人深省。这种种损害教育公平的现象,严重冲击了高考招生的社会公信力。对此,社会公众深恶痛绝,将批评指向了高考招生制度本身和教育系统内部,不断提出改革的诉求。

2. 新问题不断产生,公平性遇到更加广泛的挑战。近年来,随着经济社会和教育事业的发展,一些新问题和新情况不断产生,现行高考招生制度面临新的挑战。比如,改革开放使一些城市的非户籍人口急剧膨胀,目前进城务工的农民已达 2.5 亿人。随着时间的推移,进城务工人员随迁子女的"异地高考"问题逐渐凸显。又如,随着高等教育大众化进程的推进,我国高等教育毛入学率和高考录取率逐年增加,但由于区域经济、社会、文化发展水平的差异,省际高等教育毛入学率、高考录取率以及高考录取分数线差异依然较大,中西部地区、农村地区、贫困家庭、少数民族等弱势群体的入学机会均等问题,尤其是平等享受优质高等教育资源的问题更加突出,由此导致了"高考移民"和"国际高考移民"等严重违背教育公平现象的产生。解决省际招生名额科学合理配置问题、治理"高考移民"现象的呼声愈加强烈。再如,随着特殊教育事业的发展,出现了从义务教育阶段向学前教育和高等教育两端延伸的趋势;构建和完善特殊教育体系的需求已经提上议程,而国家或地方政府至今还未出台残疾学生参加普通高校入学考试的特别措施。

二、高考招生制度改革的复杂性

为应对上述种种改革诉求,应科学设计高考招生制度改革的目标:一是要增强人才甄别选拔的有效性,根据高校的人才培养目标和规格要求优化人才选拔标准,调整选拔方式;二是要促进入学机会均等,维护教育公平,保障社会公正;三是要发挥高考招生的导向作用,引导基础教育改革发展的方向,促进素质教育的实施。高考招生制度改革在内容设计上十分复杂,应紧密围绕改革目标,针对现实问题,统筹进行设计。

(一)改革招生名额配置

现行高校招生名额配置仍是计划模式,由政府行政权力主导,近年来弊端日渐显露:一是高校自主权难以真正落实;二是招生名额省际差异较大,人口规模大但高等教育规模小的省份考生升学机会明显偏低;三是一些中央部委直属高校在确定各省的招生名额时,明显对所在省倾斜,影响了其他省份考生享受优质高等教育资源的机会。改革现行招生名额分配方式已经成为促进入学机会均等、保证教育公平的重要内容:第一,政府分配招生名额时要更多考虑高校自主发展的需求,尊重高校的自主权,尽可能避免行政干预;第二,招生名额分配要更多考虑人口基数、高等教育入学机会多寡等因素,对入学机会较少的地区予以适当倾斜;第三,根据公平和公开透明的原则,加强对中央部委直属高校招生名额分配的监督,避免这些高校的招生名额对所在省考生过度倾斜。

(二)改革入学考试方式

现行高等学校入学考试方式的特点,一是政府主导,强调地方乃至全国的统一性;二是每年仅提供一次考试,考生选择机会少,往往"一考定终身";三是考生只能在户籍所在地参加高考。针对这些问题,必须加快推进入学考试方式的改革。第一,逐步实施高等学校分类入学考试。普通高等学校本科入学考试由全国统一组织;高等职业教育入学考试由各省、自治区、直辖市组织,或试行注册入学。第二,探索英语、数学等科目一年多次考试的办法,为考生提供更多的考试机会。第三,研究制定非户籍人口子女在流入地参加考试的办法,依法保障其受教育权和考试权。

(三)改革入学考试内容

目前,全国统一高考按照"3+X"模式设置考试科目,即语文、数学、英语三科再加上理科综合(物理、化学、生物)或文科综合(历史、地理、政治)。一方面,文、理分科考试不利于对考生综合素质的考察,而且会导致高中生偏科;另一方面,考试内容过度强调统一性,不足以为特定学科和专业人才选拔提供充足的依据。改革考试内容,既要充分发挥高考的甄别功能,有利于合适人才的选拔;又要注意发挥高考的导向作用,有利于扭转基础教育过度强调应试的倾向。第一,要根据高校人才选拔全面性和多样性的要求,在实行统一考试的基础上,增加选考模块,为高校录取学生提供更为全面深入的参照;第二,要针对目前考试内容过于偏重考察应试能力的倾向,以高校人才选拔标准和国家基础教育课程标准为依据,突出对学生综合素质和能力的考察;第三,要提供考生学科知识掌握情况和能力素质发展水平的评价报告,丰富高考成绩报告内容。

(四)改革高考命题方式

现行高考命题实行全国统一命题和分省命题。省际之间命题水平和阅卷标准存在较大差异,难以对不同省份考生的成绩进行横向比较;命题专家临时从高校和高中教师中选拔,以兼职为主,稳定性较差。近年来,高考试题的信度、效度不断遭受质疑,来自社会的批评日渐增多。改革高考命题方式,已经成为保证高考科学性和规范性的重要基础。第一,加强命题专家队伍建设,保证全国和分省命题质量;第二,进一步完善国家考试科目试题库，丰富试题来源；第三，集中专门人才加强对考试规律和标准的研究，不断提高试题的信度和效度；第四，对于经评估不合格或水平明显较差的单独命题的省份，应收回自主命题权并实行全国统一命题。

（五）改革招生录取方式

现行招生录取方式主要存在两个方面的问题：一是将高考成绩作为唯一依据，标准单一，高校自主权小；二是设立了名目繁多的加分政策，破坏了高校招生录取的公平政策环境。因此，必须改革高考录取方式，扩大高校招生自主权，使评价方式更加科学，评价内容更加丰富，建立健全有利于优秀人才选拔的综合评价和多元录取机制。第一，普通高等学校招生仍以统一入学考试为基本方式，同时将高中学业水平考试和综合素质评价结果以适当权重计入入学考试成绩，全面评价学生素质与能力。高等学校主要根据考试成绩，择优录取。第二，对具有创新潜质、特殊禀赋或学科特长，且符合培养要求的学生，高校可依据面试或自主测试的结果自主录取；对高中阶段全面发展、表现优异的学生，经所在学校或校长推荐，高校可决定是否录取；对符合条件，自愿到国家需要的行业和地区就业的学生，可通过签订协议的方式实行定向录取；对在实践岗位作出突出贡献或具有特殊才能的人才，可实行破格录取。

三、高考招生制度改革的艰巨性

尽管改革高考招生制度的诉求十分强烈，《国家中长期教育改革和发展规划纲要（2010—2020年）》也对高考招生制度改革的原则和内容作出了明确的部署，但从目前的总体推进情况看，改革举措及效果与社会预期仍有差距，公平与效率、近期与长远、内部与外部之间的矛盾相互交织，改革任务仍然十分艰巨。究其原因，大致可以归纳为两个方面：

(一)高等教育利益相关者的诉求呈多样化趋势

随着高等教育规模的扩张和体制改革的深化,高等教育利益相关者增多。不同的群体,站在不同的立场,分别对高考招生制度改革表达了各自的诉求,提出的观点和建议体现了不同的价值取向。有的希望通过改革,增强人才选拔的有效性,选拔出优秀生源;有的希望通过改革,促进入学机会均等,更好地实现教育公平;有的希望通过改革,为学校和学生减负,让孩子们健康快乐成长;还有的希望通过改革,让孩子进入好的大学,读上好的专业。显然,这种多元化的诉求,一方面增强了改革的驱动力,使得高考招生制度改革势在必行;另一方面,由于目标诉求差异很大,价值取向各不相同,导致众说纷纭、众口难调,难以形成改革的共识和合力,加大了改革推进的难度。例如,公平和效率是对立统一的关系,公平是指考试和招生录取过程本身的公平,以及通过高考招生保障和促进教育公平;效率是指高考招生组织运行过程的效率,以及通过高考招生,实现人才甄别和选拔的优化。从理想的角度来看,应当实现二者的统一。但必须承认,公平和效率代表了不同的价值诉求,在制度设计中不可避免会面临取舍。

(二)高考招生制度被赋予了更多的功能

改革高考招生制度,必须对这一制度的功能有全面的认识和把握。表面上看,高考招生制度的功能是为高等学校提供甄别和选拔人才的依据;但实际上,高考招生制度还肩负着更多的社会功能和使命。比如,许多考生旨在通过这一渠道,改变个人和家庭的命运,特别是对广大农村考生,高考是跨越城乡二元结构的主要通道。从这个角度而言,高考招生制度是社会流动的阶梯,关乎社会稳定和公平。又如,"异地高考"不仅涉及教育领域内部的政策调整,还涉及户籍制度和社会管理等教育外部的配套改革。可见,高考招生制度改革必须应对多元化的目标诉求,并受政治、经济、文化等诸多因素的制约。因此,在进行高考招生制度改革的顶层设计时,必须要处理好内部和外部的关系。内部主要指的是：高考招生制度属于教育制度的范畴，必须遵循教育规律，服务于教育自身改革发展的目标；外部主要指的是：高考招生制度是重要的社会公平保障制度，改革这一制度，必须具有广阔的视野和全局意识，应该"跳出教育看教育"。

四、高考招生制度改革的操作性

综上所述，高考招生制度改革涉及观念的转变、制度的更新、利益格局的调整和相关技术的应用，需要政府、高校和社会等各方面的广泛参与和支持，是一场涉及面广、意义重大、影响深远的深层次变革，难免遇到各种各样的阻力。为确保改革顺利进行，笔者认为应从以下几个方面积极稳妥地加以推进。

（一）做好顶层设计，实行渐进式改革

高考招生制度改革是一项艰巨复杂的长期性工作，改革成效的显现更是需要一个长期的过程，不可能一蹴而就、立竿见影。做好顶层设计是保证高考招生制度改革目标的统一性和改革探索的连续性的重要基础。第一，细化改革目标任务，形成清晰的路线图和时间表。既要有近期目标，考虑可行性和轻重缓急，不可因过于理想化而影响改革推进；也要有中长期目标，能预见今后较长时期的需求。不仅要明确教育自身的目标，还要考虑教育之外的目标。第二，明确改革推进机制。高考招生制度改革涉及多个部门，要建立跨部门工作机制，动员各方面力量，形成改革的合力。第三，明确改革的责任主体。要区分中央与地方、政府与高校的责任，既要强调中央的主导作用，又要发挥地方的积极性，允许各地因地制宜进行探索。同时，要确立高校作为招生主体的地位，避免政府通过行政手段干预高校招生自主权。高考招生制度的改革既要积极主动，又要遵循客观规律，实行渐进式改革，由量的积累实现质的变化，形成面上的突破：一方面，不能一味等待所有条件都已成熟后才启动全面改革，而应坚持有限目标，成熟一项启动一项，以免耽误改革时机,增加改革成本;另一方面,改革应选择在一些地区和高校率先进行试点探索,同时建立纠错机制。另外,还要加强对改革的科学论证和风险评估,确保风险可控,以免造成大的偏差。

(二)加大治理力度,规范考试招生秩序

改革高考招生制度,首先要加大治理力度,规范考试招生秩序。只有考试招生秩序井然,才能保证制度的公信力,坚定社会公众对改革的信心;否则,改革随时可能因为民意的丧失而流产。第一,实行防惩并举,坚决打击各种高考舞弊行为,确保考试安全、公正。第二,清理和规范各种加分政策,让广大考生能够在相同起点上公平竞争。第三,加大对高校招生工作的监管,尤其是进一步调整和规范艺术、体育类专业招生,实行"阳光招生",接受社会监督。

(三)建立利益协调机制,积极稳妥推进改革

高考招生制度改革,将会涉及利益格局的调整和价值取向的冲突。比如,规范和清理高考加分政策,将使部分学生不能再享受高等教育入学机会特权;改革中央部委直属高校招生名额分配方式,将影响一些地区高等教育入学机会;改革招生录取方式,将削减政府部门的权力;改革高考命题方式,将影响一些考试机构的经济利益;允许外来务工人员随迁子女在流入地高考,可能会影响当地考生的升学机会。因此,在改革实施过程中,必须处理好各种利益之间的关系:一方面,对于违规或非法获取的利益,无论面临多大阻力,都要坚决予以取缔;另一方面,要尽可能实行增量改革,或以适当方式建立补偿机制,保障合理合法的利益。总而言之,要充分考虑到不同地区、不同群体的诉求,尽可能避免造成既得利益者的激烈对抗,影响改革的平稳推进。

(四)加强统筹协调,实施配套改革

高考招生制度改革,主要涉及考试和招生两个关键环节;但高考招生制度改革的目标,又不仅仅局限于这两个环节,应该强调高等教育和基础教育、教育系统内部和教育系统外部统筹改革。因此,在组织好考

试和招生这两个环节改革的同时,还要实施一系列配套改革,包括中小学课程改革、教学改革、学生评价制度改革、高校人才培养模式改革、专业和课程体系改革,以及社会管理改革等。只有在实施好相关配套改革的基础之上,高考招生制度改革才能顺利推进,其成效才能真正得以显现。

(五)加强宣传引导,营造良好社会氛围

高考招生制度改革关系到上亿学生的前途和未来,牵涉到千万家庭的幸福,社会关注度极高,政策性、政治性很强,稍有不慎,就会招致责难,影响改革的进程。因此,改革的顺利推进,需要加强宣传引导,营造良好的社会氛围,把握改革的主动权。第一,加强先进教育理念的宣传,破除陈旧思想观念束缚,使素质教育理念深入人心,让教师、家长和社会各界真正理解高考招生制度改革的目标,尽可能凝聚共识。第二,多做正面引导,多宣传改革成效,尤其要避免"炒作"。第三,实事求是地宣传改革的复杂性、艰巨性和长期性,让公众对高考招生制度有理性的认识,对改革有合理的期待。

(本文作者钟秉林,原刊《高等教育研究》2012年第9期)

我国高校实施"强基计划"的缘由、目标与路径

21世纪以来,国际格局朝着多极化趋势发展,国际科技竞争日趋激烈,科技创新对经济的支撑作用更加凸显,已经成为国与国之间争夺生存权、发展权和话语权的焦点和核心。高层次创新人才成为全球科技竞争的战略资源,促进科技和教育相结合成为建设国家创新体系的关键。新的形势迫切需要我国加强自主创新能力,加强基础学科的创新引领作用,加强拔尖创新人才培养。2020年1月,教育部颁布《关于在部分高校开展基础学科招生改革试点工作的意见》,决定自2020年起在一流大学建设A类高校开展基础学科招生改革试点(简称"强基计划"),同时不再组织开展高校自主招生工作。截至2020年5月12日,北京大学、清华大学、北京师范大学等36所试点高校公布了各校的"强基计划"招生简章,开始启动2020年高校招生工作。在此背景下,明确"强基计划"的政策由来、实施重点与实施路径,无论是对高校招生与培养部门,还是对教育研究者而言,都显得十分必要。

一、"强基计划"的政策由来

"强基计划"是我国高校立足国情和教育发展现状,基于自主招生、综合评价招生工作成效和"珠峰计划"人才培养经验进行的一项拔尖创新人才选拔与培养的实践探索,是对既有招生与培养政策目标的延续、综合与拓展。自主招生、综合评价招生改革实践为高校选拔拔尖创新人才积累了丰富的经验,"珠峰计划"则探索形成了基础学科领域拔尖创新人才的培养模式。

(一)自主招生的式微

新中国成立以来,我国在实施高校统一招生考试制度的同时,也在逐步探索落实高校招生自主权。21世纪以来,我国开始探索自主招生试点工作。2003年教育部发布《关于做好高等学校自主选拔录取改革试点工作的通知》,确定22所高校作为自主选拔录取改革试点院校。

自主招生政策实施16年来,在自主命题的方式与内容、招生选拔的规则与程序等方面为高校自主选拔人才积累了丰富的经验,在探索综合评价学生、破解"唯分数论"等方面取得了积极成效。相关研究发现,自主招生在选拔拔尖创新人才方面具有一定的优势。① 马莉萍等人基于某重点大学的本科生数据分析发现,自招生的高考成绩显著低于统招生,但自招生大一年级的学业成绩显著优于统招生;获得自主招生加分越多的学生,其学业成绩越优异,这在一定程度上说明自主招生在人才选拔方面具有积极的作用。②

但近年来,自主招生也暴露出高校考核不规范、招生培养衔接不够等问题,尤其是自主招生的科学性与公平性受到质疑。如鲍威研究发现,自主招生制度依然存在向知识精英阶层、城市学生倾斜的精英化趋势,同时通过自主招生制度选拔的学生群体入学后的学业表现虽明显高于通过普通高考升学的学生群体,但并未超越通过保送生制度选拔的学生群体,自主招生制度与既有招生制度间未形成完全的功能互补。③ 孙丽芝等人认为,高校自主招生政策在效率、公平、问责制、制度的适应性等方面都存在问题,制度的不完善导致机会主义行为的产

---

① 袁建辉:《自主招生应成为高校多元录取的重要形式》,《华南师范大学学报(社会科学版)》2017年第5期。
② 马莉萍、卜尚聪:《重点大学自主招生政策的选拔效果分析》,《北京大学教育评论》2019年第2期。
③ 鲍威:《高校自主招生制度实施成效分析:公平性与效率性的视角》,《教育发展研究》2012年第19期。

生。① 刘进认为,考生家庭社会资本对自主招生有重要影响,弱势阶层、弱势地区、弱势中学考生处于显著不利地位。②

鉴于自主招生政策实施过程中的困境,新一轮高考综合改革启动以来,教育部加强了对高校自主招生工作的规范,出台《关于进一步完善和规范高校自主招生试点工作的意见》等文件,从2015年起将高校自主测试放在高考之后进行,并逐步缩减招生规模,降低优惠分值。2020年起,高校不再开展自主招生工作,但其积累的选拔拔尖创新人才的经验将在"强基计划"中延续。

(二)综合评价招生的经验

2011年,浙江省在全国率先实行"三位一体"综合评价招生。2014年,随着浙江省、上海市启动高考综合改革试点,我国高校开始进一步探索"两依据、一参考"综合评价招生,即依据考生统一高考成绩和高中学业水平考试成绩,参考其综合素质评价档案进行录取。截至目前,全国有14个省份陆续启动高考综合改革,尤其在浙沪两地先行试点,已有三届新高考学生通过综合评价招生录取进入高校,试点高校综合评价招生模式改革取得初步成效。

笔者2019年1月对高考综合改革试点省份高校新高考生源的跟踪调查发现,综合评价招生给予成绩中上水平的学生与成绩拔尖学生比肩竞争的机会,这些学生不仅综合素质比较高,而且体现出较好的学习潜力和学业表现。综合评价招生录取的学生比统招录取学生的专业忠诚度高。同时,综合评价招生改变了传统高考"见分不见人""唯分数论"的现象,有利于高校更加有效地招收到符合专业发展需要的优质生源。因此,综合评价招生受到学生的追捧,报名人数逐年增加,高校扩大综合评价招生规模的意愿也很强烈。同时,综合评价招生录取的学

---

① 孙丽芝、刘艳:《高校自主招生政策回望——基于理性选择制度主义分析框架》,《江苏高教》2013年第6期。

② 刘进:《社会资本对高校自主招生影响的实证计量》,《重庆高教研究》2016年第2期。

生综合素质比较高,初步体现出人才选拔的有效性,而且试点高校综合评价招生积累了丰富的综合评价、多元录取的人才选拔经验。首先,它明确了综合评价招生各个环节的制度规范。试点高校研究确定高中学生综合素质评价档案使用办法并向社会公布,在报名环节设置前置条件,对考生的综合素质评价信息、学业水平测试成绩、特长生的竞赛等提出具体要求,尤其是确定了综合评价成绩构成的维度和规则,综合成绩由高考成绩与高校测评成绩组成,并参考中学生综合素质评价。其次,它针对学科专业特点提出特定要求。比如,有的试点高校重视学生的思想品德和职业素养,有的试点高校重视学生的运动健康与创新实践。第三,它保证面试环节的公平性。试点高校综合评价招生的面试环节一般采用随机产生面试专家组、封闭式打分、全程录音录像、结果公开公示等方式来确保面试环节公平公正。① 这些做法都为实施"强基计划"和规范招生程序积累了经验。

综合评价招生作为统一高考制度的补充,其重要的政策价值是探索基于统一高考的多元录取模式,与自主招生相比,综合评价招生更多聚焦于学业成绩好、综合素质高的学生。从试点省份实施效果来看,综合评价招生初步实现了政策目标,但其实施效果会因专业而异,综合素质高的学生是否更适应未来岗位需求,也有待持续跟踪评价。

(三)"珠峰计划"的成效

21世纪以来,随着"钱学森之问"的提出,我国越来越重视拔尖创新人才的培养。2009年,教育部启动了国家"基础学科拔尖学生培养试验计划"(简称"珠峰计划"),主要在数学、物理、化学、生物和计算机科学与技术5个学科进行探索和试点。2018年,教育部印发《关于实施基础学科拔尖学生培养计划2.0的意见》(简称"珠峰计划"2.0),提出经过5年的努力,初步形成中国特色、世界水平的基础学科拔尖人才

---

① 钟秉林、王新凤:《新高考综合评价招生的成效与现实困境探析》,《高等教育研究》2019年第5期。

培养体系。截至 2019 年,"珠峰计划"共培养出 6 届毕业生 5500 名,毕业生初步展现出对基础学科研究的志趣,正在成为一流大学或者一流学科的优秀种子人才,逐步呈现出成为未来科学领军人才的潜质,"珠峰计划"的实施取得了初步成效。

我国高校依托"珠峰计划"形成了基础学科拔尖创新人才培养模式。首先,各试点高校建立了专门的实验班或提出相应的培养计划。比如,清华大学的"清华学堂培养计划"、浙江大学的"求是科学班"、复旦大学的"望道计划"等。他们在学生的遴选、教师的配备、条件的保障等方面别树一帜,突出对学生的个性化培养,鼓励学生自由探索和自主学习。其次,各试点高校在优势学科领域创新教育管理机制,探索形成了拔尖人才培养的学院建制。比如,北京大学的元培学院、清华大学的清华学堂、北京师范大学的励耘学院等,这些学院为创新人才培养提供了体制保障。第三,为拔尖创新人才的早期选拔和高端培养创造条件。教育部与中国科协从 2013 年开始共同组织实施"中学生科技创新后备人才培养计划"(简称"英才计划"),选拔高中学生参与"英才计划",进入高校重点实验室,开展科学研究。上海交通大学在全国率先成立拔尖创新人才早期培养基地,与中学联合为国家培养拔尖创新人才。2018 年,教育部将"英才计划"纳入"珠峰计划",在"珠峰计划"2.0 中提出,推进实施中学生"英才计划",吸引一批具有创新潜质的中学生走进大学,成为拔尖人才的后备力量,为"英才计划"的进一步发展提供政策支持。

当然,也有学者针对"珠峰计划"与自主招生在学科专业、培养单位、选拔起点等方面的不足,提出聚焦国家需求、构建整合并轨的制度设计框架。[1]"强基计划"体现了这一思路。

---

[1] 唐家琦、李晗龙:《我国拔尖创新人才选拔方式研究——基于珠峰计划与"自主招生"的并轨构想》,《国家教育行政学院学报》2011 年第 9 期。

二、"强基计划"的政策目标

教育领域的改革是一项系统工程,需要教育系统内部各学段、各部门之间的协同改革,以及教育系统内外部的协同推进。"强基计划"统筹教育领域的多项改革举措,包括"双一流"建设、"珠峰计划"、自主招生、综合评价招生等。"强基计划"在选拔人才进入高校后,探索本硕博贯通的培养模式,实现人才选拔与培养的紧密结合;鼓励关键领域前沿科学中心、集成攻关大平台和协同创新中心等机构吸纳学生参与项目研究,实现人才培养与科学研究的结合。这些做法不仅体现了"强基计划"深化教育领域综合改革、创新人才选拔与培养模式的政策导向,也与既有政策目标有较大的差异(表1)。

表1 自主招生、综合评价招生、珠峰计划与强基计划的差异比较

	自主招生	综合评价招生	珠峰计划	强基计划
选拔标准	学科特长和创新潜质	学科特长、创新潜质、全面发展	综合能力、学科兴趣和发展潜质	服务国家重大战略需求,综合素质优秀或基础学科拔尖
招生专业	未限定高校招生专业范围	未限定高校招生专业范围	基础学科领域	基础学科领域
入围依据	考生的申请材料	高考成绩和申请材料	高考成绩	高考成绩和申请材料
录取方式	降分录取,最低可降至一本线	综合评价录取,高考成绩占60%左右	统一高考录取	综合评价录取,高考成绩不低于85%
培养模式	未做特殊要求	未做特殊要求	个性化培养	个性化培养

(一)服务国家重大战略需求

知识领域的创新源于知识的融合和学科的交叉,只有在基础学科领域获得突破,才能为经济社会发展需要的技术创新、组织创新和模式创新提供根本性方向指引和基础支撑。"强基计划"服务国家重大战略需求,聚焦基础学科培养拔尖创新人才,既是知识创新的需要,也是加

强我国自主创新能力、增强综合国力与国际竞争力的需要。

第一,明晰人才选拔的标准。如表1所示,自主招生主要选拔具有学科特长和创新潜质的学生,即人们常说的偏才、怪才;综合评价招生也选拔具有学科特长和创新潜质的学生,但更强调学生的综合素质和全面发展;"珠峰计划"致力于在高校优势基础学科平台上培养科研领军人才和高水平的科学家队伍;"强基计划"则是选拔有志于服务国家重大战略需求领域且综合素质优秀或基础学科拔尖的学生。从2020年36所试点高校发布的"强基计划"招生简章来看,有35所高校都明确了"强基计划"的实施目标是服务国家重大战略需求,选拔一批有志向、有兴趣、有天赋的青年学生进行专门培养,为国家重大战略领域输送后备人才。这些高校的"强基计划"体现出以下特点:(1)强调人才选拔与培养的国家定位,例如,北京大学强调"为国选才育才",中山大学强调培养"德才兼备、领袖气质、家国情怀"的人才;(2)突出人才培养的专业性,例如,北京航空航天大学提出培养"具有空天报国情怀、扎实数理基础、科学创新能力、全球视野格局的高素质拔尖创新人才",同济大学提出"社会栋梁与专业精英"的人才培养目标;(3)强调人才培养的未来导向,例如,东南大学提出培养"担当引领未来和造福人类的领军人才",南京大学提出培养"引领社会发展的未来各行各业拔尖领军人才和国家重大战略领域后备人才"。

第二,明确招生专业设置的原则与领域。自主招生和综合评价招生都是由高校自主确定招生专业。例如,有些学校放开全部专业招生,有些学校为了吸纳优质生源安排热门专业招生,还有些学校为了改善生源质量安排冷门专业招生。虽然"珠峰计划"与"强基计划"都聚焦基础学科领域选拔与培养人才,但"强基计划"更加强调在数学、物理、化学、生物及文学、历史学、哲学等相关专业招生。为了解决高水平人才紧缺问题,"强基计划"要求高校以国家重大战略需求为导向确定招生的学科专业。例如,高端芯片与软件、智能科技、新材料、先进制造和国家安全等关键领域的专业,以及人文社会科学领域的相关专业等。对此，清华大学除了设置基础理科学术类专业、基础文科类专业外，还设置了基础理科工程衔接类专业，包括数理基础科学、化学生物学、理论与应用力学等，将学校基础理科优势与工程类专业特色有机结合。浙江大学除了设置理学类专业、人文历史类专业外，还设置了基础医学类专业招生。北京大学设置了考古学专业"强基班"，尽管考古学是大众视野中的冷门专业，但专业人才目前较为稀缺。

总之，"强基计划"致力于为国家经济社会发展培养各行各业紧缺的高层次人才，体现了其引导高校主动适应和引领经济社会发展的政策导向。对此，有学者认为，"强基计划"不是自主招生的升级版，它已经跳出招生的狭隘范畴，着眼于国家对人才的战略需求，贯通国家亟需拔尖创新人才选拔与培养两个阶段，比自主招生站位更高。①

(二)创新高校招生录取模式

新中国成立以来，高校招生制度改革呈现出渐进性和连续性的特点，日趋注重能力本位、综合评价和公平公正等价值取向。"强基计划"在强调综合评价、多元录取的同时，更加强调高考成绩。

第一，从报考条件来看，"强基计划"招收高考成绩优异或在相关学科领域具有突出才能的学生。此前，自主招生试点高校的报名条件强调各类学科竞赛证书、论文、专利、学术活动等，而"强基计划"取消了论文、专利等作为入围条件的做法，有助于解决自主招生工作中存在学生申请材料造假的问题。但从招生简章来看，试点高校依然强调学科竞赛的成绩与证书，36所试点高校中有31所高校要求学生提供全国青少年学科奥林匹克竞赛获奖等级证书。这也从一个侧面表明，在综合评价、多元录取的改革探索过程中，建立相对科学、公平、统一的评价标准是政策实施的难点。

第二，从高考成绩的录取比重来看，"强基计划"将高考成绩作为考核的首要条件。以往自主招生试点高校一般采取降分录取的办法，降

---

① 陈志文：《强基计划不是自主招生的升级版》，《中国民族教育》2020年第2期。

分分值从 10 分至 60 分不等,部分高校对少数特别优秀的考生可降至一本线录取。综合评价录取学生的高考成绩比重占综合成绩的 60% 左右。教育部规定"强基计划"录取学生的高考成绩占比不低于 85%。在 36 所"强基计划"试点高校中,南开大学将高考成绩占比确定为 90%,其他高校都设置为 85%,有的高校还明确提出高考成绩"不含任何政策加分"。这改变了自主招生"降分录取"的做法,体现了"强基计划"更加注重公平公正的政策导向。

第三,从综合成绩的构成来看,"强基计划"强调综合素质评价的作用。与综合评价招生一样,"强基计划"改变了自主招生考核注重考察学科知识的做法,将考生高考成绩、高校综合考核结果和高中综合素质评价情况等合成综合成绩,择优录取。目前,有关综合素质评价与招生录取是否"硬挂钩"的问题一直存在争议。虽然综合评价招生试点高校、自主招生试点高校在审核考生材料与确定考核名单时都会参考考生综合素质评价档案,但从以往的评价来看,其使用效率并不高。"强基计划"为试点高校在考核中科学利用综合素质评价档案提供了探索空间。如何建立基于能力和素质考查的笔试、面试相结合的机制,是中国特色现代考试招生制度需要解决的重要现实问题。

当然,无论是自主招生、综合评价招生还是"强基计划"的实施都不能脱离我国的基本国情,尤其是高等教育迈入普及化阶段后,人民群众对优质高等教育资源的选择性需求与优质高等教育资源不充分、不均衡之间的矛盾将持续存在。"强基计划"的实施要重视解决自主招生和综合评价招生中出现的科学性与公平性问题,努力探索出一条中国特色拔尖创新人才选拔与培养的道路。

(三)探索人才培养模式改革

从人才培养模式来看,部分高校对自主招生录取的学生在培养方式上未作特殊安排,部分高校对综合评价招生学生实施单独编班、导师制等培养方式,而"强基计划"在人才培养模式上具有突出的特点。笔者运用 MAXQDA 质性研究工具,对 36 所试点高校的招生简章进行逐句、逐段编码发现,试点高校人才培养模式创新的举措包括:建立动态分类与补入机制,加强过程管理(32所);实施本硕博一体化的人才培养模式(27所);建立奖学金等多项激励机制(20所);在课程设置、教学方法等方面突出个性化培养(18所);多渠道加强国际交流,重视培养学生跨文化能力(18所);科教融合协同育人(16所);强化基础学科,注重学科交叉,重视通识教育(11所),等等。其主要创新举措包括以下几个方面。

第一,建立分流与补入机制,加强过程监测。这是"强基计划"最为突出的特点。北京大学等高校强调"宁缺毋滥"的选拔原则,有32所试点高校提出建立动态分流与补入机制。比如,东南大学等高校提出,建立阶段性考核和分流补入办法,"本科一年级结束后,将不适合在'强基计划'专业学习的学生转入所在学科专业的普通班级继续修读,对愿意进入'强基计划'专业学习且考核合格的优秀学生可以转入"。武汉大学提出,"为每名学生建立人才成长档案,跟踪培养发展情况,根据质量监测和反馈信息不断完善培养方案和培养模式"。总之,"强基计划"作为一种拔尖创新人才选拔与培养机制,充分体现了质量为本、效率优先的价值导向。

第二,探索本硕博一体化培养,重视科研育人。相关专业将本科生与研究生的培养过程有机衔接,本科毕业生可优先推荐免试攻读相关专业的研究生。试点高校通常在本科第四年进行本研衔接的研究性课程学习。比如,大连理工大学实施"3+1"、"3+1+2"、"3+1+4"培养模式,学生在本科第四年实施本硕或本硕博课程和毕业论文等环节的衔接培养。同时,试点高校依托学校学科优势,鼓励学生参与科研,加强创新精神和实践能力的培养。比如,清华大学出台相关规定,鼓励国家实验室、国家重点实验室、前沿科学中心、集成攻关大平台和协同创新中心吸纳"强基计划"录取的学生参与项目研究;北京大学鼓励教师把本领域的最新科研成果和发展方向融入本科教学,鼓励学生积极申请本科生科研课题,实现科教融合育人。

第三,实施个性化人才培养,因材施教。"强基计划"对录取的学生单独编班，并配备一流的师资和教学条件，实施导师制、小班化教学等培养方式，探索因材施教、个性化培养。比如，北京大学提出结合专业培养目标，为"强基计划"学生制定"基础兼顾个性"的教学计划和培养方案，既重视夯实学生的专业基础，也给予学生更大的自主选课空间和发展支持。南京大学提出给学生提供精准优质的支持服务体系，构建全员性、自主性和发展性的学习生态，为学生自主学习与研究创造有利条件。2019年12月笔者对浙江高校教师访谈发现，综合评价招生录取的学生如果与统招录取的学生混合编班，其学业表现差异并不明显，而单独编班学生的学业表现则会有较大差异。虽然单独编班的培养方式对学生发展产生的作用有待深入研究，但可以肯定的是，对"强基计划"学生单独编班既有利于因材施教，强化专业认同，也有利于增强学生献身国家重大战略需求的责任感、荣誉感与使命感。

第四，加强通识教育，强化理论基础。通识教育是一流本科人才培养的重要途径，"强基计划"加强学生的通识教育首先体现为构建通专结合的优质课程体系。比如，南京大学提出建立以新生研讨课、通识教育课、悦读经典计划课程群为核心的通识教育体系。北京师范大学提出构建由通识教育课程、学科基础课程、专业选修课程模块构成的课程体系。同时，部分高校推出了书院制人才培养模式。如四川大学提出，"强基计划"录取的学生将全部进入"玉章书院"学习，强调"学科交融+社区支持"，提升学生的综合素养。清华大学新成立了日新、致理、探微、行健、未央五大书院，承担"强基计划"学生入校后的人才培养和学生管理工作。书院制人才培养模式是研究型大学促进通识教育与专业教育相融合的重要尝试，有助于培养具有宽厚学科基础、深厚人文底蕴的卓越人才。

三、"强基计划"的实施路径

2020年是实施"强基计划"的第一年，也是"十三五"规划收官和

"十四五"规划制定的承前启后之年。"强基计划"的稳妥顺利实施,需要教育行政部门、高校、中学等形成改革共识,有序推进政策协同,保障人才选拔的效率与公平;将招生与培养相结合,深化人才培养模式改革,加强人才培养过程监测,从而切实保障拔尖创新人才培养质量。

(一)明确政策目标,推进政策协同

"十四五"期间,我国教育领域将继续坚持内涵式发展,加强教育治理体系和治理能力现代化建设,推进考试招生制度改革和人才培养模式改革。"珠峰计划"与"强基计划"依然并行存在,综合评价招生也将随着高考综合改革的推进拓展到更多高校。一方面,教育行政部门要加强政策协同,进一步明确"强基计划"的政策目标,妥善处理不同政策文件实施之间的关系,不断深化综合改革,促进"强基计划"与"珠峰计划"、高考综合改革的相互衔接,完善拔尖创新人才选拔与培养的长效机制。另一方面,教育行政部门、高校、中学要加强宣传,引导考生、家长和社会理解"强基计划"的政策目标;要加强生涯规划教育,提高学生的自我认知能力和自主选择能力,明确今后的专业发展方向,促进高校与学生之间的双向选择,从而更好地推进"强基计划"和高考综合改革的平稳实施。

(二)规范招生程序,保障公平公正

公平与效率是人才选拔过程中需要处理的一对矛盾。"强基计划"招生模式与综合评价招生模式相似,因此,综合评价招生中出现的问题在"强基计划"实施过程中依然会存在。比如,中学生综合素质评价的标准和操作规范如何统一,高校综合考核过程如何避免面试环节的主观性、提高专家评审的科学性,综合评价招生如何回应对弱势群体不利的质疑等。因此,实施"强基计划"需要早做预案、主动应对。第一,一流大学建设高校要高度重视、扎实推进"强基计划"试点工作,不断总结招生录取工作的新鲜经验和成功做法。第二,完善综合素质评价的内涵、标准和指标体系,全面准确地呈现和考量学生个体综合素质发展的特征,注重发现不同社会背景学生的多元品质。第三,加强对高校考核内容与方式的研究和探索,提高高校自主考核环节的科学性与公平性。第四,加强对综合素质评价档案使用过程中的监督和管理,不断优化招生录取环境,使高考招生回归科学选才的基本价值取向。

(三)加强科教融合,培养一流人才

"强基计划"实施的根本目标是在高校优势基础学科领域培养一流人才,为国家重大战略需求提供人力资源支撑。它体现为三个方面:第一,促进学科建设与人才培养深度融合。"强基计划"的实施要充分发挥高校基础学科与科学研究的优势,将学科资源和科研资源转化为优质教学资源,并贯穿人才培养方式的各个环节之中,切实提高拔尖创新人才培养质量。第二,促进学科专业的交叉融合。顺应学科发展综合化的大趋势,创新学科建设机制,优化学科专业结构,改革教学管理体制机制,发挥书院制等育人模式的特点,促进通识教育与专业教育的融合,培养具有宽厚学科基础、深厚人文底蕴、开阔国际视野的卓越人才。第三,加强中国特色与世界一流的融合。扎根中国大地,在聚焦国家重大战略需求培养拔尖创新人才的探索过程中,不断增强我国高校的国际影响力和话语权,使中国特色成为世界一流。

(四)实施跟踪评价,促进持续改进

"强基计划"的实施成效依然有待在实践探索中观察和总结。因此,要研究和明晰评价标准,构建科学的评价指标体系,探索有效的评价方式,加强对"强基计划"录取学生的跟踪评价。第一,跟踪评价"强基计划"招生学生的学业表现、专业认同、综合素质等,重点评价他们在基础学科领域的创新潜能和职业理想。第二,加强对"强基计划"招生学生的增值评价,客观评判基于统一高考成绩进行拔尖创新人才选拔方式的科学性和有效性。第三,建立在校生、毕业生跟踪调查机制和人才成长数据库,为拔尖创新人才培养质量的持续改进提供数据支撑。第四,跟踪评价"强基计划"招生学生的生涯发展,考察该计划是否实现了服务国家重大战略需求的政策初衷。第五,教育行政部门在跟踪评价"强基计划"实施整体成效的基础上,针对问题及时进行政策微调,并在此基础上论证逐步拓展"强基计划"试点范围的必要性和可行性。

(本文作者王新凤、钟秉林,原刊《高等教育研究》2020年6期)

高考时间的变与不变:高考延期的再思考

高考是中国特色社会主义教育制度的重要组成部分,关乎千家万户的利益,高考改革因此也备受社会瞩目。2020年3月31日,在新冠肺炎疫情防控的背景下,教育部决定将2020年全国普通高等学校招生统一考试延期到7月举行(湖北、北京除外);4月12日、21日,北京市、湖北省先后发布通知,决定将高考时间延期到7月,与全国同步,北京等级性考试同期举行。高考延期充分考虑了疫情防控的实际和全国范围内区域、城乡的教育公平问题,但也有观点认为高考应该固定时间不变,给予考生及家长稳定的心理预期。新中国成立以来,我国高考时间多数固定在同一时间进行,也有过些许微调,高考时间变化引起的社会反响是教育治理中值得反思的重要问题。

一、高考时间的"变"与"不变"

新中国成立至今,高校招生考试的时间安排经历了逐步走向稳定、在稳定中进行微调的过程(表1),与考试管理效率、考生考试安全、教育公平等因素密切相关,而且影响到高考改革的平稳推进。

(一)逐步趋于稳定

新中国成立之初,我国实施各大行政区内高校联合或者统一招生的模式,教育部只规定了高校招生考试的时间段。1950年,教育部为逐步改正各校自行招生所产生的混乱状态,减少人力、物力及时间上的浪费,特规定全国高等学校暑期招生日期由各大区教育部或文教部决定,华北五省二市由中央教育部决定,考试时间在7月21日至8月10

表 1　1950—2021 年高校招生考试时间安排

年份	考试时间	年份	考试时间
1950	7.21 – 8.10	1965	7.10 – 12
1951	7.15 – 17	1977	12.7 – 9
1952	8.15 – 17	1978	7.20 – 23
1953	8.20 – 22	1979—1982	7.7 – 9
1954—1956	7.15 – 18	1983	7.15 – 17
1957	7.15 – 18	1984—2002	7.7 – 9
1958	7.20 – 23	2003—2019	6.7 – 9
1959—1962	7.20 – 22	2020	7.7 – 9
1963—1964	7.15 – 17	2021	6.7 – 9

日之间，各大行政区教育部可在此范围内自行掌握。① 1951 年，教育部将考试时间段缩小为 7 月 15 – 17 日，考试安排在固定时间举行。1952 年，为便于组织领导高等学校的招生工作，中央成立全国高等学校招生委员会，规定除个别学校经中央教育部批准外，全国高校一律参加各区统一招生，开始实施全国范围的统一招生，考试时间确定在 8 月 15 – 17 日进行。1954—1965 年间，高考时间段相对固定，基本都在 7 月进行。我国实施统一高考的制度安排，主要是出于公平与效率的考虑，高考时间的相对固定是高考招生管理效率的体现。

（二）稳定中的微调

1977 年，我国恢复高考。由于筹备工作等原因，当年的考试招生推迟到 12 月 7 – 9 日三天举行。1978 年，全国统一考试时间定于 7 月 20 – 23 日进行。从 1979 年开始，除了 1983 年之外，全国统考试时间固定在每年 7 月 7 – 9 日三天进行。1987 年，国家教育委员会制定《普通高等学校招生暂行条例》，将高考时间作为规章制度固定下来，一直持续到 2002 年。2001 年，基于考生安全和考试安全角度考虑，教育部开展深入调研，在广泛征求意见的基础上，发布了《教育部关于从 2003 年起调整全国普通高等学校招生统一考试时间的通知》，肯定了二十多

---

① 杨学为编：《高考文献》（上），高等教育出版社 2003 年版第 4 页。

年来高考时间的稳定对中学教学秩序和规范招生考试管理的积极作用,提出"为缓解高温天气和自然灾害对高考的不利影响,有利于考生身心健康、提高考试质量,促进素质教育的全面实施,经调研论证,并报经国务院同意,决定从2003年开始调整高考时间,高考时间固定安排在每年6月7、8、9日。"这次高考时间的调整主要考虑自然环境变化因素,提前两年正式发布通知,即便2003年广东、北京等地爆发了非典疫情,在确保安全前提下,考试时间仍如期提前,并一直延续到2019年。2008年汶川大地震,仅四川省6个重灾区中受灾严重的40个县(市、区)高考推迟至7月3—5日举行。高考时间的相对稳定和必要微调,折射出我国教育治理重视以人为本、社会参与的理念,体现出对考生的人文关怀与考试管理的人性化和科学化。

(三)改革中的变化

21世纪以来,高等教育规模急剧扩张,大大增加了入学机会,但是统一高考"唯分数论""一考定终身"等问题也遭到学术界与社会公众的普遍质疑。我国部分省市探索实施春季高考试点改革,2014年启动新一轮高考综合改革,都在一定程度上努力克服这一弊端。2000年,北京、安徽两地率先进行春季高考试点改革,有29所高校参加春季招生,但是春季高考由于参加高校不多、考生兴趣不高、组织成本较高等因素,试点未能推开。近年来,山东、上海等地再次开始探索春季高考,如2012年山东省重点面向中职学校毕业生,同时面向普通高中毕业生举行春季高考;2015年,上海实施高校春季考试招生试点,实施"统一文化考试+院校自主测试"的考试科目,同时将高中学业水平考试和春季考试"两考合一"。2014年启动新一轮高考综合改革,探索考试次数和时间的调整。浙江省落实《国务院关于深化考试招生制度改革的实施意见》,提出外语和选考科目一年两考,外语和选考科目考生每科可报考两次,选用其中一次成绩。总体来说,无论是春季高考还是新高考多次考试机会,目的都是探索一年两次考试,缓解夏季高考压力,减轻学生负担,给学生更多的选择机会。可以说,这是考试时间在改革中的微调,也仅仅是在部分试点省份实行,而统一高考时间始终保持稳定。这一时期,尽管也有观点建议将高考时间调整到每年6月的第一个周末进行①,但多数观点认为,高考时间还是应该固定为好。②

二、2020年高考延期的反思

2020年高考延期到7月进行,是自1977年恢复高考之后的第一次大规模延期,这是政府在新冠肺炎疫情突发背景下,基于健康第一、公平第一的考虑做出的应急响应和政策调整,是推进教育治理体系和治理能力现代化、保证高中学业质量和高考安全与质量的重要举措。

(一)以人为本,坚持健康第一

新中国成立以来,我国教育改革的价值导向体现出从社会本位向个体本位转变的发展趋势。新一轮高考综合改革将育人为本作为改革的基本原则,把促进学生健康成长成才作为改革的出发点和落脚点,新高考改革方案可以说是国家选才、高校选生与学生发展的有机统一③,新高考在满足学生兴趣与选择、促进学生全面发展等方面成效显著。这一改革导向也体现在高考时间的调整上。一方面,考试时间的固定,可以保证高中的正常教学秩序,给予了考生与社会稳定的心理预期;另一方面,高考考试时间的微调也体现了以人为本的价值导向。

以人民为中心发展教育,是党的十八大以来习近平总书记关于教育的一系列重要论述的核心内容。坚持以人民为中心发展教育,既是党"以人民为中心的发展理念"的重要体现,也是党执政为民的内在要

---

① 孙珩超:《调整考试时间,为考生创造良好高考环境》,《教育与职业》2012年第22期。
② 刘海峰:《高考时间固定为好》,《光明日报》2013年6月6日第7版。
③ 黄腾蛟、杨鸿:《国家选才、高校选生与学生发展的有机统一——重庆市高考综合改革方案解读》,《中国考试》2019年第6期。

求,是我国教育改革发展的指南针①,也必然体现在重大疫情防控背景下应对策略的选择上。当前国内外疫情防控形势依然严峻,尤其是随着各单位复工复产以及海外病例的激增,保障人民群众的生命安全依然是各地的首要任务。因此,教育部经过慎重考虑与多方论证,做出高考延期一个月举行的决定,体现了坚持以人为本、以人民为中心的理念,把广大考生、教师和涉考工作人员的生命安全和身体健康放在第一位,为大规模的人员流动提供了相对安全的社会环境。同时也给全国抗击疫情工作、高中学校教学安排、高考的人力物力准备和试题命题等工作提供了时间等方面的基本保障。

(二)实事求是,坚持公平导向

保证高考的公平性是我国高校招生考试制度设计的基本价值取向,高考公平呈现出阶段性特征,其内涵也在不断拓展。新中国成立之初,高校优先招收工农子女入学,保障其接受高等教育的权利;改革开放以来,注重通过扩大高等教育规模和提高高等教育质量,增加人民群众的入学机会;21世纪以来,尤其是随着高等教育进入普及化发展阶段,教育公平和社会公正成为高考招生的首要价值导向,强调对弱势群体的补偿,通过实施"专项计划""支援中西部地区普通高校招生协作计划"等调整招生计划分配政策等手段,促进教育的城乡公平和区域公平。我国面向新时代的教育公平观,更大程度上体现为以发展为导向的教育公平观,即让改革发展成果更多惠及全体人民。一方面落实共享发展理念,关爱弱势群体,让贫困地区、贫困家庭的孩子能够共同享有公平而有质量的教育;另一方面坚持问题导向,努力补齐短板,优化教育资源配置,逐步缩小区域、城乡、校际差距。

高考是高利害、高选拔性的国家考试,事关上千万考生及其家庭的利益,应尽量给予每个学生同样的备考、参考机会。教育部做出高考延

---

① 教育部课题组:《深入学习习近平关于教育的重要论述》,人民出版社2019年版,第96页。

期的决定,有利于把疫情对广大考生特别是农村和贫困地区考生复习备考的影响降到最低,最大限度地保障教育公平。在疫情防控期间,教育行政部门指导各级各类学校实施线上教学,探索"停课不停学""停课不停教",取得了显著成效,但是也可能会因为教育技术资源配置的区域、城乡、校际差异和教师及学生个体差异而带来教学质量问题,从而导致新的教育公平问题的产生。客观而言,疫情复杂地区、农村地区家庭的考生,如果家庭无法给他们提供足够的支撑和保障,将会在某种程度上影响学习效果。随着各地高三学生逐步返校复课,加之高考时间推迟,考生将有两个月左右的在校集中复习时间,无疑有利于改善复习效果,促进机会公平。

(三)科学决策,坚持多元参与

教育治理体系是国家治理体系的重要组成部分,这次新冠疫情背景下,国家启动突发公共卫生事件Ⅰ级响应后,教育部及各级教育行政部门积极响应国务院统一决策部署,启动教育系统应急预案,指导各地落实属地责任,各级各类学校扎实开展疫情防控工作,迅速落实延期开学以及"停课不停教""停课不停学"等措施。① 高考延期的决定,也是重大疫情背景下教育应急管理能力的体现。

我国从1952年建立起来的全国普通高等学校招生统一考试制度,在国家治理中发挥着重要的作用,对科学选拔人才、促进教育公平和社会公正具有重要意义。考试时间的稳定性是这一高关注度、高利害性、高权威性的高考制度的一种外在体现,可以给考生、家长、教师、学校和社会等稳定的预期。因此,对2020年高考延期与否,一直有不同的观点。这次新冠肺炎疫情凸显了新时代社会治理的难点,一方面各利益相关群体的诉求更加多元,另一方面网络信息技术的发展加剧了这种利益诉求的冲突,应对网络舆情在社会治理中发挥着越来越重要的作用。十九届四中全会通过《中共中央关于坚持和完善中国特色社会主

---

① 钟秉林等:《重大疫情下的教育治理(笔谈)》,《重庆高教研究》2020年第2期。

义制度　推进国家治理体系和治理能力现代化若干重大问题的决定》，提出坚持和完善共建共治共享的社会治理制度，为新时代我国教育治理指明了方向，即完善多元参与的协同治理，促进科学决策。2020年高考延期的决定是在重大疫情背景下的应急管理举措，教育行政部门及时反应、学校层面积极应对，以及社会舆论的正确引导都是教育领域应急治理能力的体现。尤其是教育行政部门坚持多方论证、吸纳社会参与，最终做出理性的策略选择，不仅及时回应了社会关切，而且对促进教育治理体系和治理能力现代化具有重要的启示和借鉴作用。

（四）保证质量，坚持学业标准

21世纪以来，互联网、人工智能、大数据等现代信息技术与教育教学加快融合，为共享优质教育教学资源、提供个性化的精准教学指导、实现教学质量的持续改进创造了条件。在疫情防控时期，网络教学突破了个体学习时间与空间的限制，满足学生居家学习需求，可以在一定程度上实现优质教育资源的共享，并促进教师信息素养的提升。可以预期，这场人类历史上从未有过的大规模在线教学实践，将会成为我国教育信息化理论与实践创新的重要契机，必将有力推进教育现代化进程。但不可否认的是，在当前的技术条件下，在线教学质量与课堂教学依然有实质性的区别，尤其是缺少师生面对面的互动、学生之间的讨论与相互启发激励，以及有效的教学质量监测，学习质量更大程度上依赖学生的自律和家长的监督。同时，当前我国教育信息化程度还存在较大的城乡差异、区域差异，还有信息网络覆盖不到的地方，在基础资源分布不均衡的情况下，在线学习也可能会拉大数字鸿沟。以重大疫情防控的突发公共危机事件为契机，充分运用现代信息技术，促进城乡教育资源配置的优质均衡，构建服务全民终身学习的教育体系，将是我国未来很长一段时间的战略任务。

当前，我国教育发展方式正在发生根本性的转变，从以规模扩张为特征的外延式发展向以质量与公平为核心的内涵式发展转变。迈入普及化阶段之后，提高教育质量更是我国高等学校内涵建设的核心。这一转变体现在高考招生环节,就是要更加重视坚持高中学业标准、保证高校生源质量。在疫情防控取得阶段性成效的背景下,各地高三年级学生陆续返校上课,同时将高考时间推迟一个月,这将为高中课堂教学预留比较充足的时间,有利于提高复习质量和效率,保证高中学业标准的达成和高考统考的质量。

(五)高考改革,坚持平稳推进

2014年,上海、浙江率先启动高考改革并平稳落地实施;2020年,北京、天津、山东、海南四个省份将正式实施高考综合改革方案。疫情防控的复杂性与高考改革的艰巨性相互交织,对高考综合改革的平稳推进带来新的挑战。北京市决定将高考时间与其他省份同步,等级性考试在统一高考之后举行,这有利于将疫情对教学秩序和考试秩序的冲击降到最低。

为解决传统高考模式下"一考定终身"的弊端,先行试点省份实施"3+3"科目设置、外语等科目一年两考等改革举措,增加学生的选择机会,受到学生普遍欢迎。笔者在对试点省份的两次调研中发现,学生对两次考试机会的认可度都在80%以上。但不可回避的是,考试次数与考试时间安排对教学秩序带来了影响。2014年,浙江省作为试点省份,提出外语和选考科目一年两考,选考科目每年安排两次等级性考试,分别在4月和10月进行。笔者跟踪研究发现,多次考试机会确实有利于减少考试成绩的偶然性,但是在一定程度上加重了考生备考负担,尤其是两次选考考试在期中进行,对教学秩序带来一定的影响。2017年,浙江省在广泛征求社会意见和科学论证的基础上,颁布了《浙江省人民政府关于进一步深化高考综合改革试点的若干意见》,将选考科目等级性考试安排在每年1月和6月举行,学生高三起参加选考科目考试,既保证了教学秩序,也解决了过去高二和高三学生同台竞技带来的不公平现象。目前,大部分启动高考综合改革的省份的选考科目只保留了一次考试机会,且基本与高考统考时间同期进行,有利于保证正常的教学秩序,平稳推进改革。不难看出,只是考试时间的调整就带来了较大的社会影响,因此,高考改革必须慎之又慎,将理想与现实相结合,在加强顶层设计、形成改革共识的基础上协同推进。

三、结论与启示

如何处理高考时间的"变"与"不变"的辩证关系,体现的是教育治理体系的优化和治理能力的提升,也给教育者与受教育者带来相应的思考与启示。

(一)维护高考制度的权威性

首先,坚持统一招生制度不变。考试招生制度是国家基本教育制度的重要组成部分,我国从1952年建立起来的全国普通高等学校招生统一考试制度,在国家治理体系中发挥着重要的作用。高考综合改革试点省份都已经开始探索实行综合评价招生、高职提前招生等多种招生录取方式,可以说是统一高考的有效补充,无论是从人才选拔效率还是社会稳定的角度来讲,统一高考制度具有不可替代的作用。其次,坚持固定考试时间不变。考试时间是高考这种高关注度、高利害性、高权威性的考试制度的一种外显的体现,可以给高中教师、考生、家长和社会等稳定的预期。最后,坚持尊重教育规律不变。高考改革的过程,是逐步深化理解、积极探索教育规律的过程,尤其是多方利益诉求冲突的背景下,选择对社会稳定影响最小的改革方向,稳步推进改革也是实事求是、尊重教育规律的体现。

(二)提高教育应急治理能力

当前,国内外经济、政治、文化发展面临着前所未有的困难与挑战,这必然反映在教育治理领域,教育行政部门和学校要坦然面对这种变化。首先,建立突发公共事件下的应急治理体系。对教育发展与改革中的新情况、新问题要保持敏感性,加强教育领域的风险预警与监测,构建和完善教育风险防范和应急管理机制。其次,加强高考综合改革的跟踪评价。高考综合改革稳步推进的过程中,尤其是试点省份改革探索的过程中,教育行政部门和学校要及时针对改革过程中遇到的新情况、新问题进行科学研判和政策调整。最后,广泛吸纳社会参与。在教育改革进程中,任何一种改革策略和举措的选择都会面对支持与否定的两难现象,教育行政部门要能够做出理性的策略选择,坚持科学决策的定力,这是教育治理能力的重要体现。

(三)引导考生做好多方调适

对于广大考生和家长来说,在居家生活、学习的状态下又面临高考延期的安排,身心难免会产生一定的压力,带来一些紧张、焦虑的情绪,要引导考生做好多方调试。第一,增强对社会与人类命运的责任感。从个体角度来看,"早考早了"的想法无可厚非,但是从社会发展的角度来看,在疫情防控的背景下,全球成为真正的命运共同体,作为和平年代成长起来的一代,要关注人类的健康,关注城乡公平和区域公平,关怀相对弱势的同辈群体。面对高考延期这个教育治理坏节的调整,应该能够以小见大,对他人、对社会、对人类多一些悲悯的情怀与责任感。第二,坦然应对社会发展的不确定性。不确定性与复杂性将成为未来社会的典型特征,接受不确定性、应对不确定性,是新时代高中学生的必要心态和基本素质。新冠疫情这只突如其来的"黑天鹅",只是人类命运复杂性、不确定性在当下时刻的表现;高考延期这样的安排,仅仅是不确定性在考生群体上的表现,要坦然应对变化,并将其作为人生中一段难得的经历。第三,要从长远发展的视角看待高考。高考是社会流动的阶梯,确实能够改变个体及其家庭的命运。但是从一生的漫长经历来看,高考不应、也不会"一考定终身",学生在学习知识、检验学习结果的同时,更重要的是在教育过程中发现自我、创造自我、完善自我。尤其是在构建学习型社会的进程中,信息技术改变了教育的内容与方法,也创造着新的职业类型与形态。高考仅仅是个体成长的一个新起点,未来发展的路径多样、前景广阔,要坚定信念,从容自信地开启人生的新阶段。第四,遵循学习规律,立足当下抓好复习。高中学校已经从安全健康、课程计划、心理疏导等方面对高三年级学生返校复课做出了精心安排,高三学生要在教师的指导下和群体学习的环境中,立足自身,合理安排复习时间,科学把握复习方法,适度加强身体锻炼,努力做到身心平衡、情绪稳定,不断改善复习效果和效率,力争考出理想成绩。考生家长也要保持平和的心态和合理的期望,调整好孩子的情绪,引导他们合理宣泄,倾诉内心的感受,并做好孩子复习备考的生活、学习保障工作。

(本文作者钟秉林、王新凤,原刊《中国教育学刊》2020年第6期)

高考招生制度改革的重点与走向

高等教育招生计划管理是中央和省级教育行政部门的法定职责，是国家对高等教育发展进行宏观调控的重要手段，影响着高等教育公平的推进状况，事关考生及其家庭的切身利益。

我国已迈入小康社会的最后攻坚阶段，同时也处在改革的深水区，贫富差距和社会稳定成为突出问题。教育是实现社会流动的主要途径，关乎公平与正义。寒门子弟能否通过读书改变命运一直是社会和舆论关注的焦点。因此，对弱势群体的入学机会补偿是教育决策中必须考虑的重要问题。

区域高等教育的协调发展，在我国高等教育的发展进程中重要而又复杂，其影响和意义远远超越了教育本身。如果西部地区、边远地区和少数民族地区人口的受教育权没有得到充分保障，区域之间发展差距过大，最终会影响到全面建成小康社会目标的实现以及国家的安全和稳定。

根据国务院的要求，今年的招生计划编制与管理工作提出了确保实现最低省份高考录取率与全国平均水平差距缩小、确保考上重点高校的农村及贫困地区学生进一步增加的两个政策指标，从源头上对落后地区和弱势群体的高等教育入学机会给予了必要保障。

我国高等教育招生实行"分省定额，划线录取"的政策，在省内各县区之间，高等教育入学机会是公平的。但从全国来看，由于各地经济、社会和教育发展程度的差异，各省市能够提供的高等教育入学机会是有差异的。

在高考招生计划编制过程中考虑了各省市高等学校的培养能力和

培养质量,也考虑了高考报名人数和基础教育发展水平。今年教育部在计划编制中确定的缩小省际高考录取率差距的目标,就是在充分考虑各地办学条件和高考报名人数变化的基础上提出的。中央政府在高考招生计划编制过程中,通过招生计划在各省市间的分配,促进区域教育公平。

今年招生计划编制的重要原则是确保全国和各省份高考录取率不降低、确保中央部委高校招生总规模只增不减、投放到各省的招生计划指标只增不减。因此,无论是发达省份,还是不发达省份,所享受的优质教育绝对量都在增加。

经过几年的努力,落后地区和弱势群体的高等教育入学机会和享受优质高等教育资源的机会有了很大改善,但与发达地区和优势人群相比还有一定的差距。而从根本上解决优质高等教育资源供给短缺的矛盾,满足人民群众日益增长的对优质高等教育资源的选择性需求,还需要通过高等学校坚持内涵建设和特色发展、不断提高人才培养质量来逐步实现。

从长远来看,在条件成熟时下放权力,让各省市自主决定本省高等教育的规模,中央政府通过增加财政补贴等方式对边远贫困地区和弱势群体的教育机会进行救济和补偿,这样的做法更具弹性,也更能提高居民的满意度和获得感。

(本文作者钟秉林,原刊《中国高等教育》2014年Z2期)

尊重学生选择权成为教育决策价值取向

教育涉及亿万学生和千家万户,与经济社会发展密切相关。评价教育事业发展的效果,需要多视角观测,尽可能客观。我基于四个维度,谈谈对五年来实施教育规划纲要的认识和体会。

首先,从学生维度看。一是学生身心健康和体魄强健进一步得到重视。二是学生选择机会不断增加。三是减轻学生过重课业负担扎实推进。四是弱势群体教育得到越来越多关注。可以说,关心学生、爱护学生,尊重学生选择权,促进学生全面发展,已成为教育公共政策的重要价值取向。

其次,从教师维度看。一是乡村教师队伍建设得到前所未有的加强。二是教师管理制度不断完善。三是教师职业发展空间不断拓展。四是教师整体素质不断提升。可以说,五年来,教师工作不断强化,突破了一系列制度瓶颈,有力推动了教育从注重规模扩张的外延式发展转向以提高质量和优化结构为核心的内涵式发展。

再次,从社会维度看。一是人才培养与经济社会发展结合更加紧密。二是学科专业建设与行业企业需求更加匹配。三是职业教育布局与产业发展更加协调。可以说,五年来,经济社会发展的现实需求,已成为教育改革发展的重要参照,教育在促进经济结构调整和转型升级中的重要作用得到进一步发挥。

最后,从国际维度看。一是引进了一批高质量境外优质教育资源,在满足选择性教育需求方面发挥了越来越重要的作用,为我国教育不断注入新的活力。二是"走出去"的步伐明显加快。三是双向留学发展迅速。可以说,五年来,教育对外开放积极稳妥推进,以开放促改革、促发展的效果不断显现,我国教育的国际竞争力不断增强,国际影响力显著提升。

以上几个维度,尽管尚不能囊括五年来教育事业发展成就的全貌,但可以反映我国教育改革发展在理念、目标、重点、方式等方面发生的巨大变化。总体上看,五年来,各级各类教育发展势头良好,人民群众的基本教育需求得到较好满足,为经济社会发展提供了强有力的人力资源保障和智力支持,我国正加快从教育大国向教育强国迈进。

虽然实施教育规划纲要成效显著,但同时也要看到,当前和今后一个时期,人民群众对优质教育资源的选择性需求越来越旺盛,经济结构调整和转型升级对人力资源的需求越来越多样,日趋激烈的国际竞争对提升教育质量的要求越来越迫切,我国教育改革发展任务依然繁重,迈向教育强国和人力资源强国任重道远。

对下一步教育工作,我有三个方面建议:一是在继续强化政府教育责任的同时,创新教育公共服务供给方式,拓宽教育资源渠道,扩大教育有效供给,进一步提高教育资源配置效率,更好地满足多样化教育需求。二是在优化教育改革发展顶层设计、加强统筹谋划的同时,充分考虑各地各校发展不平衡的现实,加强分类管理、分类指导,坚持依法治教,增强教育政策措施的针对性和精准性,推进管理重心下移,进一步调动基层和学校的积极性、主动性,激发教育活力。三是在全面推进教育改革发展的同时,进一步聚焦问题,突出重点,深化综合改革,集中力量解决制约教育现代化的"瓶颈"问题,尽快在构建基本教育公共服务网络、调整优化教育结构、建立现代教育治理体系等方面取得新的突破。

(本文作者钟秉林,原刊《中国教育报》2015年12月11日第5版)

中小学要应对高考招生制度改革的新挑战

为了顺应经济社会和教育发展的新形势,我国高考招生制度改革势在必行。高考招生制度改革的目标,应是有利于合理配置高等教育资源,促进入学机会公平和社会公正;有利于优化人才标准和评价方式,科学选拔合适人才;有利于引导基础教育深化改革,促进学生全面发展。其基本价值取向是增加学生的自主选择权,扩大高校的招生录取权。

一、高考招生制度改革的主要任务

高考招生制度改革的任务非常艰巨。一方面,高等教育利益相关者增多,利益诉求呈现出不同甚至相悖的价值取向,使得改革政策的出台和改革举措的实施更为艰难;另一方面,高考招生除了为高校提供选拔人才的依据外,还被赋予了更多的功能,成为社会流动的阶梯,关系着社会稳定和公正。因此,高考招生制度改革要应对多元化目标诉求,并受政治、经济、文化等诸多因素制约。必须在坚持高考招生制度核心价值取向和基本框架的基础上,围绕改革目标,针对现实问题,进行系统研究和统筹设计;必须遵循规律,试点先行,稳妥推进。高考招生制度改革在内容设计上十分复杂,主要涉及招生计划分配、入学考试、招生录取三个关键环节。

(一)招生计划分配方式的改革

我国高校招生的名额配置采取的是行政主导的招生计划分配方式,目前存在的主要问题是:刚性有余、柔性不足,地方和高校的权力有限;区域高等教育入学机会有差距,省际高等教育毛入学率、高考录取率和高考录取分数线差异较大;优质高等教育资源配置不均衡,弱势群体尤其是农村学生上重点高校人数偏少等。因此,必须通过加强宏观调控和实施专项计划,形成促进入学机会公平的长效机制。一是招生计划向入学机会偏少的人口大省、贫困地区和农村家庭适当倾斜,提高中西部地区和人口大省的高考录取率。二是逐步降低部属高校属地招生计划比例,促进优质高等教育资源在全国范围内的均衡配置。三是部属高校和省属重点高校安排一定比例的招生名额投向边远、贫困、少数民族地区,定向招收优秀农村学生,增加农村学生上重点高校的人数。

(二)入学考试制度的改革

现行入学考试制度的主要问题是:每年仅提供一次考试,考生选择机会少,往往"一考定终身";考试内容过度强调统一性,不足以为特定学科专业人才的选拔提供充足的依据,难以满足高校多样化的人才选拔需求;文理分科考试,不利于对考生综合素质的考察,而且导致高中生偏科;非户籍学生在流入地参加考试的政策有待完善,公平性受到影响等。因此,必须改革入学考试的方式和内容,增加考生的自主选择权,保证高考的科学性和规范性。一是改革入学考试方式,调整考试科目。探索本科和高职高专分类入学考试;高职院校尝试"文化素质+职业技能"考试,以利于学校选拔技术技能型人才和学生选择适合自己的教育;部分高职院校试行"注册入学""宽进严出";探索外语等科目一年两考,学生"自选三科"等级考,增加学生的选择性,分散学生的备考压力;进一步完善非户籍人口"异地高考"政策等。二是改革入学考试内容。以国家基础教育课程标准和高校人才选拔标准为依据,突出对学生基础知识、学习能力、分析能力和综合素质的考察;完善高中学业水平考试,提高其科学性、规范性和公正性,促进学生认真学习每门课程;探索文理不分科,扭转基础教育过度强调应试的倾向和学生偏科的现象。三是改革高考命题方式。加强命题专家队伍的建设,重视对考试规律和标准的研究,完善考试科目试题库建设,提高试题的信度和效度,保证全国和分省命题质量。

(三)招生录取机制的改革

现行招生录取机制存在的主要问题是:将高考统考成绩作为高校录取的唯一依据,标准单一,高校自主权小,加剧了基础教育学校的应试倾向,特殊人才难以脱颖而出;分批次录取,固化了高校的"等级身份",在某种程度上误导了学生和家长对学校和专业的选择;加分项目名目繁多,加分分值过高,身份时有作假,破坏了高校录取的公平政策环境等。

因此,必须改革招生录取机制,扩大高校招生自主权,探索和健全人才选拔的综合评价和多元录取机制。一是建立和完善考生的综合评价机制。探索将高考统考成绩、高中学业水平考试成绩和综合素质评价档案作为高校录取的基本依据或重要参考,使评价方式更科学,评价内容更丰富,评价结果更准确。比如,试点省份将统考语文、数学两科,外语科目一年两考,把最好的成绩加入到高考成绩当中;同时,考生自选三门高中学业水平考试的科目,按等级加权赋分到高考成绩当中;另外,还要把综合素质评价档案作为高校录取的重要参考。二是逐步取消本科新生录取批次,改进投档录取模式,增加考生和学校之间的双向选择;淡化学校的等级身份,引导高校重视质量建设和特色发展,提高办学水平和社会声誉。三是逐步扩大高校招生录取的自主权。探索高校自主录取、注册录取、定向录取、破格录取等多种录取方式,建立和完善有利于人才选拔的多元录取机制。四是完善和规范自主招生,明确招生对象、优化考核内容、调整考核方式和时间。五是清理和规范各种加分政策,加强招生录取监管工作。大幅度减少奖励性加分,降低加分分值,杜绝身份作假,取消体育、艺术特长等加分项目;同时,加大对高校招生工作的监管,规范招生录取秩序,加强信息公开公示,坚决打击各种舞弊行为,维护高考招生的安全性和制度公信力。

二、中小学校要抓住机遇应对挑战

(一)进一步转变教育观念

高考招生制度改革的核心价值取向是促进学生全面发展。中小学校要确立促进学生德智体美全面发展的教育价值观;要践行因材施教的教育理念,研究学生差异性,尊重学生选择权,探索学生的多样化、个性化培养,鼓励学生兴趣、特长的发展;要在教学活动中转变教师角色,构建师生学习共同体,促进学生的自主学习和合作学习。

(二)进一步探索综合评价机制改革

高考招生制度改革的总体目标要求,是形成分类考试、综合评价、多元录取的考试招生模式,健全促进公平、科学选才、监督有力的体制机制。中小学校在推进学校教育转型的过程中,要进一步完善高中学业水平考试,将其作为学生毕业和升学的重要依据;要构建和完善学生综合素质评价体系,改进评价方式,丰富评价内容,从学生思想品德、学业水平、身心健康、兴趣特长、社会实践等方面,客观准确地反映学生德智体美全面发展和个性特长发展的情况,使学生综合素质的评价结果可信赖、可比较,并将综合素质档案提供给高校作为录取学生的重要参考。要改变目前课程评价过分强调甄别与选拔功能的倾向,重视发挥其在促进学生全面发展、提高教师素质和改进教学效果等方面的功能。

(三)进一步深化人才培养模式改革

普通高校入学考试方式与内容的改革,对深化中小学人才培养模式改革提出了新的要求。要打破以教师为中心的传统课堂教学模式,优化课程体系,更新教学内容,促进学生自主学习和合作学习,重视学生独立思考能力、问题意识和批判精神的养成。要关注基于互联网的教育技术和教学方式带来的变革,结合学校实际情况,创造性地探索参与式教学、探究式学习、"翻转课堂"等新的教学模式和学习方式,重视培养学生的独立思考能力、问题意识和创新精神,不断改善学习效果。

要重视学生的生涯教育,与导师制、社团活动、心理咨询和综合实践相结合,开展职业生涯讲座与体验活动。

(四)进一步探索学校体制机制创新

普通高校入学考试科目与内容的改革、综合评价和多元录取机制的完善,对优化学校内部治理结构、改革学校内部管理体制提出了迫切要求。中小学校要不断深化人才培养体制和教学管理体制改革,结合学校实际积极开展分层教学、分组学习、选课制和"走班"教学等改革尝试,探索和形成中小学教育教学模式的新常态;要改革教师聘任和考核制度,调整教学组织和学生管理机制,为深化教学改革、提高人才培养质量提供制度和组织保障。

(五)进一步提高师资队伍整体水平

应对高考招生制度改革带来的新挑战,关键是师资队伍整体水平的改善和教师综合素养的提升。中小学校要认真研究教育教学改革的新趋势,进一步明确教师队伍建设的思路和重点,认真实施教师队伍建设规划,加强师德建设,优化教师队伍结构。要加强教师的职业发展规划和校本培训工作,切实提高教师的教学能力和水平,尤其是提高教师发现学生特长和潜力、指导学生选课选专业,以及指导学生规划学习生涯的能力。要重视教学管理人员和班主任的培养培训工作,不断提高他们的管理水平和思想政治工作水平,为学生的全面发展提供保障。

(本文作者钟秉林,原载《中国教育报》2015年12月11日第5版)

高招制度改革应跳出教育看教育

高考招生制度属于教育制度的范畴,必须遵循教育规律,服务于教育自身改革发展的目标。

高考招生制度还是重要的社会公平保障制度,改革必须具有广阔的视野和全局意识。

每年两会期间,民生话题都是各方瞩目的焦点。教育,不管是在国家领导人心中还是在普通百姓心中,一直都被定位为民生之首。当前,经济社会发展和人民群众对高质量教育的迫切需求与优质教育资源的严重短缺,已经成为我国教育领域的主要矛盾,并由此引发了一系列社会高度关注的热点和难点问题。高考招生制度改革就是其中的一个热点、难点、关键点。

尽管各界要求改革的诉求十分强烈,教育规划纲要也对高考招生制度改革的原则和内容作出了明确部署,但从目前的总体推进情况看,改革举措及效果与社会预期仍有差距,公平与效率、近期与长远、内部与外部之间的矛盾相互交织,改革任务仍然十分艰巨。究其原因,大致可以归纳为两个方面。

高等教育利益相关者的诉求呈多样化趋势。随着高等教育规模的扩张和体制改革的深化,高等教育利益相关者增多。不同的群体,站在不同的立场,分别对高考招生制度改革表达了各自的诉求,提出的观点和建议体现了不同的价值取向。有人希望通过改革增强人才选拔的有效性,选拔出优秀生源;有人希望通过改革促进入学机会均等,更好地实现教育公平;有人希望通过改革为学校和学生减负,让孩子们健康快乐成长;还有人希望通过改革让孩子进入好的大学,读上好的专业。显然,这种多元化的诉求,一方面增强了改革的驱动力,人们认识到高考招生制度改革势在必行;另一方面由于目标诉求差异很大,价值取向各不相同,导致众说纷纭、众口难调,难以形成改革的共识与合力,加大了改革推进的难度。

改革高考招生制度,必须对这一制度的功能有全面的认识和把握。表面上看,高考招生制度的功能是为高等学校提供甄别和选拔人才的依据,但实际上,高考招生制度还肩负着更多的社会功能和使命。比如,许多考生旨在通过这一渠道改变个人和家庭的命运。特别是对广大农村考生而言,高考是跨越城乡二元区隔的主要通道。从这个角度而言,高考招生制度是社会流动的阶梯,关乎社会稳定和公平。又如,"异地高考"不仅涉及教育领域内部的政策调整,还涉及户籍制度和社会管理等教育外部的配套改革。可见,高考招生制度改革必须应对多元化的目标诉求,并受政治、经济、文化等诸多因素制约。因此,在进行高考招生制度改革的顶层设计时,必须要处理好内部和外部的关系。内部主要指的是:高考招生制度属于教育制度的范畴,必须遵循教育规律,服务于教育自身改革发展的目标。外部主要指的是:高考招生制度是重要的社会公平保障制度,改革必须具有广阔的视野和全局意识,应该"跳出教育看教育"。

高考招生制度改革是一项艰巨复杂的长期性工作,改革成效的显现更需要一个长期的过程,不可能立竿见影。做好顶层设计是保证高考招生制度改革目标的统一性和改革探索的连续性的重要基础。

细化改革目标任务,形成清晰的路线图和时间表。既要有近期目标,考虑可行性和轻重缓急,不可因过于理想化而影响改革推进,也要有中长期目标,能预见今后较长时期的需求。不仅要明确教育自身的目标,还要考虑教育之外的目标。

明确改革推进机制。高考招生制度改革涉及多个部门,要建立跨部门工作机制,动员各方面力量,形成改革的合力。

明确改革的责任主体。要区分中央与地方、政府与高校的责任。

既要强调中央的主导作用,又要发挥地方的积极性,允许各地因地制宜进行探索。同时,要确立高校作为招生主体的地位,避免政府通过行政手段干预高校招生自主权。

高考招生制度的改革既要积极主动,又要遵循客观规律。一方面,不能一味等待所有条件都成熟后才启动全面改革,而应坚持有限目标,成熟一项启动一项,以免耽误改革时机,增加改革成本;另一方面,改革应选择在一些地区和高校率先进行试点探索,同时建立纠错机制。另外,还要加强对改革的科学论证和风险评估,确保风险可控,以免造成大的偏差。

(本文作者钟秉林,原刊《中国教育报》2014年3月3日第2版)

全面构建新时代立德树人评价机制

2020年10月,中共中央、国务院印发《深化新时代教育评价改革总体方案》(以下简称《总体方案》),明确提出要完善立德树人体制机制,扭转不科学的教育评价导向,坚决克服唯分数、唯升学、唯文凭、唯论文、唯帽子的顽疾,到2035年基本形成富有时代特征、彰显中国特色、体现世界水平的教育评价体系。这是指引新时代教育评价改革的纲领性文献。《总体方案》高屋建瓴,绘制了新时代中国教育评价改革蓝图,有利于统一思想、凝聚共识,为全面贯彻党的教育方针、发展素质教育铺平道路。落实《总体方案》,要紧扣"五唯"问题,围绕五类主体,推进"四个评价",鼓励多元参与,不断提高教育评价改革的系统性、整体性、协同性,确保改革取得实质突破。

一、破除"五唯"弊病,坚决扭转不科学的教育评价导向

深化新时代教育评价改革,就要坚决克服"五唯"的顽疾,体现改革的问题导向。党的十八大以来,我国教育改革取得了显著成效,但仍然存在许多薄弱环节,其中一个突出问题就是教育的功利化和短视倾向仍然严重。2018年9月,习近平总书记在全国教育大会上强调,要扭转不科学的教育评价导向,从根本上解决教育评价指挥棒问题。《总体方案》提出,要从党中央关心、群众关切、社会关注的问题入手,破立并举,推进教育评价关键领域取得实质性突破。从教育工作的视角来看,要改变简单以升学率评价学校办学绩效和水平的导向和做法,尊重教育规律,激发学校办学活力,引导学校加强素质教育,落实立德树人根

本任务,实现健康、可持续发展。从学校发展的视角来看,要改变重智育轻德育、重分数轻素质等片面办学行为,全面贯彻党的教育方针,探索建立学校分类发展、分类管理、分类评价的动态评价体系和机制,鼓励各类学校办出特色、争创一流。从教师发展的视角来看,要转变片面以学生的考试成绩来评价教师教学绩效和水平的导向,注重师德素养的评价,促进教师的专业发展和育人水平的提升。从学生发展的视角来看,要转变"唯分数""唯升学"的应试教育倾向,遵循人才成长规律,以学生成长成才为导向,促进学生全面而有个性的发展,实现个人发展与社会发展目标的统一。从人才选拔与评价的视角来看,要改变"唯文凭""唯论文""唯帽子"的单一评价标准,建立基于综合评价的人才评价机制,建立以品德和能力为导向的人才选拔与使用机制。

二、围绕五大主体,增强教育评价改革的系统性

深化新时代教育评价改革,就要做好改革的系统设计和整体谋划,着力构建符合中国实际、具有世界水平的教育评价体系。《总体方案》提出针对不同主体和不同学段、不同类型教育特点,分类设计,稳步推进。新时代教育评价体系涵盖党委和政府、学校、教师、学生、用人单位五大评价对象,五类改革相互关联、相互支撑,必须系统考虑和推进,全面构建党委和政府提升履职水平、各级各类学校落实立德树人根本任务、促进教师潜心育人、促进学生全面发展、促进社会科学选人用人的系统协调的教育评价体系和机制。显然,新时代教育评价体系不仅是对教育教学的评价,还是对政府管理、学校办学、教师教学、学生学习、用人单位选人用人等全方位的评价。新时代教育评价体系涵盖不同学段、不同类型教育,改革需遵循教育的阶段性、发展性、时代性的特征,在不同学段、不同类型的教育中体现各自的评价重点。以高等教育为例,其评价机制包括高等学校的分类评价、教育教学评价、学科评价等,而"双一流"建设、师范院校的师资培养等当前高等教育领域发展的重

点任务,其发展成效也应作为高等教育领域的重要评价内容。

三、推进四个评价,增强教育评价改革的整体性

深化新时代教育评价改革,就是要基于"四个评价",从整体上创新评价模式、要素和手段。《总体方案》首次明确提出,改进结果评价,强化过程评价,探索增值评价,健全综合评价,高度凝练了教育评价的主要形态,体现了改革的整体性特征,其着眼点在于提高评价的科学性、专业性、客观性。改进结果评价,不仅关注评价对象教育目标的达成度和符合度,更要全面界定教育目标,通过结果评价为学校教育教学或者办学思路及策略调整提供科学依据与信息支撑。强化过程评价,注重在教育教学过程中从发展性的角度科学判断评价对象教育目标的实现程度,为结果评价提供支撑,为持续改进工作提供依据,提高教育评价有效性。探索增值评价,不仅关注评价对象教育目标实现程度的横向比较,更加关注教育目标实现程度的纵向比较和改善提高,通过评价学生学习、教师教学、学科建设、学校发展等取得进步的程度,进一步评价教育教学和办学绩效。健全综合评价,不再局限于单一目标或标准的实现程度,而是注重对评价对象进行全面、综合、整体的教育要素的评价,通过设计科学的综合评价指标体系,探索有效的综合评价方法,全面考量和判断评价对象教育目标的达成度。总之,新时代教育评价体系的构建,需要更新评价理念,明晰评价标准,明确评价要素,完善方法技术,注重持续改进,并充分体现教育评价的时代特征。

四、鼓励多元参与,增强教育评价改革的协同性

深化新时代教育评价改革,就要鼓励多元参与,最大程度汇聚改革的合力。党的十九届四中全会通过的《中共中央关于坚持和完善中国特色社会主义制度、推进国家治理体系和治理能力现代化若干重大问

题的决定》,明确了推进国家治理体系和治理能力现代化的总体目标,并将坚持和完善共建共治共享的社会治理制度作为重要任务之一。构建科学的、符合时代要求的教育评价制度和机制是教育治理体系与治理能力现代化的重要组成部分。《总体方案》提出,构建政府、学校、社会等多元参与的评价体系,建立健全教育督导部门统一负责的教育评估监测机制,发挥专业机构和社会组织的作用。完善教育评价制度和机制的一个关键是构建政府主导,学校、专业机构、社会组织等多元参与的教育评价体系,形成各方共同支持改革的合力。首先,要加强各级党委和政府对教育评价改革的组织领导,充分发挥教育督导部门在教育评价中的作用,保证教育改革发展与学校办学的方向。其次,要强化学校的办学主体责任,将资源配置、经费使用、考评管理的权力进一步放给学校,激发学校办学活力,推进学校内部质量监控与保障体系建设,建立依法自主办学、自我约束的现代学校制度。最后,要鼓励和引导专业机构、社会组织的参与,提高教育评价的专业化、科学化水平,完善民主管理和问责制度,推进教育治理体系的优化和教育治理能力的提升。

(本文作者钟秉林,原刊《中国青年报》2020年10月19日第8版)

以学生为中心的评价转向

教育教学活动是以教师为中心,还是以学生为中心,在教育理论界争论已久。1980年代以来,人本主义思潮在我国的影响力日渐增强,加上新兴信息技术的发展改变了信息传播的途径,教师的权威性随之日渐消弭,人们对以学习者为中心重构未来教育时空与方式的理念寄予厚望。那么,在这样的背景下,我们应该如何评价学生学习与发展,并能够给予及时的反馈以改进,就成为教育评价的重要任务。

日前,中共中央、国务院印发《深化新时代教育评价改革总体方案》(下文简称《总体方案》),这是扭转不科学的教育评价导向,坚决克服"唯分数、唯升学、唯文凭、唯论文、唯帽子"顽疾的重要纲领性文件。从学生评价的角度来看,最重要的是转变"唯分数""唯升学"的应试教育倾向,遵循人才成长规律,以学生成长成才为导向,促进学生全面而有个性的发展。落实《方案》要求、构建以学生为中心的教学评价体系,需要厘清三个方面的问题。

一、如何看待"唯分数""唯升学"?

新中国成立后,我国实施统一的国家考试招生制度,为经济社会发展培养了大量急需的专业化人才。在教育资源相对有限的情况下,为了提升人才选拔的效率、确保人才学业质量,基于基础知识与能力考查形成的分数成为最重要的衡量标准。统一高考制度是最为公平和高效的人才选拔制度,也是社会各阶层子女实现社会流动最重要的途径,既保障了人民群众受教育的权利与机会,又促进了社会公平。

随着教育普及化程度的提高,经济社会发展对人才的需求日趋多样,高等学校的类型也随之多样化,时至今日,依然按照统一高考的分数这一把"标尺"来衡量人才,就未免显得过于单一而有失公平、公正。为了破解"一考定终身""唯分数论",我国在教育评价上日渐重视学生的能力与综合素质的提升,改进以分数为主的结果评价,强化客观记录学生成长的过程评价,探索学生相对发展结果的增值评价,健全多元评价标准的综合评价。这也是这次改革的重要导向。

但是,必须明确的是克服"唯分数""唯升学"的弊端,不是不重视分数,不重视升学。历经上百年教育评价的科学化探索,建立在标准化考试基础之上的分数依然是相对客观的评价标准。我国目前正在探索实施的综合评价招生、强基计划招生,综合参考高校测试成绩、学业水平考试成绩和综合素质评价档案,但统一高考的成绩也分别占到60%甚至85%以上,这也是确保学生学业质量、确保国民素养的重要标准。只是说,对学生进行评价的过程中,除了分数、升学等工具性的价值,还应重视个人发展的本体性价值,更加全面而客观地评价学生的成绩与发展。

二、如何看待全面发展?

促进人的全面发展是马克思主义教育思想的重要组成部分,新时代党和政府的教育思想对此进行了充分的继承与发展,近年来陆续出台的《关于全面加强新时代大中小学劳动教育的意见》《关于新时代推进普通高中育人方式改革的指导意见》《关于全面加强和改进新时代学校体育工作的意见》《关于全面加强和改进新时代学校美育工作的意见》等重要文件都明确了这一导向,《总体方案》重申了促进学生德智体美劳全面发展的改革导向。

每个学生都是独立而丰盈的个体,充分发展与成长是个体存在的最重要的价值和意义,也是最大化实现社会价值的前提。德智体美劳五育并举的目的不是为了培养"超人",而是在孩子成长的过程中充分挖掘孩子的潜力,使孩子享受成长的乐趣。新高考在考试科目、招生录取方式等方面的改革增加了学生的选择性,我们的问卷调查显示,新高考生源的学生学习目标更明确、专业认同度更高,学生的综合素质更高。但是实施的过程中也常常会听到这样的质疑:"综合素质评价高校怎么用?用不用?"新课改、新考改的目标都是要增强学生过程性评价,提升学生的学科素养、综合素养,综合素质评价的目的是满足学生兴趣特长和发展需求,强调真实、客观地记录学生成长过程,如果将综合素质评价与高校招生录取"硬挂钩",或者执着于用或者不用,可能会在一定程度上背离改革的初衷。正如我们强调体育的目的,是引导学校重视孩子的身体健康,而将近视与否设为分数纳入中考,也违背了改革的初衷。

当然,个体发展与社会发展的目标并不是自然耦合的结果,需加以引导与制度规范。新高考增加了学生的选择性,但在传统应试教育观念的惯性下,学生、家长、学校甚至高校都存在一定的功利化导向,最高的分数、最好的生源成为选择的首要动因,继而带来学生驱易避难的选择倾向,物理、化学等科目的选考人数下降。而因为选考科目与专业知识结构不一致,即便是学生获得了理想的分数,进入高校后也难以适应本专业学习,高校也因为对选考科目不设限而在实际上降低了生源质量。

总之,深化新时代教育评价改革,既要以促进学生个体的健康成长为出发点,也应该加强制度约束,引导个体的理性选择,否则新的评价理念和技术也会成为禁锢个体发展,继而影响社会发展的工具性手段。

三、我们怎么做?

无论制度设计如何完美,任何改革方案关键看落实。《总体方案》针对政府、学校、学生、教师、用人单位五大主体部署了改革任务,明确了组织实施的保障。但不可否认的是,教育领域的问题从来不仅仅是教育本身的事,教育功利化现象是当前社会发展特征的外显。扭转不科学的教育评价导向,需要全社会参与与落实。

第一,提升办学质量,共享发展成果。在优质教育有限的前提下,无论评价导向怎么改,都难以改变人民对优质教育资源的追逐,从个体角度来讲,这也是一种利益最大化的理性选择。因此关键是要提升各级各类教育质量,扩大优质教育资源供给,让人民群众共享社会发展成果,满足多样化的教育诉求。这是落实学生评价转向的重要社会环境与资源条件。

第二,转变教育观念,关注价值增量。新时代教育评价改革是一项系统工程,最根深蒂固的是观念的变革,包括科学的教育发展观、人才成长观、选人用人观,这也需要全社会的观念转变。应该从个体成长、学校发展、教育发展的价值增量来考察其成效,注重过程性、系统性、综合性评价。

第三,聚焦改革要点,落实改革任务。学校作为教书育人的重要场所,也因为是教育改革的重要载体而承受巨大压力。关键是要将新时代教育评价理念渗透到日常教学、管理中,以新课改、新考改为抓手,落实"以德为先、能力为重、全面发展"的科学成才观念,完善学生综合素质评价,落实立德树人根本任务。

第四,加强实施保障,形成改革合力。教育改革方案的落实,需要相应的政策、制度、条件的配套保障。国家与省市教育行政部门应完善综合素质评价的技术平台,引导高校、科研院所、企事业单位共建社会实践基地,加强学生发展指导教师的培养、培训,为学生全面发展提供资源、师资、技术和平台的保障。

(本文作者王新凤,"人民政协报教育在线周刊"微信公众号发布,2020年12月12日)

实施"强基计划",培养拔尖创新人才

教育部自 2020 年起在部分高校开展基础学科招生改革试点(也称"强基计划"),这是立足我国国情和教育发展现状,在自主招生工作经验和综合评价试点成果的基础上进行的一项拔尖创新人才选拔与培养的探索与尝试。笔者认为,"强基计划"体现了以下几个方面的特点:

服务国家重大战略需求 在当前全球化背景下,拔尖创新人才的培养成为提升我国综合实力与国际竞争力的关键因素。"强基计划"的实施是为解决服务国家重大战略需求的高水平人才紧缺问题,以国家重大战略需求为导向,确定招生的学科专业,突出基础学科的支撑、引领作用,重点在数学、物理、化学、生物及历史、哲学、古文字学等相关专业招生,致力于为国家经济社会发展培养紧缺的高层次人才,体现了引导大学主动适应和引领经济社会发展的政策导向。

深化教育领域综合改革 教育领域的改革是一项系统工程,包括教育系统内部各阶段、各部门之间的协同,教育系统内部和外部的协同等。"强基计划"统筹教育领域的多项改革举措,包括"双一流"建设、基础学科拔尖学生培养计划、高校加强科技创新、高考综合改革等,在选拔人才进入高校后,探索本硕博衔接的培养模式,实现人才选拔与培养的结合;鼓励国家实验室、国家重点实验室、前沿科学中心、集成攻关大平台和协同创新中心等吸纳学生参与项目研究,实现人才培养与科学研究的结合等,体现了深化教育领域综合改革、创新人才培养模式的政策导向。

探索中国特色招生模式 新中国成立七十多年来,我国高校招生制度的改革呈现出渐进性和连续性的特点,日趋注重能力本位、综合评价和公平公正等价值取向。"强基计划"将高考成绩作为入围高校考核的门槛,改变自主招生"降分录取"的做法,注重公平公正;将考生高考成绩、高校综合考核结果及综合素质评价情况等合成综合成绩择优录取,注重综合评价;改变自主招生考核成绩注重学科知识考查的做法,指导高校探索建立基于能力考察的笔试面试、实践操作,注重能力本位等,体现了立足中国国情、完善中国特色现代考试招生制度的政策导向。

注重人才培养质量监测　一流本科教育是一流大学和一流学科建设的基础,本科人才培养质量是高等教育质量保障的核心。高考综合改革试点省份的探索表明,综合评价招生实现了从单一评价向多元评价招生模式的转变,高校教师与学生获得感强,但学生的后续发展与综合表现依然有待跟踪。"强基计划"实施重视建立在校生、毕业生跟踪调查机制和人才成长数据库,根据质量监测和反馈信息持续改进招生和培养工作,重视跟踪研究与数据基础,有利于构建以学生为中心、持续改进的质量保障体系,有利于拔尖创新人才的选拔与培养,体现了质量为本、引导大学内涵发展的政策导向。

促进人才选拔公平公正　科学性与公平性是高考招生制度改革的重要价值取向,也是一对难以平衡的矛盾。自主招生政策实施16年来,公平性问题一直备受争议。教育部实施"强基计划"面对现实问题,积极回应人民群众的关切,着力解决自主招生工作中存在的问题,如取消论文、专利等作为入围高校考核条件的做法,解决自主招生中申请材料造假问题;将高校考核安排在高考成绩发布后,解决高校提前"掐尖"的问题;进一步严格规范招生程序,建立更高水平的公平保障机制等,体现了促进人才选拔的公平性、实现社会正义的政策导向。

当然,无论是自主招生还是"强基计划"的实施都不能回避我国的基本国情。尤其是高等教育迈入普及化阶段后,人民群众对优质高等教育资源的选择性需求与优质高等教育资源的不充分、不均衡之间的矛盾将会持续存在。"强基计划"的实施既要解决自主招生存在的问题,又要探索一条中国特色拔尖创新人才选拔与培养的路径,依然任重而道远。

(本文作者钟秉林,"人民日报政文"微信公众号发布,2020年1月15日)

艺体招考迎来大变革

日前,教育部等部门发布《艺术类考试招生意见》《高水平运动队考试招生意见》,对相关专业考试招生改革工作作出部署,这是落实立德树人根本任务、促进学生德智体美劳全面发展的重要体现,也是深化新时代教育评价改革,推进新一轮高考综合改革,保障人才培养质量和促进教育公平的重要举措。

一、五育融合,落实立德树人根本任务

2018年,习近平总书记在全国教育大会上强调,要努力构建德智体美劳全面培养的教育体系,形成更高水平的人才培养体系。《深化新时代教育评价改革总体方案》《关于全面加强和改进新时代学校体育工作的意见》《关于全面加强和改进新时代学校美育工作的意见》等系列文件的出台,都是为了贯彻落实立德树人根本任务的要求,努力培养德智体美劳全面发展、担当民族复兴大任的时代新人。

近年来,我国高校艺术类专业考试招生和高水平运动队考试招生虽然重视人才选拔质量,但对文化成绩的要求一直低于普通专业考生,部分考生和家长存在"重专业轻文化"心理,考生将此类考试作为"升学捷径"或"敲门砖",往往进行功利性报考。这对青少年的人生观和价值观影响很大,也直接影响到高校体育、艺术类专业的办学水平和人才培养质量以及入学机会的公平。因此,两个意见都要求提高高考文化成绩的基本要求。

《艺术类考试招生意见》提出,逐步引导高校提高高考文化成绩,提

高文化成绩的最低标准,探索采取文化成绩初筛等措施,选拔和培养德艺双馨的艺术人才。

《高水平运动队考试招生意见》要求报考"世界一流大学建设高校"的考生,高考成绩达到生源省份本科录取最低控制分数线,报考其他类高校的考生的高考成绩不低于最低控制分数线的80%,选拔和培养综合素质全面且具有较高体育竞技水平的学生,为国际重大体育比赛和国家竞技体育后备人才培养体系提供支撑。

提高艺术类、体育类专业考生文化考试成绩要求,是为了引导学生在发展兴趣特长的同时,更加重视学业质量提高和综合素质养成,构建引导学生全面而有个性发展的人才选拔评价体系,为到2035年实现将我国建设成为文化强国、教育强国、体育强国的远景目标提供人才支撑。

二、问题导向,完善分类招生录取机制

迈入普及化阶段以后,高等教育的发展既要满足经济社会发展对各级各类人才的多样化需求,也要满足人民群众的多元化教育诉求。体现在高校考试招生制度中,就是要针对现实问题,规范考试招生工作,完善"分类考试、综合评价、多元录取"的考试招生模式。

《高水平运动队考试招生意见》针对高校高水平运动队在考试招生中的问题,如二级运动员报考门槛较低、文化课成绩录取要求偏低等,重点部署优化招生项目范围、严格报考条件和资格审核、改进考试评价方式、提高文化成绩要求、完善招生录取机制等工作任务。在考试评价方式上,采取"文化考试+专业测试"相结合的方式,文化考试成绩使用全国统一高考文化课考试成绩,专业测试全部纳入全国统考并由国家体育总局牵头组织实施;在招生录取机制上,高考文化课成绩不低于招生高校相关专业在生源省份录取分数线下20分的学生,可申请就读相应的普通专业,其余学生限定就读体育学类专业。除此之外,高校每年

还通过运动训练、武术与民族传统体育专业单招、其他体育学类专业招生、优秀运动员保送等多种渠道招收体育特长学生,保持体育特长学生升学渠道的畅通。

《艺术类考试招生意见》针对部分考生盲目跟风、部分高校办学定位不清晰、招生录取办法复杂多样等问题,重点围绕"怎么定位、怎么考试、怎么录取、怎么监管"提出改革任务。进一步完善"文化素质+专业能力"相结合的考试评价方式,文化素质使用高考文化课考试成绩,专业能力使用艺术专业能力考试成绩;根据不同艺术专业人才选拔培养的要求,实行分类考试,并制定相应的录取办法。实行分类考试、分类录取,成为这次艺考招生改革的一大亮点。

总之,两个文件突出了问题导向,着力解决在高校考试和招生录取环节存在的质量和公平问题,回应高校、学生与社会多方利益诉求,进一步提高考试招生制度的科学性与公平性。

三、系统推进,提高高校人才培养质量

进入新时代,加强内涵建设、建设高质量高等教育体系成为我国高等教育发展的战略任务。这就要求高等学校统筹推进人才选拔与培养工作,深化高校人才培养模式改革,加强学生培养过程的质量监测,完善高等教育质量保障体系。

《高水平运动队考试招生意见》提出加强学生入校后的培养管理,建立准入和退出机制,尤其是要严格学业标准,原则上高水平运动队学生与普通学生的学业水平要求应保持一致,参加本科毕业论文(设计)抽检。同时,高校可以通过学分制、延长学制、个性化授课、补课等方式,在不降低学业标准要求、确保教育教学质量的前提下,积极为高水平运动队学生完成学业创造条件。

《艺术类考试招生意见》要求高校充分考虑学校发展定位和人才培养标准,逐步提高文化课成绩录取要求,提高人才培养质量。近年来,

部分高校为追求多学科发展而盲目扩大艺术类专业招生规模,但因办学定位不准确,招生规模及专业设置与社会需求存在脱节现象,总体就业质量不高,既不利于引导学生全面发展,也不利于高校建设高质量的艺术人才培养体系。相反,近年来北京大学艺术史论专业一直按高考文化课成绩录取,中国人民大学将美术和设计学类的文化成绩要求提高至一本线以上,人才培养质量得到普遍认可。

质量是人才培养的生命线。高质量的艺术类、体育类专业人才培养体系是构建高质量高等教育体系的重要组成部分。规范、改进和完善高校艺术类专业和高水平运动队考试招生工作,有利于促进学生全面而有个性的发展,为文化强国、体育强国、教育强国的建设提供人才支撑,为经济社会高质量发展提供助力。

(本文作者钟秉林,原刊《光明日报》2021年9月27日第13版)

"一档多投"需要循序渐进

随着高考结束,即将进入招生录取阶段。新一轮高考综合改革逐步取消录取批次,完善平行志愿投档模式,部分省份在艺术类招生、高职招生等方面探索"一档多投",促进双向选择、科学选才,这与西方国家招生录取模式有很大差异。

高考是我国的基本教育制度,改革不能脱离现实情境。多投多录、双向选择是西方发达国家尤其是美国高校采取的招生录取模式,基于西方的制度与文化基础。统一高考制度是我国的基本教育制度,植根于我国的制度与文化基础。高考改革具有高利害性,牵一发而动全身,关系着全国千万考生与家庭的切身利益,是实践性很强的命题,不能脱离现实的社会情境、教育制度和历史发展阶段。招生录取模式改革既要兼顾考生、学校的利益和国家发展的需要,又要在观念、制度、技术等方面有现实可行性。新高考探索平行志愿投档,学校集中录取,既尊重高校与学生的选择性,又有效率高的特点,适合我国当前的现实基础条件,是在当下具有比较优势的招生模式。

高考改革是渐进的过程,不能一蹴而就。回顾新中国成立70年来我国高考制度变迁,改革具有渐进性和连续性的特点。从纸质手工投档到网上电子投档,从梯度志愿投档到平行志愿投档,招生录取的效率与公平性都在提高。梯度志愿投档遵循"志愿优先,择优投档"的原则,相对满足高校的招生自主权,但志愿填报风险高,高分落榜风险高。平行志愿投档模式遵循"分数优先,遵循志愿"的原则,提高了考生选择院校和专业的机会,但又限制了高校招生自主权。2014年起,福建和浙江分别在普通高校艺术类本科招生、高职提前招生和部分"三位一体"

招生中实行"一档多投",给予高校和学生双向选择权。但这种模式下,考生最终也只能被一所院校或专业录取,占用一个招生计划名额。

  招生录取改革的关键是落实高校招生自主权。美国的高等教育体系以私立高校为主体,著名的常青藤高校都是私立高校,拥有相对完全的高校招生自主权和独立的招生录取程序,SAT等统一考试成绩仅作为高校招生录取时的参考。我国高等教育体系以公办高校为主体,实施分省定额的招生计划分配方式,招生录取按既定计划执行,以高考分数为主要参考依据。公共教育资源分配的首要原则是公平公正,自主招生与综合评价招生赋予高校招生自主权的同时,最大的质疑来自可能存在的招生腐败以及对弱势群体子女不利。因此,招生录取改革的关键是要落实和保障高校招生自主权,在人才选拔的效率与公平之间获得平衡。

  我国高考改革探索"一档多投"宜循序渐进。2019年,我国考生人数总数是1031万,这么庞大的考生规模,在2600多所普通高校招生录取中实施"一档多投",将会面临巨大技术难题。"一档多投"必然会出现一轮投档后拟录取的学生弃选的情况,空出的学位进行第二轮投档时,高分学生可能已被其他学校录取,从而失去获得更优质教育资源的机会;"一档多投"也可能对某些高校和专业带来较大冲击,带来生源危机。同时,目前我国高校招生录取是统一的投档录取系统,按照"一档多投"的模式,如何设计招生录取程序、如何应对程序运行带来的技术、监管、公平难题,依然面临很多挑战。因此,"一档多投"试点范围可以逐步扩展,但应循序渐进。

  (本文作者王新凤,原载《人民政协报》2019年7月3日第9版)

增加学生选择,促进文理融通

考试评价制度改革对于课程改革具有导向作用,需要与课程教学改革同步推进。21世纪以来,我国高等教育发展与改革进入快车道,2002年高等教育毛入学率为15%,2020年达到54.4%。20年间我国高等教育实现了从精英教育到大众化、普及化阶段的转变,高等学校招生考试制度也在全面变革。在高考科目改革方面,我国经过了从大文大理的科目设置到"3+X""3+3"和"3+1+2"等多种模式并存的转变,主要探索在会考或者学业水平考试基础上进行的选择性科目设置,旨在破除"唯分数论""文理分科"等弊端,体现出基础性、选择性、融通性并存的特征,促进文理融通,为经济社会发展选拔和培养知识、素质、能力结构全面的人才,从而实现科教兴国、教育强国的战略目标。

一、从基于会考的大文大理到"3+X"

1977年恢复高考后,我国恢复大文大理的科目设置。1977年,政治、语文、数学为必考科目,文科考历史、地理,理科考物理、化学;1978年,政治、语文、外语为必考科目,文科考历史、地理,理科考物理、化学。

1980年代开始,为解决文理偏科、唯分数论、学生学业负担重等问题,我国开始探索高中毕业会考制度,并在此基础上实施考试科目改革。1992年,国家教育委员会《关于在普通高中毕业会考基础上高考科目设置的意见(讨论稿)》提出,按文理分科设置考试科目,文科考语文、数学、外语、历史和政治,理科考语文、数学、外语、物理和化学,形成了在会考基础上大文大理的分科考试模式,从1993年开始实行,一直持续到 1999 年。

大文大理的分科考试模式，遵循自然科学与人文社会科学的知识结构，减少了学生的考试科目，具有一定的合理性。但过早的文理分科也带来学生因为偏科而知识结构不全的问题，尤其是在"唯分数论"导向下，难以适应知识经济对人才宽厚的知识基础的客观需求，也难以满足学生全面发展的需要。1999 年，教育部《关于进一步深化普通高等学校招生考试制度改革的意见》提出，为适应 21 世纪科学技术发展和知识经济的新形势，适应科教兴国战略中加大教育贡献度的迫切要求，高校招生考试制度必须主动适应时代的特点及其对人才素质能力结构的要求，着力引导人才全面素质的提高和创新人才的培养。按照这一意见，我国从 2000 年开始实施"3+X"科目设置方案。"3"是指语文、数学、外语；"X"是指由高等学校根据本校层次特点的要求，从物理、化学、生物、政治、历史、地理 6 个科目或者综合科目中自行确定一门或几门考试，突出能力、突出应用，鼓励开展综合能力测试，引导中学生全面发展。方案先在广东、山西、吉林、江苏、浙江五省试点，并逐步推开。

在实施的过程中，"3+X"体现为多种类型，比如广东省 2000 年设置大综合，覆盖各科知识基础，2001 年改为"3+大综合+1"；江苏省 2003 年开始实施"3+1+1"，两个"1"一门为符合高校要求的科目，另一门为任选。随着全国范围内高中新课改的实施，"3+X"科目设置方式进一步演变，广东省 2007 年开始实施"3+文科基础或者理科基础+X"，江苏省 2008 年开始实施"3+学业水平考试+综合素质评价"模式，浙江省 2009 年开始实施"3+小综合+自选模块"。最终全国大多数省份定型为"3+文科综合或者理科综合"的模式，文科综合由政治、历史、地理 3 科组成，理科综合由物理、化学、生物 3 科组成。迄今为止，尚未启动高考综合改革的 10 个省份，依然实施这种模式。

"3+X"的考试科目设置旨在通过文科或者理科科目内部的综合，考查学生理解、掌握、运用中学所学知识的能力，引导学生全面发展。但实施过程中，也存在一些争议，诸如文科综合和理科综合并没有从根本上改变文理分科的问题,而且命题难度大,容易搞成3门科目的简单拼盘。

二、基于学考的"3+3"和"3+1+2"

2010年,中共中央、国务院印发《国家中长期教育改革和发展规划纲要(2010—2020年)》,提出推进考试招生制度改革,以考试招生制度改革为突破口,克服"一考定终身"的弊端,推进素质教育和创新人才培养。为落实教育中长期规划纲要,2014年《国务院关于深化考试招生制度改革的实施意见》(以下简称《实施意见》)颁布,正式启动我国新一轮高考综合改革。《实施意见》提出要完善高中学业水平考试,考试范围覆盖国家规定的所有学习科目,避免严重偏科;同时提出启动高考综合改革,在考试科目设置上增强高考与高中学习的关联度,考生总成绩由统一高考的语文、数学、外语3个科目成绩和高中学业水平考试的3个科目成绩组成。高考科目改革从此进入"统考+学考"或"必考+选考"的新时期,但也经历了从"3+3"到"3+1+2"模式的演化。

2014年,浙江省、上海市率先启动高考综合改革试点;2017年北京、山东、天津、海南4省市作为第二批试点省份启动改革。第一、二批试点省份都是实施"3+3"考试模式,上海及第二批改革省份实施"6选3"模式,考生需要根据本人兴趣特长和拟报考学校及专业的要求,从思想政治、历史、地理、物理、化学、生物这6科中选择3科作为高考选考科目;浙江省将技术纳入选考科目,实施"7选3"模式。高考综合改革在完善学业水平考试的基础上,实施选择性科目设置,实现了文理融通,增强了学生的选择性。北京师范大学高考改革研究团队2019年对试点省份2017级、2018级新高考生源的35635份问卷调查显示,在35种课程组合中,物化生、政史地传统文理科组合的学生只占全体调查对象的22.06%,其他学生均实现了文理融通。各利益相关群体对新高考满足学生兴趣特长、增加学生选择性这一点认可度较高。

随着试点省份高考改革落地,尤其是新高考生源进入高校后,高考科目改革的问题也逐步显现。一方面,学生出现趋易避难的功利化选科倾向,试点省份选考物理人数下降,引起社会对高校人才选拔与培养质量的担忧。项目组 2020 年对试点省份高校新高考生源的问卷调查和师生座谈显示,在学生选考科目与高校专业对学生知识结构要求匹配的情况下,学生生源质量有所提升;反之,部分学生面临学业困难,出现高校人才培养质量堪忧的情况。另一方面,新高考背景下,学生的选择偏好带来高中教师结构性缺编的难题,给薄弱学校的教师队伍建设带来挑战。后续启动改革的中西部省份普遍面临师资、经费、教室等办学条件不足的问题,高中大班额以及可能出现的教师结构性缺编问题成为制约高考综合改革推进的主要障碍。

为应对这些挑战,教育部出台《普通高校本科招生专业选考科目要求指引(试行)》,浙江省、上海市等相继启动物理选考科目保障机制,引导高校合理设置选考科目,引导学生理性选科。同时,2019 年公布高考综合改革方案的江苏、湖南、湖北、广东、福建、河北、辽宁、重庆 8 个省份,宣布实施"3+1+2"高考科目设置,即语文、数学、外语 3 门作为必考科目之外,学生需要在物理、历史中选择一门为首选科目,在思想政治、地理、化学、生物中选择两门作为再选科目。"3+1+2"模式解决了"3+3"模式下物理选考人数下降的问题,也降低了中西部省份高考综合改革基础资源配置的难度。项目组调研显示,第三批高考改革省份物理选考比例在 80% 左右,基本与"3+X"时期理综人数比例持平,但部分省份再次出现化学选考人数下降的问题,并启动化学选考科目保障机制。

2021 年 9 月,第四批启动高考综合改革的黑龙江、吉林、甘肃、安徽、江西、广西、贵州 7 省份沿用"3+1+2"模式,同时教育部颁布《普通高校本科招生专业选考科目要求指引(通用版)》,要求报考理学、工学、农学、医学的本科专业基本都必选物理和化学,提升了物理、化学等基础学科的地位,同时也在一定程度上约束了高校对学生选考科目的不设限以及学生的功利化选择。这是当前我国提升自主创新能力、加强基础学科建设的必要措施。

截至目前,第一、二批高考改革省份延续"3+3"科目设置,第三、四批高考改革省份实施"3+1+2"科目设置,尚未启动改革的省份实施"3+X"科目设置,3种模式并存。

三、服务学生发展和高校选材 高考改革不断完善

纵观20年来高考科目改革的历程,体现为选择性、基础性、融合性三个理念的变迁。首先,在选择性方面,无论是传统高考的大文大理、"3+X"还是新高考的"3+3"或"3+1+2"模式,都是让学生根据自己的兴趣与特长,结合高校专业设置进行选择,而选择性的大小在不同方案中有所差异。其次,在基础性方面,从1980年代开始实施的会考制度,以及21世纪初以来与高中课程改革相适应的学业水平考试制度,都是为了保证高中基本学业质量和高校人才选拔的质量,这也是保障高考科目选择性的基础和底线。最后,在融合性方面,新高考取消了文理分科,"7选3""6选3""3+1+2"分别有33种、18种和10种文理交叉的科目组合方式,在不同程度上促进了文理融通,这为充分满足学生的兴趣特长和全面发展、高校专业建设和创新型人才培养奠定了知识融通的基础。

在我国建设社会主义现代化国家的宏观战略背景下,高考科目改革服务于培养德智体美劳全面发展的社会主义建设者和接班人,服务于推进教育现代化、建设教育强国的目标需求,也服务于学习者个性化发展需求。高考科目设置逐步完善的过程,也是探索个体发展目标与社会发展目标统一的过程、逐步推进教育治理能力现代化的进程。

(本文作者王新凤,原载《中国教育报》2021年12月17日5版)

成 效 评 估

利益相关者视角下的高考综合
改革实施效果分析

根据2014年9月国务院颁布的《关于深化考试招生制度改革的实施意见》(以下简称《实施意见》),浙江省和上海市率先启动高考综合改革。先行试点省份的改革成效如何?对后续启动改革的省份有哪些启示和借鉴?本文以启动高考综合改革首轮试点工作的浙江省和上海市为个案,运用小组访谈的方法,以参与高考综合改革的学生、中学教师和管理者、高校招生部门、教育行政部门四类利益相关者为研究对象,从他们的视角来评价高考综合改革的实施效果,以期为我国高考改革政策的调整,以及在全国范围推进高考综合改革提供参考。

一、研究对象与研究方法

笔者于2017年8月参与浙江省和上海市12场次的焦点小组访谈,访谈对象包括学生46人、高中校长与教师51人、高校招生部门管理者21人、教育行政部门管理者15人,共计133人。访谈对象中,学生包括刚刚经历高考的大一新生和在读高三学生,高中校长来自浙江省和上海市的优质高中和薄弱高中,高中教师涵盖语文、数学、外语和选考各科目教师,高校招生部门管理者来自教育部部属院校和地方院校,教育行政部门和考试机构涵盖省、市、县三级。

本文按照扎根理论的操作程序,对访谈的文本资料进行整理与分析,借用MAXQDA质性分析工具进行三级编码,采用类属分析法对资料进行归纳和比较分析,建立不同属性与维度的编码;在此基础上形成学生、高中、高校和教育行政部门四类群体对浙江省和上海市高考综合改革实施效果的评价。

二、研究结果与分析

(一)高考综合改革的实施成效

2017年8月,高校招生录取工作结束,标志着从2014年启动的新一轮高考综合改革试点工作平稳落地,各利益相关群体评价较为肯定,各方获得感较强。学生、高中、高校和教育行政部门四类利益相关者对高考对学生发展的促进作用形成共识,认同改革初步实现了以人为本、科学选才和促进公平的目标,并促进了高中学校的特色发展。

1. 以人为本:促进学生全面发展

高考综合改革对学生发展的积极作用集中体现在满足学生的兴趣发展需求、增加学生的选择机会、促进学生全面发展等方面。

满足学生兴趣特长与选择性需求。高考综合改革在科目选择和平行志愿录取上赋予了学生选择权,学生、高中、高校和教育行政部门四类群体都认为尊重学生的兴趣和选择是此次高考改革的最大亮点之一。如有学生认为,自由选科后可以根据自己的兴趣爱好,避开弱势学科,选择优势和擅长的学科,自由规划高中三年的学习,避免过早文理分科对发展的限制,"越学越开心,学习体验比较好。"中学校长和教师认为,过去的"补短"教育成为现在的"扬长"教育,学生获得更高效和愉悦的学习体验;从固定班级教学中的被动角色转变为主动选择的角色,有助于激发学生学习兴趣、积极性和自主意识,有助于促进学生全面而有个性的发展和综合素质的养成。高校招生部门管理者认为,可以招收到具有文理贯通和交叉学科知识基础的生源,满足各专业对学生基础知识的不同要求。考试机构管理者认为,这种选择性的效果体现为投档率和志愿的满足率高,退档率低,在一定程度上可望避免入学后转专业的问题。

促进学生全面发展，主要体现在实施学生综合素质评价方面。上海市综合素质评价重视学生的社会实践活动和研究性学习，在基础教育领域具有一定的导向功能，促进中学、家长和学生一起重视学生的全面发展和综合素质的提升。学生在社会实践活动中获得了职业体验、历史文化、新知识、社会责任感等多方面的新体验；有些中学将研究型课程、艺术教育等特色指标融入综合素质评价，促进了学生的全面发展。

打破"一考定终身"，主要体现在综合评价招生方面。综合评价招生是指按照"两依据、一参考"，即依据统考成绩和学考成绩，参考综合素质评价结果录取学生。浙江省实施"三位一体"，上海市按照6∶3∶1确定统考、面试和学考的比重，赋予学生更多选择机会，增强了学生的获得感。有学生说："'三位一体'给高考分数低一点儿的学生提供了机会，我裸分是上不去的，但通过'三位一体'能够上。"

分散考试压力。根据《实施意见》，高考被分为学业水平考试和统一高考两个环节，学业水平考试分为合格性考试和等级性考试。原来的一次高考分解为多次考试，在一定程度上缓解了考生的心理压力。考试机构管理者认为，承受来自社会的压力减轻不少；访谈学生对多次考试总体上表示欢迎，认为可以降低偶然性，分散考试压力。

强化能力培养。访谈中，中学校长和教师都多次提到高考试题更加强调能力培养，并认可这种以能力培养为导向的改革方向。如有教师表示，"近两年等级考的命题在学科素养方面的体现比较明显，强调综合的思维能力、人际关系，有涉及环境的问题，有青藏高原地震的问题，还有实践活动能力等。"

拓展人际交往空间。选课走班制的实行使学生失去了原有行政班级管理的稳定性，但同时也因为选科不同，增加了不同班级学生之间的互动与交流机会，除了行政班级的同学之外，还有选科班级的同学，拓展了学生学习、生活和交往的空间。

2.教考联动：引领中学特色发展

高考综合改革促进高中学校特色发展，倒逼学校加快推进教育现代化进程,激励中学教师提升自身学科素养,在一定程度上促进了高中学校的发展。

促进高中学校特色发展。2017年首轮高考综合改革落地,具有办学特色的高中学校具有较强的获得感。如有高中学校校长表示,将致力于推进本校的特色化发展,开设特色课程,开发具有特色的综合素质评价项目,促进学校的多样化发展。

倒逼高中学校提高教学管理的现代化水平。如有中学为适应选课走班制的需要,利用现代信息技术手段设计选课系统、进行教学评价等。有高中校长表示,"新高考倒逼学校教育教学管理进行改革。新的考试制度,使学校旧有的管理制度不再适用,必须作出改变以适应新的形势。"

促进高中教师提升科学素养和教学能力。选课走班制使学生对教师的选择性增强,不能及时提高自身素质的教师可能就被学生"抛弃",有教师认为现在需要"讨好"学生。同时,学生选科的不均衡导致教师结构性缺编,物理科教师大量剩余。上海市中学探索让具有良好科学素养的教师开设具有拓展性的研究型课程,可以说代表了一种改革的方向。

3.科学选才:倒逼高校深化改革

高考综合改革对高校的影响主要体现在:高校投档满足率高,倒逼高校调整专业结构,加强与中学的衔接,增强办学自主权,初步实现科学选才的改革目标。

投档满足率高。高考综合改革取消录取批次后,高校不必受制于原先录取批次的限制,显著提高了投档满足率。"三位一体"等综合评价招生模式使得具有专业特色的高校能够招到有专业忠诚度的优质学生,高校、院系要求扩大综合评价招生的积极性较高。

促进高校调整和优化专业结构。首轮高考综合改革落地后,高校对高考改革的重视和参与程度明显增加,倒逼高校注重特色专业的宣传,加强学科专业建设和专业结构调整,优化人才培养方案,被动等待的高校在新的高考模式下可能面临生存危机。此外,高校如何面对文理交叉、知识结构多元化的生源变革,保证和提高人才培养质量,这些都对传统的人才培养模式提出了挑战。

促进高校与中学的衔接。"三位一体"等综合评价招生加强了高校与中学的衔接,改变了过去"见分不见人"的现象;高校既要满足专业培养的需求,又要保证生源质量,必须通过系统研究、提出合理的选考科目。这些都改变了过去招生与培养分离的局面,高考不再是高中教育的"独角戏"。

增加了高校招生自主权。高考综合改革赋予了高校更多的招生自主权,通过设置选考科目、"三位一体"等多种类型的招生模式,选拔符合高校专业发展和培养要求的学生,有助于高校办出特色,实现多样化发展。

4. 促进公平:维护高考公平公正

高考综合改革的公平性体现在:尊重学生个体差异,增强了学生的选择性,实现了过程公平;外语等科目"一年两考",高校多元录取,改变了唯分数论,实现了结果公平;高考改革万众瞩目,在高透明度背景下的改革探索成功落地,实现了程序公平。在教育行政部门管理者看来,高考改革的公平性体现为信访和投诉的减少,人民群众的满意度提高,如有考试院院长表示,"今年信访投诉减少,仅为去年的四分之一。"

(二)高考综合改革的争议与质疑

新一轮高考综合改革实施四年来,争议与质疑一直存在。其中最为集中的争议包括进一步增加了学生的应试负担、"田忌赛马"的功利化选科倾向造成选考物理科人数的"断崖式"下滑、生源结构多元化对高校乃至我国人才培养长远发展造成的影响尚未可知等。

1. 关于应试负担

高考综合改革在一定程度上强化了应试负担,是高考改革的争议之一,具体表现在对学生学习负担、传统教学秩序、教师压力和素质教育的影响四个方面。

对学生学习负担的影响。首先是考试次数增加。高中教师认为"一年两考"在给予学生更多机会的同时,也增加了学生的学习负担,因为多数学生都会参加两次考试,心理压力增加。其次是考试难度增加。数学不分文理科后,数学试卷对原来的文科生而言难度加大,学生学习负担加重;浙江省选考和学考二考合一,选考科目也要区分等级,加重学生学习负担;高考综合改革前上海市的考试科目是"3+1",改革后选考科目增加两门,增加学生学习负担。最后,考试战线拉长,冲刺高考提前。原来冲刺高考通常在高三下学期,但现在高二就开始准备等级考试,高二俨然成了"小高三"。

对传统教学秩序的影响。首先,选考科目时间安排干扰正常教学秩序。浙江省实施高考综合改革第一届学生的选考科目时间安排在当年的10月和次年的4月,处于学期中间;上海市等级考安排在每年的5月,等级考之前学生无心学习语文、数学和外语。其次,由于考试次数增加,且每次考试的重视程度都很高,承担考点的学校花更多精力在组织考试上,学校教学受到影响。最后,考试使学校教学安排发生经常性变化,干扰正常教学节奏。试点省份高考综合改革打破了传统教学秩序的平衡,在新的平衡秩序形成的过程中,教师群体感受到高考改革带来的干扰。

对教师压力的影响。考试科目改革后,学生的选课偏好导致生物、地理学科教师结构性缺编,语文、数学、外语三科教师工作压力与强度增加。有教师表示,"一个萝卜一个坑,没有人能替你。我们咬牙坚持,相互搀扶着,流着泪、流着血坚持下来。"此外,改革初期,因改革政策、考试难度等目标不明确,教师压力较大。高考综合改革对教师压力的影响呈现出结构性的不平衡,语文、数学、外语三科教师压力大,部分选考科目如物理教师出现结构性剩余,教师绩效考核评价方面也面临挑战。

对开展素质教育的影响。以上海市为例,素质教育是上海市基础教育的优势与亮点,高考科目由"3+1"变为"3+3"后,高三的备考提前到了高二,应试压力增大,影响学生对素质教育的热情和精力,学生甚至放弃上体育课,影响身体健康。有学生表示,"许多之前积极参加活动的同学,迫于高考的压力,在高二下学期辞去班级职务,比如我们班有一段时间陷入没有团支书的窘境。""我们不得不放弃了学校比较有特色的活动,变成参加相对比较功利的与综合素质评价有关的志愿者活动。"

2. 关于"功利化"选科

高考"3+3"设计的初衷是尊重学生的兴趣,加强文理融合,拓宽学生的知识结构,促进学生的全面发展,但实施过程中,在增加学生选择性的同时,也出现了"田忌赛马"和物理学科遇冷现象。

"田忌赛马"的功利化选科倾向。学生选科并非仅仅出于兴趣,而是受到家庭、学校、高校、社会等各方面的影响。在优质教育资源有限的前提下,学生选科首先考虑的是如何在高考中获得最好的成绩。这种充分权衡利弊的选择使选科出现"驱赶效应"和"磁吸效应",即大量优秀学生放弃选考物理,而转向相对容易拿到高分的学科。还有的情况是,比如上海市高考综合改革方案中,地理科是高二首批选考科目,绝大多数学生都本着先考掉一门减轻高三备考压力的考虑,放弃自己的兴趣而选择地理。

物理学科选考人数出现"断崖式"下滑。无论是试点省市层面,还是学校层面,物理科选考人数大规模下降已是不争的事实,某些薄弱学校物理学科初选人数甚至出现个位数的情况,以至于最终全校学生放弃选考物理。被访谈者担心这将对我国高校理工学科、拔尖创新型人才、民族科学素养的提升以及创新型国家建设产生影响。

削弱知识基础。选考科目提前开考,教师也存在削减部分课程内容的情况,这在一定程度上削弱了学科知识的基础;同时,学生选择能力有限,选科组合的趋易避难和随意性,也会影响学生知识体系的完整性与科学性,违背高考改革尊重学生兴趣和促进学生全面发展的初衷。

3.尚需时间检验的问题

高校生源结构多元化是高考综合改革后高校面临的新变化,具体表现在:选考科目组合多,学生的学科结构多元化,同一专业可能面临学生的多种学科组合;生源的学业水平差异较大,学生选科不同,对学科的掌握情况也不同,生源层次由扁平化向两极化发展。这种多元化的生源结构对高校人才培养来说是利是弊,尚难权衡;但可以肯定的是,多元化生源结构对高校专业教学、特色专业建设等带来挑战,倒逼高校深化教育教学改革。有某高职学院院长表示,从对人才培养的角度来说,在当前生源紧张又无专业调剂的情况下,会面临专业生存危机、学校生存危机。

总之,受人才培养周期的影响,还需要更长的时间来检验高考改革的影响,有些目前看来是负面的影响,比如学生学习负担的问题,也许会随着时间的推移而有所缓解,被访谈者认为目前就对高考综合改革实施效果下定论为时尚早。

三、讨论与反思

浙江省和上海市高考综合改革平稳落地,高校、中学、学生等各方利益群体的受访者都反映有获得感,但同时也出现了如应试负担加重和"功利化"选科等有争议的问题,而选考科目考试难度降低、高校生源结构多元化等问题对人才培养产生何种影响,尚需时间检验。对此,我们应该有理性的认识。

(一)理性看待成绩

新一轮高考综合改革平稳落地,试点省份各级行政部门、中学、学生和家长、高校等各方利益相关者为改革付出了艰辛的努力,成绩来之不易,对此应该充分肯定。高考综合改革在满足学生的兴趣与选择性、促进学生全面发展、分散考试压力、破解"一考定终身"的弊端、强调能力立意等方面确实实现了以人为本、促进学生全面发展的改革初衷。

同时,也有观点认为高考综合改革可能过度强调了选择性,而科学性和公平性有待进一步加强,尤其是高校招生自主权一直是高考改革的关键领域,但是改革进展缓慢。① 访谈中高校招生部门要求扩大招生自主权,扩大高校综合评价招生范围,这也是高考改革需要坚持的方向。此外,高考综合改革要立足于现实基础和条件,充分考虑各地区的实际情况,有步骤地加以推进。

(二)客观理解争议

从不同利益相关者的视角思考,可以更好地理解高考改革中出现的有争议的问题。如关于高考改革对应试负担的影响问题,从不同利益相关者的视角来看,应试负担可以分为对学生学习负担的影响、对中学教学秩序的影响、对教师教学压力的影响、对素质教育的影响四个维度,中学校长、教师和学生对此反应并不相同:学生受访者并不都认为多次考试增加应试负担,反而认为可以分散考试压力,压力适中;中学校长更多是从打破了传统教学秩序稳定与平衡的角度来理解应试负担;中学教师的压力则是由于学生选科带来教师结构性缺编和工作压力分配不均衡造成的。关于"功利化"选科的问题,在优质教育资源有限的前提下,学生和家长通过选科扬长避短,在高考这场博弈中实现利益最大化,部分高校没有限定选考科目,可以最大化地获得优质生源,这些都是从自身立场和利益诉求出发所作的选择,其功利性无可厚非;但从人才培养和国家长远发展的角度来看,就需要多方合力,既要引导学生合理选科,引导高校科学设置选考科目,也要改进考试技术,在更大程度上实现科学性与公平性,兼顾各利益相关群体的利益诉求。

(三)加强科学决策

对高考改革中有争议的问题,政策制定者要站在多元利益主体的立场,根据社会和教育发展的状况,依靠专业团队和科学的证据,在对问题进行分析研判的基础上作出策略选择。如果是对学生的发展有切

---

① 郑若玲:《高考改革的困境与突破》,《厦门大学学报(哲学社会科学版)》2017年第3期。

实促进作用,那么改革的初衷与方向就要坚持;同时,鼓励各利益相关者的多元参与,实现协同治理。从不同利益相关者的角度理解高考改革,尤其是关注高中教师和学生的利益诉求,关注政策执行者与目标群体被忽略的声音,理解他们的认同与抗争是影响高考改革成败的关键。此外,还要充分认识到高考改革的复杂性、长期性与全局性,对改革过程中出现的问题进行动态调整,从更长远的时间与实践角度看待高考改革的影响。

(本文作者王新凤,原刊《中国考试》2019年第1期)

高考综合改革实施效果评价:
学业表现的视角

随着高考综合改革的推进,新高考生源将占我国高校学生的大部分,他们的学业表现直接关系着我国进入普及化阶段之后的高等教育质量。前期研究发现,新高考在促进科学选才、促进高校招生与人才培养改革方面取得了初步成效,但如何应对生源知识结构多元化和生源质量差异大的挑战,是高校面临的现实困境与挑战。[①] 笔者近期对试点省份高校学生的跟踪研究发现,新高考生源的学业表现与之前有所差异,尤其是选考科目与专业是否一致对学生的学业表现影响较大,高职院校录取分数线有所下降,学考与高考成绩的关联、新高考增加学生的专业认同等,对学生学业表现有所影响,值得引起关注。

一、文献述评与研究设计

(一)文献述评

第一,研究者将学生发展作为评价高考改革的重要维度。研究者在各省市高考综合改革方案的基础上评价高考综合改革的价值导向,认为高考综合改革是促进学生发展、科学选才、国家发展目标的统一。如黄腾蛟、杨鸿认为,高考综合改革方案是国家选才、高校选生与学生

[①] 王新凤、钟秉林:《新高考背景下高校招生与人才培养的成效、困境及应对》,《中国高教研究》2019年第5期。

发展的有机统一①；郑雪松认为，新高考通过助推发展性评价目标和学科学习目标的实现来促进学生身心发展，达到兼顾个体成长成才和社会发展的双重教育目的。② 新高考以学生发展为改革的出发点和着力点，在满足学生兴趣与选择、促进学生全面发展等方面成效显著。③

第二，研究者从学生的学业表现、专业认同、综合素质、学习适应性等方面评价高考改革成效，尤其是将学业表现作为重要指标。研究者对高考改革对学生学业发展的作用有不同看法，如吕慈仙基于学生群体学业表现的数据分析，认为综合评价招生录取的学生有较好的专业匹配度、学业表现④；刘佳琛以清华大学学生STEM课程成绩为例，认为改革后学生课程成绩有所提高，综合评价招生模式对学生STEM学科知识基础及大学学业成绩有正向促进作用。⑤ 也有研究者对高考改革的成效有所质疑，如邵光华等研究发现，高考改革试点没有完全达到预期，学生较少考虑大学专业科目要求，影响学生专业学习基础。⑥

第三，研究者关注到高考与学生学业发展之间的关系，探讨高考成绩、社会经济地位等中介变量对学生学业成绩的影响。如鲁威等对临床医学专业学生的研究发现，学业成绩与高考总成绩不具有相关性，英语和语文两科成绩与学生学业成绩显著相关⑦；夏道明研究发现，文科师范生学业成绩与其高考各项成绩的相关性整体呈波动状态，与高考

---

① 黄腾蛟、杨鸿：《国家选才、高校选生与学生发展的有机统一——重庆市高考综合改革方案解读》，《中国考试》2019年第6期。
② 郑雪松：《新高考改革助推学生发展性评价的实施》，《教学与管理》2019年第22期。
③ 王新凤：《利益相关者视角下的高考综合改革实施效果分析》，《中国考试》2019年第1期。
④ 吕慈仙：《高校综合评价招生模式的效率判据——基于学生群体学业表现的大数据分析》，《高等工程教育研究》2015年第4期。
⑤ 刘佳琛：《高考改革对清华本科生STEM学业成绩的影响》，《高等工程教育研究》2019年第4期。
⑥ 邵光华、吴维维：《我国高考招生制度综合改革的成效与问题研究——基于浙江省2017年高考录取学生的调查》，《中国高教研究》2018年第6期。
⑦ 鲁威、杨云、张剑戈、丁巍、乐子良、胡翊群：《基于高考和医学课程成绩的医学生学业潜力的研究》，《上海交通大学学报（医学版）》2012年第10期。

各单科成绩的相关性又因专业不同而异①；王旭涛等研究发现，新高考背景下学生的主观社会经济地位对学生选考信念具有显著的正向预测作用，学业自我效能感、学业兴趣在主观社会经济地位和高中生选考信念的关系中起着部分中介作用。②

新一轮高考综合改革启动以来，已有三届学生进入高校，亟待对新高考生源的学业表现进行追踪研究，尤其是分析影响学生学业表现的因素，为后续省份实施高考综合改革以及高校招生与人才培养模式改革提供借鉴。

(二)研究设计

本研究借助于访谈法，2019年12月对高考综合改革试点省市的六所高校(本科高校四所、高职院校两所)的93名教师进行访谈，访谈对象包括学校与二级学院招生部门、教学部门的管理者，各学院负责基础课、专业课的任课教师。

访谈类型是半结构式，被访谈者按照研究者提供的访谈提纲，结合案例高校的情况自由作答。访谈者除在个别问题上有追问之外，以记录为主，不过多予以回应。访谈记录的整理按照逐字逐句誊录的方式，尽量客观、全面地呈现访谈资料。访谈资料的分析主要借助于质性研究分析软件MAXQDA2018，对原始文本进行逐句分析，并形成三级代码系统。遵循保密原则，将被访谈者姓名进行匿名化处理，按照被访谈者讲述的顺序以数字编码，大学、教师分别是"U+数字"和"T+数字"的方式呈现，如U1大学座谈中第一位教师就是"U1T1"。

为增强研究的信效度，笔者采用不同来源资料、不同访谈视角进行三角验证。一方面，同一案例高校的教师来自招生、教学等不同部门，

---

① 夏道明：《文科师范生的学业成绩与高考成绩的相关性分析》，《安庆师范大学学报(自然科学版)》2017年第2期。

② 王旭涛、王国香、任雪梅、胡琳丽：《主观社会经济地位如何影响高中生选考信念——基于新高考背景下学业自我效能感与学业兴趣的中介作用分析》，《教育测量与评价》2019年第11期。

涵盖不同的学院与专业,可以互相验证对方的观点。另一方面,运用不同来源的数据提高信效度。研究以访谈为主,以数据统计为辅,除了对六所高校的教师进行访谈外,还收集了案例高校学生平均学分绩点等统计数据,以不同数据来源验证访谈对象的观点。

二、新高考学生学业表现评价

从访谈对象的视角来看,新高考生源的学业表现与传统高考相比有所变化,93位访谈对象中有42位认为新高考生源质量在不同程度上有所下降,占访谈对象的45.2%;有21位访谈对象认为新高考学生学业表现提升,占访谈对象的22.6%;有13位访谈对象认为生源质量呈现两极分化。学业表现的提升与否受学生选考科目与专业的一致性、专业认同、学考成绩等因素影响,不同学校类型学生的学业表现变化也有所不同。

(一)学校类型与学业表现

新高考实施平行志愿、取消录取批次等改革举措,招生竞争的焦点随之由高校间的竞争转变为专业间的竞争,实现了院校间的同台竞技;同时也倒逼高校加强优势学科和专业建设,否则冷门专业与弱势专业将造成生源危机,高职院校在新高考背景下的冲击感受更为明显。[①]从案例高校情况来看,高水平大学生源质量总体上变化不大,可以通过综合评价招生招收到综合素质高的学生;高职院校生源质量有所下降,但特色专业生源质量好。同时,值得注意的是,无论是高水平大学还是高职院校生源质量都存在一定程度的两极分化。

第一,总体来讲,新高考之后高水平大学生源质量变化不大。访谈对象认为,高水平大学在省内和省外招生都比较占有优势,新高考的生

---

① 王新凤、钟秉林:《新高考背景下高校招生与人才培养的成效、困境及应对》,《中国高教研究》2019年第5期。

源质量也没有下降。"虽然实行了新高考,但总体上来讲生源质量和2015年、2016年或者说和之前比,其实没有很大的差别,和其他省份比其实差别也不大。因为我们的招生省内基本上是要保证在前1000名的,其他省市招生至少是前300名。"(U3T9)也有访谈对象认为高水平大学生源质量有所提升,学生平均绩点逐年提高:"我们对2015—2017级学生的情况做了统计,这三个年级的整体情况是往上走的。"(U3T1)最后,高水平大学在优质生源有保障的前提下,通过综合评价提高学生的报名门槛,能够招收到分数高、综合素质高的优秀生源。"我们的报考条件相对来说比较高,我们要求招综合素质好、高考成绩好的双优生。"(U1T1)

第二,高职院校录取分数线下降,但优势和特色专业生源质量有所提升。一方面,高职院校存在提前招生、单考单招、3+2、统招等多种招生方式,学生来源不同,学习基础不同,给高职院校分层教学带来较大的难度。访谈对象认为,U4学院作为省内最好的高职院校之一,生源总体质量逐年向好,但单独考试招生的生源质量有所下降,学生学习状态比较差。"高考招生的生源呈现阶梯式的分布,单招单考,区分度很低。"(U4T8)"不同来源的生源质量差异比较大,3+2中高职衔接、单考单招的生源质量会差一些。"(U4T1)另一方面,高职院校的优势专业生源质量比较好。"有些专业通过高考改革以后招生分数明显提升,比如说商务英语、电子商务明显提升,在省内的招生质量比以往要好一些。"(U2T4)"学校这几年发展比较快,生源质量总体来说是逐年提高的态势。"(U4T1)

第三,无论是高水平大学还是高职院校,都存在生源质量两极分化的情况。就高水平大学而言,高分学生参加综合评价招生的校测环节,以及数学、物理、化学等基础课的考试时,会表现出较大的差异。"我们学校综合评价招生考试要在三门成绩都是100分的学生中拉开差距,我们发现,好的学生考180分,差的学生只能考40分,也就是说300分的学生深度学习能力存在很大的差异。"(U3T1)"一张卷子根本就没法考,有些人可能好一点,有些根本一点基础都没有。"(U3T3)在高职院校则主要体现在同一所学校内专业之间的分差比较大。"计算机网络技术、注册会计都是二段线以上招生,差的专业二段线以下二三十分。按照原来投档方式,因为学校有保底,只要我们划了这条线,线上学生所有的都进来了,专业之间分数差就没有那么大。"(U2T21)高职院校的这种生源质量分化主要受平行志愿的投档方式影响。新高考模式下生源质量的多元化给高校人才培养和教学管理提出了新的挑战。

从不同高校类型来看,新高考生源学业表现的差异首先是由于高校本身办学水平的差序格局造成的,高水平大学不乏优质生源报考,他们可以通过限制报考条件、加试数学或物理等基础学科的方式,选拔高考分数高、综合素质高的学生,保证生源质量。其次,高等教育普及化过程中,随着更多学生入读本科院校,高职院校录取分数线下降在所难免,但是办学特色突出的专业生源质量提高,说明高考改革倒逼高校加强内涵建设。最后,高水平大学生源学业表现的两极分化,在一定程度上是新高考实施"必考+选考"的科目设置,选考科目实施等级赋分制,高分学生区分度降低,多数学生在选考科目上都可以拿到满分,但实际上因为选考科目之间的学习难度、学习投入等差异,学生的实际学业表现存在较大差异。

(二)科目选考与学业表现

从案例高校来看,学生学业表现主要受到选科的影响。在学生趋易避难的功利化选科的情况下,高校若未对专业相关的科目进行限制,就会带来学生学业表现的下降,即便是高校以先修课程等方式进行补课也收效甚微。相反,学生学业表现有所提升的专业,多数都对学生选科进行了相应的限制。

第一,趋易避难自由选科带来学生学业表现的下降。试点省份实施"3+3"科目改革,增加了学生的选择性,但是同时也存在学生趋易避难的选科倾向。《教育部普通高校本科招生专业选考科目要求指引(试行)》出台之前,高校为了保证可选择的生源数量,较少限制选考科目。

因此,理工科专业的学生很可能没有选考物理、化学或生物这些基础科目,造成了新高考生源知识结构的欠缺,从而带来学生学业表现的下降。首先,学生学习困难,难以适应理工科专业学习。"有些同学在高中期间如果没有选的话,知识欠缺的程度还是有些的。因此,不少同学最后只能转专业,转到相应的文科去,在理工科这边他可能不是很适应。"(U1T3)其次,学生整体学业成绩差,不及格率增加。"我们还专门作了统计,没有选考物理的学生,成绩比其他学生低了差不多10分,他们把不及格率抬高了很多,新高考之前是不存在这个问题的。"(U1T10)最后,学生学习困难,课堂互动比较少。访谈对象认为,学生上课表现还是比较认真,但是学习困难,听不懂的比较多,课堂互动也比较少。"一个是大学化学类的,没有选考物理的学生比例会高一些;另一个是计算机实验班,没有选考物理的学生是个位数。计算机班上课进度、互动情况都特别好,但大学化学类的班整个推不下去,上课学生互动与反应都没有。"(U1T10)

第二,高校以微课、先修课程等方式补课,但收效甚微。案例高校为弥补学生因为选科带来的知识结构的缺憾,会以微课、先修课程等方式提前为学生补课,"我们的老师都在牵头做大学化学和大学物理的预科,就是说先修课程,录取通知书寄到了以后,就要求他们在网上先选修一些化学和物理的课程,但是现在看起来,效果并不像我们想象的那么好。"(U1T3)高中学生所有科目都参加学业水平考试,但是学考与选考的要求不同,学生投入的时间与精力也会有明显的差异,难以保证学生相应科目的学业表现。有教师认为,高校补课只是从人性的角度考虑,物理、化学等基础知识还是应在高中学习,目前这种安排是否科学有待商榷。"我们现在大学物理补高中物理的课,化学也在补,我觉得这是基础教育的问题,我们做这样的弥补是短暂的,基础教育本来就是为学生提供基础知识的。"(U5T7)访谈对象担心,选考科目与专业学习不匹配,对大学学科专业建设和人才培养质量等都会带来影响。一方面,学生基础知识与大学课程脱节,影响高校人才培养质量;另一方面,缺乏物理或化学的学科基础对学生自身的发展、对高层次人才的培养都带来了较大困难,甚至会对国家科技发展、经济社会发展带来影响。

第三,高校限制选考科目的专业,学生的学业表现有所提高。有的高校提出了学科专业所需要的选考科目要求,尽管可能会带来录取分数线的降低,但学生的学业表现有所提高。U1高校以工科见长,一半的招生专业类都要求选考物理,访谈对象认为,生源质量与学校办学和专业发展的要求相匹配,没有出现生源质量下降的情况。首先,整体来看,生源质量与学校的办学、专业相匹配。"整体上来讲我们的选考科目要求设置是偏严、偏紧的,2017—2019年我们三个专业是必须要考物理的,因此,招进来的学生相对来说跟我们学校的办学、专业还是相匹配的。"(U1T1)其次,学生学习态度好,基础比较扎实,学生后续学习能力很强,也表现得比较自信。"我们还是非常满意的,后续学习能力方面都很强,高中很多学霸才敢去选考物理,学生很有底气,物理基础非常扎实。"(U1T16)最后,学生的学业表现呈现出年级的差异,2019级学生的学业表现比2018级有所提升。访谈对象认为,部分原因是2018级是选考第二年,学生科目选择趋易避难,而高校又没有规定限选科目,2018年教育部出台选考指引后,2019级学生选考科目趋于理性。总之,从案例高校来看,限制学生选科就能够保证学生学业表现,放宽科目要求学生学业表现就会有比较明显的下降,这对新高考改革后高校限制选考科目,引导学生合理选科提出了要求。

(三)学业水平考试成绩与学业表现

新一轮高考综合改革探索基于统一高考和高中学业水平考试成绩、参考综合素质评价的多元录取机制,实施综合评价招生。从案例高校来看,综合评价招生学生学业表现好,除了专业认同、综合素质高带来的影响,最主要的原因是高校规定了学生的学考成绩,从而保证了学生具有较为扎实的学业基础。

访谈对象认为,综合评价招生的学生录取分数低于统招学生,但是学业成绩在逐年提高,而且表现出更好的学习潜力,学习后劲足。"小学教育专业综合评价招生的学生各方面表现都是比较不错的,学业上看不出有多大差别,体现了综评学生学习的潜力,进入大学后没有放松专业的学习,更有学习的兴趣。"(U5T13)从 U5 大学整体情况来看,综评学生的 GPA 普遍高于统招学生,小学教育专业综评学生 GPA 呈现逐年增长的整体趋势。综评学生专业认同度高、综合素质高,在一定程度上提高了学生的学业成绩,但是最根本的原因是案例省份学业水平考试划分了等级,而案例高校综合评价招生限定了报考学生的学业水平考试等级,实现学业水平考试与高考的"硬挂钩",综合评价招生学生学考各科目成绩较好,知识基础比较宽厚和完整,因此表现出较强的学习后劲。

恢复高考以来,我国高中会考与高考之间"是否挂钩""软挂钩""硬挂钩"的争议一直存在。1989 年,为了纠正"片面追求升学率",保证高中生应有的文化水平和合理的知识结构,国家教育委员会印发《关于试行普通高中毕业会考制度的意见》,在全国试行普通高中会考制度,同时规定,会考成绩只分合格、不合格两等的省、自治区、直辖市,其考试机构须向高等学校提供考生会考的原始分数。之后,国家教育委员会在会考基础上减少考试科目,但是也出现了会考与高考挂钩与否的争议,会考与高考挂钩会加重学生负担,不挂钩则会形同虚设。2000 年,教育部提出将普通高中会考统筹决策权下放到省级教育行政部门,有的省份取消了高中会考,继续实施会考的省份则要淡化会考与高考的联系。2004 年以后,随着新课程改革的实施,部分省份开始实行高中学业水平考试,《国家中长期教育改革与发展规划纲要(2010—2020年)》出台后,会考正式转型为高中学业水平考试。新一轮高考综合改革,为增强高考与高中学习的关联度,实施"3+3"科目改革,高考成绩由三门统考科目和学业水平考试的三科成绩构成。多数改革省份只是将学业水平考试作为"合格""不合格"的成绩划分,也并未规定向录取高校提供原始分数作为参考,在调研中也有访谈对象担忧这些省份学业水平考试"放水",降低高中学生的学业基础。从案例高校实践来看,学业水平考试与高考挂钩确实可以保证学生学业成绩。

(四)专业认同与学业表现

专业认同是指学习者对所学专业的接受与认可,并愿意以积极的态度和主动的行为去学习与探究,专业认同可以分为认知、情感、持续三个维度,三者之间相互影响。① 新一轮高考综合改革最大的亮点是增加学生的选择性,包括实行"必考+选考"的科目改革、平行志愿投档方式、综合评价招生等,在考试科目、报考志愿、招生模式等方面增加了学生的选择性。这种选择性在一定程度上增强了专业认同,继而有助于提升学生的学业成绩。

一方面,综合评价招生的学生专业认同度高,有更好的学业表现。首先,综合评价招生学生专业认知认同更好,能够更好地适应专业学习。"学生有明确的目标,并且付诸实践,有更好的学习动机和时间规划能力,更了解专业,主要表现在参加活动的积极性和新环境的适应,比统考生更适应大学生活。"(U1S4)其次,综合评价招生学生专业情感认同高,表现出较强的专业兴趣,愿意付出更多努力进行专业学习,从而也能获得更好的学业表现。"综评学生在报考志愿的过程中会更多从专业考虑,专业兴趣很高,参加专业竞赛的比例明显高于普通高考学生。"(U1T15)最后,综合评价招生学生的专业稳定性高,表现为专业思想比较稳固,学习目标比较明确。"综合评价招生的同学在学业目标、专业认同感方面会更强。这几个年级的保险专业综合评价招生的同学都没有转专业,他们专业认同感比较强,一开始可能就是奔着这个专业来的。"(U6T9)在专业认同度高的前提下,学生在学习上更加投入,从而能够弥补相应专业知识基础的差距;反之,学生则在客观上不具备专业学习的基础知识,又不具备学习的主观能动性,因此影响学生的学业表现。

另一方面,平行志愿的投档方式,增加学生的专业认同,继而提高

---

① 王顶明:《对专业认同有关概念的理论述评》,《学园》2008年第2期。

学业表现。在传统高考模式下,实行顺序志愿填报方式,难免出现滑档的情况。平行志愿的投档模式,大大增加学生专业选择的空间,避免传统志愿投档方式可能带来的调剂的风险,对考生来说,解决了专业和录取困难的问题,学生的专业认同度会更高。"普高生源质量比较明显有逐年上升的态势,从招生分数上很好地体现出来,学生对专业有较好的理解程度和稳定率。"(U4T4)

有研究者认为,学生的专业匹配性与学业成绩之间存在着极其显著的正相关[1],在专业选择上拥有自主权的学生,专业选择与自己兴趣相一致,往往具有较高的专业满意度,还通过对专业承诺的积极影响间接促进专业满意度提升[2]。从案例高校来看,也验证了这一点。

三、结论与反思

综上所述,我国深化高考综合改革,可以逐步完善高校分类招生选拔机制,引导高校限定学生合理选科,加强学业水平考试与高考的关联度,重视学生学业发展的增值评价和跟踪评估研究。

(一)完善高校分类招生选拔

完善与普及化阶段高等教育相适应的多元录取、分类招生的人才选拔制度,选择符合高校发展定位与学科专业特点的生源进入高校学习。高水平大学可以通过"综合评价招生""强基计划"等方式选拔具有文理兼修的知识结构、综合素质高、有学习潜力的学生,培养宽基础的拔尖创新型人才,服务国家重大战略需求。具有学科、专业导向的应用型高校则应该加强学业与专业发展所需的科目要求,选拔能够胜任专业发展的学生,发挥学科、专业特色优势,促进高校内涵式发展。对高

---

[1] 翁灵丽、朱成康:《浙江省"三位一体"综合评价招生模式改革成效分析——基于公平性与效率性的视角》,《上海教育科研》2017年第6期。
[2] 丁沁南:《选择重要还是培养重要——本科生专业自主选择、专业承诺与专业满意度关系探究》,《教育发展研究》2019年第23期。

职院校而言,应探索适合职业教育的招生模式,减少提前招生等效果不佳的招生模式,探索实施注册入学;同时,办学实力强、专业有优势的高职院校,则应提升学生学历上升的空间和学校发展的空间,满足学生更高层次的教育需求。

(二)引导高校限定学生选科

目前解决学生功利化选科问题有三种途径:一是教育部和地方教育行政部门陆续出台选考科目指引,引导高校限制选科;二是第三批八省市选择了"3+1+2"科目设置,限定了物理或者历史作为首选科目;三是改革省份陆续出台选考科目保障机制,当选考人数低于设定基数时按照基数赋分。从改革省份实践效果来看,"3+1+2"科目设置限定了物理和历史科目,但是也会带来化学科目选考人数的下降;实施选考科目的保障机制,如果选考人数远远低于设定的选考人数基数,也会带来不公平问题。因此,可以从高校招生录取为切入点,破解选科功利化选科的难题:首先,鼓励高校大胆设限,引导学生合理选科,保证学科专业发展与人才培养的质量;其次,完善高校的外部评价机制,引导学生、家长、社会改变以录取最低分数线为标准的评价导向,引导高校将发展重心回归到内涵建设的轨道上来;最后,建议出台高职院校选考指引,全省统一按照专业大类要求设置选考科目,规范学生的选科,保证人才培养质量,以应对高职院校今后作为类型教育的发展需求。

(三)加强学业水平考试与高考关联度

关于学考与高校招生录取的关联度,有"硬挂钩""软挂钩""分类挂钩""弹性挂钩"等实践模式[①],新一轮高考改革以学业水平考试中自选三科成绩与高考"硬挂钩",实现了统考与高中学习的关联,但是对不选考的科目而言,如果仅以"合格""不合格"的方式划分,则会降低学业水平考试的标准。案例省份将学业水平考试成绩与高校综合评价招生录

---

① 边新灿:《新一轮高考改革的多视域考察——兼论浙江高考招生制度改革》,北京大学出版社 2017 年版,第 129—130 页。

取硬挂钩,保证了学业表现,但同样存在增加学生学业负担的风险。因此,增加学生学业负担与学业水平考试"放水"降低学业表现之间是一个永恒的难题。

破解这个问题的关键还在高校招生录取机制改革上,以"合格""不合格"划分学业水平考试成绩的省份,应该提供各门考试科目的原始分,高校招生录取的过程中可以根据学校学科、专业发展的需要予以参考,从而保证高校人才选拔与培养的质量。当然,当前仅仅是在考生同样的高考分数时候参考,无论是制度设计还是社会评价都应该给予高校人才选拔适度的自主权。

(四)重视学生发展跟踪评价

学生的学业表现受到很多因素的影响,因此,应加强对学生发展的跟踪评价,建立以学生为中心的质量保障机制。首先,加强对学生发展过程的跟踪评价,尤其是关注新高考生源的学业成长、选考科目与专业学习之间的匹配度、综合评价招生学生的后发优势、学生学业表现的增值评价等。其次,重视因材施教,加强与新高考生源相适应的人才培养模式改革,比如对综合评价招生的学生单独编班,根据学生特点进行有针对性的教学,将人才选拔与培养结合起来,最大化地提高人才选拔的效率。最后,对新高考生源的综合发展情况进行跟踪评价,比如学生的心理状况、学业预警状况、课堂活跃度、综合素质、进入工作岗位的表现等。

(本文作者王新凤,原刊《中国高教研究》2020 年第 7 期)

基于高校学生发展的综合评价招生实施效果研究

引 言

2020年6月30日,中央全面深化改革委员会第十四次会议审议通过《深化新时代教育评价改革总体方案》(以下简称《总体方案》),提出要全面贯彻党的教育方针,坚持社会主义办学方向,落实立德树人根本任务,遵循教育规律,针对不同主体和不同学段、不同类型教育特点,改进结果评价,强化过程评价,探索增值评价,健全综合评价,着力破除唯分数、唯升学、唯文凭、唯论文、唯帽子的顽疾,建立科学的、符合时代要求的教育评价制度和机制。这是继2018年全国教育大会提出"扭转不科学的教育评价导向"后指导教育评价改革的又一份纲领性文件。笔者认为,在《总体方案》提出的"四个评价"中,综合评价应该作为高校招生考试制度改革的重点内容。

综合评价招生在我国高校招生实践中并非新鲜事物。2003年开始的高校自主选拔录取改革试点,在探索综合评价学生、破解招生"唯分数论"等方面取得了积极成效。[①] 2011年浙江率先实施"三位一体"综合评价招生。2014年启动新一轮高考综合改革,目前已有14个省份开始探索"两依据、一参考"的综合评价招生。2020年教育部开始实施"强基计划",在部分高校开展基础学科招生改革试点,招生也采取综

---

① 刘宇佳、黄晶晶:《我国"强基计划"的政策布局与实践审思:基于36所试点高校的文本分析》,《中国考试》2020年第7期。

合评价模式。在以上招生实践的基础上,我国专家学者对高校综合评价招生进行了大量研究,主要聚焦在以下三个方面:

一是对我国高校综合评价招生模式的理论总结,如通过对我国高校综合评价招生改革演变脉络的梳理,揭示综合评价招生的实质和价值取向[①];关注综合评价招生的内容改革与实施路径[②];关注将综合素质评价纳入综合评价招生,与高考招生"硬挂钩"。[③]

二是对浙江、上海、北京等地高校实施综合评价招生进行案例研究,肯定综合评价招生的积极价值和意义,如改变高考"一考定终身"的传统做法,扩大高校和考生的双向自主选择权,激发大学教授参与治校的积极性和主导性,建立高校自主招生中的"自律"机制等。[④]

三是对高校综合评价招生实施效果的评价,包括成效与困境。在实施成效方面,多数研究者肯定综合评价招生的有效性,如吕慈仙基于学生群体学业表现的大数据分析发现,通过综合评价招录的学生有较高的专业匹配度,学业表现略好于统招学生[⑤];盛兰芳认为,与统招学生相比,通过综合评价招录的学生学习成绩并未成为短板,其专业思想更为稳固,时间管理和职业规划能力更强,担任学生干部的比例和活动参与度更高,评奖评优表现更好,心理调适能力更强,总体综合素质表现更好[⑥];翁灵丽等认为,通过综合评价招录的学生在学业表现、综合能力和就业质量等方面整体上优于统招学生。[⑦] 在实施困境方面,专

---

① 边新灿:《高校综合评价招生改革的发展历程、模式和价值取向:兼与自主招生的比较》,《中国考试》2016年第8期。
② 戴树根、刘辉亚、匡曼丽:《高校招生综合评价的内容改革与实施路径探讨》,《求索》2014年第11期。
③ 程龙:《综合素质评价与高考招生"硬挂钩"的困境及其突围》,《中国教育学刊》2017年第7期。
④ 冯成火:《浙江省"三位一体"招生模式改革的思考和探索》,《教育研究》2014年第10期。
⑤ 吕慈仙:《高校"三位一体"综合评价招生模式的效率判据:基于学生群体学业表现的大数据分析》,《高等工程教育研究》2015年第4期。
⑥ 盛兰芳:《高校"三位一体"综合评价招生改革跟踪研究》,《教育评论》2016年第9期。
⑦ 翁灵丽、朱成康:《浙江省"三位一体"综合评价招生模式改革成效分析:基于公平性与效率性的视角》,《上海教育科研》2017年第6期。

家分析了制约综合评价招生的诸多因素,如郑若玲等认为,制约综合评价招生的因素表现为建立科学客观的评价标准较为困难、录取政策宣传不足、面试环节遭遇人情质疑、城乡学生录取比例明显失调、招生录取成本显著加大等[①];边新灿认为,公平性、科学性、成本效益因素是制约综合评价招生的主要因素[②];钟秉林等认为,综合素质评价的科学性与公平性是综合评价招生的制约因素,将综合素质评价纳入招生录取面临困境。[③]

基于上述对综合评价招生实践和研究的分析,笔者发现,目前研究方面虽已涉及实施效果,但对综合评价招录学生与统招学生综合发展差异的深入分析相对较少。有鉴于此,笔者从高校教师和学生的视角评价高校综合评价招生的有效性,呈现综合评价学生综合发展的主要维度、与统招学生差异的原因,并讨论由此延伸出来的相关问题。从学生发展的角度研究综合评价招生的有效性,不仅有利于深化高考综合改革,扭转不科学的教育评价导向,还可以为拔尖创新人才的选拔与培养提供参考与借鉴。

一、研究方法

本研究主要采用焦点小组访谈法。课题组于2019年12月对某高考综合改革试点省份五所高校的教师和学生进行访谈,其中本科高校四所,高职院校一所。访谈对象为72名高校教师和80名高校学生。高校教师包括学校、二级学院招生和教学部门负责人,以及相关学院基础课、专业课任课教师;高校学生包括通过新高考进入大学1—3年级

---

① 郑若玲、陈斌:《高校招生综合评价录取改革的困境与出路》,《高等教育研究》2014年第10期。
② 边新灿:《高校综合评价招生改革:演进逻辑、模式选择和对策分析》,《教育研究》2017年第7期。
③ 钟秉林、王新凤:《新高考综合评价招生的成效与现实困境探析》,《高等教育研究》2019年第5期。

本科生,涵盖通过统一高考招录的学生(以下简称"统招学生")和通过综合评价招录的学生(以下简称"综评学生")两种类型。遵循保密原则,将访谈对象姓名进行匿名化处理,按照访谈对象讲述的顺序以数字编码,大学、教师、学生分别用"U+数字""T+数字""S+数字"的方式呈现,如 U1 大学访谈的第一位教师编码是 U1T1。

访谈采用半结构式。访谈对象根据课题组的访谈提纲,结合自身情况自由作答。访谈者除在个别问题上追问之外,以记录为主。访谈记录按照逐字逐句誊录的方式进行整理,尽量做到客观、全面。借助于质性研究分析软件 MAXQDA2018,对访谈记录的原始文本进行逐句、逐段分析,形成开放编码、核心编码、主轴编码三级代码。

为增强研究的效度,运用三角互证法对资料进行验证:(1)对不同访谈对象的访谈结果进行比较;(2)将访谈结果与学生平均学分绩点、转专业率等统计数据进行比较;(3)2020 年 1 月向案例省内所有类型高校 2017—2019 级新高考生源发放"高考综合改革与高校学生综合发展问卷调查",对回收的 312650 份有效问卷进行统计分析,对比统招学生和综评学生在学业表现、专业认同、综合素质等方面的差异。

二、研究结果与分析

根据教师访谈记录和学生访谈记录的编码,发现二者都形成综合素质、专业认同、学业质量三个主轴编码。从访谈对象的视角来看,与统招学生相比,综评学生表现出较好的综合素质和专业认同,学业表现也较好。以下从这三个方面阐述访谈结果。

(一)综合素质

综合素质的概念并没有统一的界定,在我国的教育政策体系中将其概括为德、智、体、美、劳全面发展。为推进高考综合改革,教育部于 2014 年发布的《关于加强和改进普通高中学生综合素质评价的意见》将学生综合素质评价体系明确为思想品德、学业水平、身心健康、艺术素养、社会实践五个方面。从访谈对象的视角来看,学生的综合素质主要表现在担任班干部、获得奖学金、自我管理能力、沟通表达能力、艺术素养等方面,有31位访谈对象认为,综评学生的综合素质普遍高于统招学生,具体表现在以下五个方面。

第一,综评学生担任学生干部的比率较高。编码U1T14的访谈对象指出,综评学生"2017级担任学生干部的比率达到100%,2018级达到70%,2019级也是100%"。编码U5T13的访谈对象说,"我们做过这方面的统计,综评学生当学生干部的更多。我访谈过一些学生,这些学生说参加竞选学生会面试的时候,综评学生侃侃而谈,明显比统招学生有经验。"问卷调查结果显示,4.4%的综评学生担任过校级学生会(社团)的主席或者副主席,16.4%的综评学生担任过校级学生会(社团)部长、班长、党团支部书记,33.7%的综评学生担任过校级学生会(社团)干事、班委会成员,比统招学生分别高出1.4、4.6和3.4个百分点。

第二,综评学生获得奖学金和竞赛获奖的比率较高,表现出较好的学术潜力和学科天赋。编U6T11的访谈对象认为,"综评学生综合素质确实要更好一些,这是整体的感觉。这次挑战杯竞赛,获得特等奖、一等奖的项目中,种子选手有三个是综评学生。"编码U3T6的访谈对象说,"综评学生的整体素质都非常好,我们学院有一个班,20个学生是综评学生,教学主任和教学院长对这些学生的评价比较好,这些学生的综合素质在学习和考核中都有很多的体现。"编码U1S3的访谈对象认为,"综评学生在某些学科上的天赋确实比统招学生强,而且在思维创新、表达能力、展现能力上超过一般的统招学生。"问卷调查显示,1.2%的综评学生获得过国家奖学金,3.9%的综评学生获得过国家级大学生竞赛奖项,比统招学生分别高出0.4和1个百分点。

第三,综评学生表现出更好的自我管理能力,更强的学习动机、时间规划能力和心理调适能力。编码U1T15的访谈对象认为,综评学生"学习的自主性非常强,他们的学业预警率是零,从这四五年的数据来看,中上学生特别多,后进学生为零,学生的自我管理能力、自我学习能力特别强"。编码 U1S4 的访谈对象说,"我是统招生,综评学生都有明确的目标并且能够付诸实践,有更好的学习动机和时间规划能力,他们参加活动的积极性和适应新环境的能力都比我们统招生强。"编码 U1T14 的访谈对象认为,"综评学生的心理调适能力更强,总体的综合素质表现更好。"

第四,综评学生表现出比较好的沟通能力、表达能力和组织能力,表现比较活跃。编码 U1T16 的访谈对象认为,"综评学生的综合素质比较高,他们有面试的经验,在大学里更加如鱼得水,综合发展的前景还是很不错的。"编码 U6T7 的访谈对象说,"我感觉综评学生综合素质比较全面,尤其是他们的表达能力、组织能力,比我们统招进来的学生要更强一点。"

第五,综评学生的艺术素养比较好,学生也会有意识地做才艺方面的准备。编码 U5S6 的访谈对象说,"初审之后我参加了机构培训,临近面试也联系了学长,学了很多方法和技巧,拿到了比较满意的成绩。"问卷调查结果显示,17.8% 的综评学生经常参加文体类活动,14.7% 的综评学生参加过文艺类竞赛,比统招学生分别高出 7.4 和 3.3 个百分点。

综合评价招生增加了高校和学生的双向选择权,有利于高校选拔分数高、综合素质高的学生,这一点与已有研究结论是一致的,但依然存在有待进一步跟踪和关注的问题。第一,学生的综合素质与学业发展之间是否存在正相关关系。高校选拔的综合素质高的学生是否能够获得更好的学业表现,是否更符合高校人才培养目标和学科专业发展的要求,以及是否能够符合工作岗位的需求,都有待进一步的跟踪评价。编码 U5T11 的访谈对象认为,"我校师范专业的综评学生在各种表现上全面超过统招学生,但这些表现在教师的职业发展中是否能够更加有效还有待于追踪,也就是说综合素质高的学生是否适合做老师还有待观察。"第二,学生综合素质情况受制于环境因素的影响,包括地区经济社会发展水平、家庭文化资本投入及社会信息支持等。编码 U3T9 的访谈对象认为,案例省"综评学生的社会实践能力、文体水平和可迁移技能等方面,比中西部地区的高分生源都要好,这应该与地方的经济发展水平和家庭条件有很大的关系"。编码 U5T10 的访谈对象认为,"综评学生的综合素质高离不开家庭的文化资本投入,这些学生的家庭都非常注重对孩子的培养。"第三,综评学生综合素质的培养存在短期、功利成分。研究发现,综评学生并非完全出于自身兴趣爱好,也会迎合综评招生的需要,临时学习一些技巧、技能,应对考试;也有培训机构专门针对综评招生进行面试技巧的速成培训。编码 U5S6 的访谈对象说:"为了参加综合评价招生,我从高二下学期开始准备,认识到自己的成绩有差距,所以准备拿国奖,并不是很想拿奖,是有功利性,初审之后有机构培训,我也参加了。"

(二)专业认同

专业认同是指学习者对所学专业的接受与认可,并愿意以积极的态度和主动的行为去学习与探究。① 从访谈对象的视角来看,综评学生对报考专业有更好的认知、表现出较强的专业兴趣、具有一定的专业稳定性,有 19 位访谈对象认为,综评学生专业认同度比统招学生高,具体表现在以下三个方面。

第一,综评学生的专业认知认同高。综合评价招生给予了学生更多的选择,学生在报考之前加强对专业和学校的了解,这种认知会使他们的学习适应性比较好,能更好地适应专业学习,因此访谈中高校教师和学生都非常认可综合评价招生改革的效果。编码 U1T14 的教师认为,综合评价招生"选拔了一批综合素质高、符合培养目标的学生,达到了学校、学院的预期效果"。编码 U1S14 的学生说,"我高一第二个学期结合兴趣、特长、就业前景选择专业,大学就读化学工程和工艺专业,我对就读的专业非常满意。"

第二,综评学生的专业情感认同高。综评学生表现出较强的专业兴趣,这种情感性的专业认同会使他们愿意付出更多努力进行专业学

---

① 王顶明:《对专业认同有关概念的理论述评》,《学园》2008 年第 2 期。

习,从而能获得更好的学业表现。编码 U1S5 的学生说:"我高二就确定想学化学专业,当时数学和化学算是我的强势学科,对这两门课程有浓厚的兴趣,虽然现在专业课有一定的难度,但没有后悔选化工这个专业。"编码 U5S10 的学生说,"高中英语老师对我影响很大,我特别想当外语老师,我对现在学外语专业很满意。"

第三,专业稳定性高。综评学生专业思想比较稳固,表现为较低的转专业率,专业忠诚度比较高。编码 U1T15 的访谈对象说:"综评学生专业忠诚度特别高,近五年来转专业率仅为 3%—5%,而统招学生的转专业率在 10%—13%。"编码 U4T1 的访谈对象也有同样的表示,"综评学生没有人提出转专业,统招学生转专业的比率比综评学生高得多。"在专业选择上拥有自主权的学生,专业选择与自己的兴趣相一致,往往具有较高的专业满意度,还通过对专业承诺的积极影响间接促进专业满意度提升。[①] 综合评价招生增加了学生的选择性,进而增加了学生的专业认知、认同,因此,从访谈对象的视角来看,综评学生比统招学生表现出更好的专业认同;但也有访谈对象认为,综评学生转专业率低是因为学校限制综评学生转专业。从案例高校的统计数据来看,不同专业综评学生的转专业率没有明显低于统招学生,与访谈结论并不一致。为进一步了解学生的专业认同情况,在问卷调查中将专业认同细分为专业认知认同、专业行为认同、专业就业认同及专业稳定性四个维度,其中,用"我曾经想过或现在想转专业"、"我们学校转专业的难度很大"、"我身边有很多同学想转专业"等题项来评价学生的专业稳定性。数据统计发现,综评学生的专业认知认同、行为认同、就业认同都高于统招学生,但专业稳定性指标低于统招学生,其原因主要是部分综评学生存在功利化的想法——以综合评价招生进入理想的高校后再转专业,这也是部分高校限制综评学生转专业的主要原因。

---

① 丁沁南:《选择重要还是培养重要:本科生专业自主选择、专业承诺与专业满意度关系探究》,《教育发展研究》2019 年第 23 期

(三)学业表现

学业表现主要是指学生大学阶段的学习成绩,以平均学分绩点(GPA)的指标呈现。从访谈数据和案例学校统计数据来看,综评学生有较好的学业潜力和学习后劲,部分专业综评学生的成绩逐年提高。

有 22 位访谈对象认可综评学生的学业表现,主要表现在以下两个方面:第一,综评学生表现出较强的学习潜力和学习动机,学习后劲足。编码 U1T2 的教师指出,"综评学生的高考成绩比统招学生分数要低,但入校后综评学生的平均成绩比统招学生高 4 分左右。"综评学生因为高考成绩略低于统招学生,反而更加珍惜学习机会,更加努力。编码 U1S9 的学生说:"数学是我的弱项,高考只考了 70 多分,但进入大学后,只要愿意努力还是可以达到一样水平的。我现在担任班长,学习成绩在本专业排第一,我知道自己资质不如大家,所以更加努力。"第二,综评学生的成绩逐年提高。编码 U3T1 的教师说:"我校对 2015—2017 级学生情况进行了统计,三个年级的平均绩点分别是 3.56、3.56 和 3.59,其中综评学生的平均绩点分别是 3.64、3.74 和 3.76,综评学生的学习成绩逐年提高。"从 U5 学校的平均绩点统计来看,综评学生也普遍高于统招学生,有些专业(如小学教育专业)综评学生的成绩呈现逐年提高的整体趋势。

从案例高校来看,综评学生学业表现好的主要原因是:第一,案例省份的综合评价招生限定报考学生的学业水平考试等级,综评学生虽然录取分数不是最高,但学业水平考试的各科成绩高,知识结构更加完整。加强高中学习和高考的关联是新一轮高考改革的重要举措之一,案例省份将学业水平考试成绩与综合评价招生"硬挂钩"是保证综评学生综合素质高、学习潜力大的关键。编码 U1T12 的教师认为,"能够参加综合评价招生的学生确实素质比较高,因为我们学校要求是 6A 以上。跟我联系的有十多个学生,没有一个成绩差的,平均素质比较高。"第二,综评学生具有沟通能力强、心理素质好、自我管理能力强等特点,促进了其学业成绩的提高。编码 U1T3 的教师说:"我们在教学过程中发现,综评学生虽然入校成绩不是很高,但在后续的学习过程中,能够体现出比较好的发展潜力,特别是与人沟通交流、心理素质方面会更好一些。"第三,综合评价招生与后续培养相结合,探索出了符合综评学生特点的人才培养模式。编码 U5T13 的教师基于本校的实践指出:"将综评学生单独编班,针对他们的特点因材施教,更有利于学生的发展。"

与此同时,对综评学生的学业表现,访谈对象的看法并不完全一致,表现在两个方面:一方面,部分专业、部分学校综评学生的学业表现优于统招学生,但是有些学校、有些专业并非如此。高水平大学确实通过综合评价招录了一些综合素质高的学生,但高职院校综合评价招生的效果并不理想,有四位高职院校的访谈对象提到,综评学生与统招学生相比理论基础略低,与提前录取学生相比技能略弱。同时,就目前综合评价招生校测环节的程序和内容来看,口头表达能力强的学生能获得更好的分数,但面试表现好并不代表专业学习能力强,编码 U5T3 的教师认为,"我们专业 2019 级招过综评学生,专业学习能力不是很强,因此是否实施综合评价招生,取决于学科与专业的特点。"另一方面,综评学生的学业表现呈现两极分化,有些比较优秀,也有比较差的,编码 U1T13 的教师说:"两头效应比较明显,特别优秀、特别拔尖的学生较以前少,学期末跟不上学习的综评学生有所增加。"编码 U6T13 的教师说:"我们金融专业接收大量修双专业的,这部分学生两极分化现象特别严重。"这种现象是否与综合评价招生有关还有待深入探讨。

三、关于综合评价招生的思考

目前,高考综合改革还在持续推进中,综合评价招生的范围也将逐步扩大。随着"强基计划"的实施,综合评价招生模式的有效性也更加值得关注。从案例高校来看,综评学生表现出较好的综合素质和专业认同,学业表现逐年提高,但是依然存在生源质量分化等问题,综合评价招生的效果也有待进一步跟踪。为此,笔者认为应在以下几个方面加强对综合评价招生的研究。

(一)加强综合评价招生的跟踪评价

探索构建分类考试、综合评价、多元录取的考试招生模式,是高考综合改革的重要方向。通过实证研究,可以初步判断综合评价招生的成效,但是鉴于人才成长周期较长,综合评价招生本身的科学性与公平性依然有待完善,因此应该进一步加强对综合评价招生的跟踪评价:一方面,教育部与地方教育行政部门、高校要进一步加强对综合评价招生模式的宣传和相关培训,可以通过自我评估或者委托第三方评估,通过问卷调查、访谈等实证方法获得不同利益相关者的反馈,获得对综合评价招生成效、问题、成因、改进策略的主观评价,为相关政策调整提供参考;另一方面,高等学校应以综评学生为案例,建立学生中心、结果导向、基于证据的学习结果评价体系,完善对综评学生高考成绩、专业认同、综合素质、学业表现、就业质量等跟踪评估机制,尤其是注重学业表现等客观证据,加强与其他招生模式录取学生的对比分析,同时要重视对综评学生就业后工作表现的跟踪评价,判断其综合素质与工作岗位的匹配情况。

(二)加强综合评价招生模式适用性研究

我国高校综合评价招生模式的设计充分借鉴了教育发达国家的教育理念和国内有关省份的成功做法,是基于我国国情的创新探索,但这种模式是否适合所有普通高校的招生录取工作还需要进行更加深入的研究。当前,我国高等教育已经进入普及化发展阶段,高等教育毛入学率逐年提高,普通高等学校分层分类发展趋势明显,教育行政部门也加强了对高校的分类指导,以满足经济社会发展对不同类型高素质人才的多样化需求。在此背景下,可以进一步探索扩大高校综合评价招生的适用范围。从实施效果跟踪的情况来看,"双一流"建设高校、地方高水平大学比较适合将综合评价招生作为人才选拔的重要机制,高职院校并不适合综合评价招生模式,建议更多关注和探索注册录取模式,其他类型高校是否适合实施综合评价招生、在多大范围内实施综合评价招生,还有待进一步研究和探索。

(三)加强选考科目与专业发展的匹配度研究

为主动适应和促进经济社会和科学技术的发展,高校设置的专业类型及数量较多,不同专业或专业类的规律不同,且各具其自身特征,即便是不同高校的同一个专业,在人才培养规格上也具有一定的差异性,以适应社会需求并体现特色优势。相关研究表明,学生的专业匹配度与学业成绩呈显著的正相关[①],因此,引导高中学生理性选择考试科目、专业和学校,不仅有利于高校的专业发展,也有利于学生学业成绩的提高和未来的职业生涯发展。

当前部分高校对综评学生转专业进行限制,也是有利于个体与组织良性发展的理性选择。高校要加强选考科目与专业发展的匹配度研究:一方面,实施综合评价招生的高校可以根据跟踪评价结果,明确适合综合评价招生的专业或专业类,科学确定人才选拔标准和限选科目,在政策允许范围内适当调整综合评价招录模式,尤其是学校校测环节对学生学科基础的要求,提高高校与考生、人才培养与社会需求之间的匹配度;另一方面,高校要将招生环节与人才培养过程有机结合,研究综评学生的知识结构和综合素质特点,探索符合综评学生特点和成长规律的人才培养模式,不断提高综合评价招生模式的效率,做到因材施教。

(四)增强高中学业水平考试与高考的关联度

从跟踪评价的情况来看,案例省份将学业水平考试成绩与高校综合评价招生录取"硬挂钩",保证了学生考入大学后有较好的学业表现。学业水平考试重要性的增加可能会导致部分高中学生的学业负担加重,反之,则可能出现学业水平考试"放水"、学业标准降低,影响学生进入大学后的学业表现等问题。解决这一矛盾的关键是落实和适度扩大

---

① 薛艳、谭顶良、傅宏:《大学生专业匹配性与学业成绩相关研究》,《心理科学》2009年第3期。

高校招生自主权：首先，逐步扩大综合评价招生规模，高校要研究和细化综合评价的标准和指标体系，合理确定各指标要素的权重，建设一支公正、专业的招生专家队伍；其次，以"合格""不合格"划分学业水平考试成绩的省份，应该向高校提供各门考试科目的原始分，高校在招生录取过程中可以根据学校学科专业的特质和发展需要予以参考，选拔适合专业发展的高素质生源，从而保证高校人才选拔与培养的质量；最后，政府及教育行政部门要完善监督问责机制，保证综合评价招生录取过程和结果的公平性。

（五）探索科学评价高中学生的综合素质

跟踪评价结果表明，从高校教师和学生的视角来看，高校综合评价招生有利于选拔综合素质高的学生，但综合素质与学业发展的关系依然有待跟踪评价和实证研究。将综合素质评价结果作为高校录取学生的重要参考，是综合评价招生的重要环节。近年来，高考综合改革省份在完善综合素质评价体系方面进行了积极探索，如研制综合素质评价的省级信息管理系统；政府统筹建立中学生社会实践基地；高中学校探索学生评价机制和综合素质测评方式改革，保障评价结果的真实性和可比性；高等学校加强探索，提高综合素质评价结果的使用效率等。同时，对综合素质评价的公平性问题，尤其是学生家庭背景、社会信息支持、地区经济发展水平等差异造成的弱势群体的机会问题，也应该引起关注和重视。科学评价学生的综合素质，依然有待完善：一方面，要坚持正确的评价导向，正视并解决综合素质评价过程中的形式主义、短期行为和功利化倾向，加强诚信教育，避免市场化的"包装"等行为；另一方面，要进一步优化综合素质评价标准和指标体系，如从城乡学校实际出发完善综合素质评价内容，探索将劳动教育纳入综合素质评价体系，完善综合素质评价实施办法等。总之，要把综合素质评价作为转变育人方式的重要制度，强化其对促进学生全面发展的重要导向作用。

（本文作者钟秉林、王新凤，原刊《中国考试》2020年第10期）

北京高考综合改革的实施效果跟踪研究

  为贯彻落实《国家中长期教育改革与发展规划纲要》(下文简称《规划纲要》)关于考试招生制度改革的部署,2014年《国务院关于考试招生制度改革的实施意见》(下文简称《实施意见》)颁布实施,浙江和上海两省市先行试点启动高考综合改革。2017年,北京、山东、天津、海南作为第二批试点启动高考综合改革;2019年,江苏、湖南、湖北、广东、福建、河北、辽宁、重庆八省市公布高考综合改革方案,宣布从2018年入学的高一新生开始实施新方案。第二、三批省份的改革方案在浙沪方案基础上进行了调整,改革成效如何关系着新一轮高考综合改革的方向,以及后续改革省份将采取何种改革方案。

  目前高考综合改革跟踪评估研究涵盖改革的方案、举措和成效等方面。在改革方案方面,研究者或者评价某一省份的改革方案[1],或者将某一批次不同省份的改革方案进行比较研究[2],或者从多源流视角对新高考政策议程进行解读。[3] 在改革举措方面,研究者关注高考综合改革取消文理分科[4]、实施多次考试[5]、平行志愿投档方式[6]、综合评

---

[1] 黄腾蛟、杨鸿:《国家选才、高校选生与学生发展的有机统一——重庆市高考综合改革方案解读》,《中国考试》2019年第6期。

[2] 于涵:《稳步推进高考综合改革 彰显内涵更加丰富的"选择性"——基于第三批8省市高考综合改革方案》,《中国考试》2019年第5期。

[3] 宗钰、邹放鸣:《新高考改革政策解读:基于多源流理论的视角》,《现代教育管理》2019年第10期。

[4] 张雨强、顾慧、张中宁:《普通高中生高考选考科目现状及影响因素研究——以浙江省5所高中首批选考学生为例》,《教育学报》2018年第4期。

[5] 边新灿:《破"五唯"背景下高校招生破解"一考定终身"难题的回溯、反思和前瞻》,《教育学报》2021年第1期。

[6] 吴立爽、吕慈仙:《浙江省新高考方案"专业平行志愿"录取模式探析》,《教育与考试》2018年第5期。

价招生①等措施的有效性及其影响;在改革成效方面,研究者关注高考综合改革对学生发展、高中教育与学校发展、高校招生与人才培养等方面带来的影响。从已有研究文献来看,第二、三批改革省份的改革效果跟踪评估研究较少,以北京为例,北京高考是舆论关注的焦点,但是学术研究数量比较少,目前仅限于对高考改革方案的分析。杨小敏和高兵认为,北京高考改革新方案是国家教育改革中试图破解属地困局的地方性产物,也是教育改革的一种法治转向。② 黄家乐和吴遵民对北京、天津、山东、海南四省份改革方案进行比较研究,分析其共性与个性。③ 除此之外,北京高考改革研究多聚焦于考试命题的分析,如以北京英语考试改革为例,探索"顶层设计"与"基础实践"相结合的高考改革路径④等。对高考改革的学术研究较少,尤其缺乏对新一轮高考改革的追踪研究。笔者在对浙沪改革方案实施效果进行跟踪评估的基础上,综合运用文本分析、访谈、问卷调查等手段,跟踪评价北京高考综合改革实施成效,希望为深化高考综合改革,完善高考制度的科学性与公平性提供经验借鉴。

一、高考综合改革的政策要点与内容

按照《实施意见》的要求,2018 年北京市借鉴首批试点省份的改革经验,发布《北京市深化高等学校考试招生制度综合改革实施方案》(下文简称《北京方案》),启动高考综合改革。对三批已启动高考综合改革

---

① 吕慈仙:《高校"三位一体"综合评价招生模式的效率判据——基于学生群体学业表现的大数据分析》,《高等工程教育研究》2015 年第 4 期。

② 杨小敏、高兵:《北京高考改革新方案的属地之困——兼论教育改革的法治转向》,《教育学术月刊》2014 年第 9 期。

③ 黄家乐、吴遵民:《新一轮高考改革方案的比较研究——以北京、天津、山东、海南为例》,《当代教育理论与实践》2018 年第 3 期。

④ 肖立宏:《高考改革的工作路径:"顶层设计"与"基础实施"相结合——基于北京高考英语改革研究的实践》,《中国考试》2017 年第 9 期。

的 14 个省份的改革方案进行对比分析发现,第二、三批省份改革方案在考试科目、考试次数与时间、选考(等级考)科目赋分方式、招生录取方式方面进行了相应的调整。浙沪两地高考综合改革经验对后续试点改革省份起到了先行示范作用,试点省份改革中出现的物理等选科人数下降、应试负担加重等问题在后续改革省份方案中得到及时的回应与调整,体现出政策变迁的连续性和渐进性。[①] 北京作为第二批改革省份,改革方案保留了首轮试点省份的选择性,但在其他方面进行了相应的调整,改革方案更为稳妥。

(一)考试科目改革

新中国成立以来,我国高校招生考试科目的改革一直在探索中,新一轮高考综合改革启动之前,多数省份实施的是"3+X"的考试科目设置,即语数外三门作为必考科目,在文综和理综中选择一项作为选考科目。第一、二批试点省份实施"3+3"科目设置,即考生的总成绩由统一高考的语数外三个科目和高中学业水平的三个科目成绩构成,除了浙江省实施"7 选 3",将技术科目也纳入选考科目之外,上海、北京、山东、天津、海南五省份从物理、化学、生物、历史、地理、政治等六门科目中选择。"3+3"科目设置方式满足学生的兴趣和特长尊重学生的选择性,成为新一轮高考综合改革中最大的亮点。

在浙沪等省份实施的过程中,出现了"田忌赛马"的功利化选科倾向,大量学生选科驱易避难,物理选科人数"断崖式下滑",为高校人才培养带来隐忧。[②] 教育部与地方教育行政部门相继出台措施引导学生理性选科,如继浙江省教育考试院公布《浙江普通高校本科专业选考科目要求设置指引》以后,教育部也下发了《普通高校本科招生专业选考科目要求指引(试行)》,浙江省教育考试院率先启动了物理选考科目保

[①] 李媛、方芳:《14 省市高考综合改革方案的演变及其原因分析》,《教育与考试》2020 年第 3 期。

[②] 王新凤:《利益相关者视角下的高考综合改革实施效果分析》,《中国考试》2019 年第 1 期。

障机制。但政策引导作用的发挥具有长期性,2019年启动改革的第三批省份实施"3+1+2"的模式,即在物理、历史中选择一门为首选科目,在思想政治、地理、化学、生物学中选择两门作为再选科目。这种科目设置方式,既从根本上解决物理选考人数下降的问题,也因为减少了科目组合方式,缓解了中西部省份高中学校选课走班的压力。但是,"3+1+2"的科目设置方式既减少了学生的选择,也因为固定物理或者历史作为首选科目,出现了不能物理和历史同时选择的问题。

第二批改革省份在考试科目设置上采取折中的方式,既避免了像浙江方案"7选3"的科目设置方式带来的学生选择科目组合的难度,也最大可能地保障了选择性,比"3+1+2"模式能更多满足学生的兴趣与特长。评价第二批改革省份实施"3+3"科目改革的成效,可以对新高考科目改革作出相对综合与客观的评价。

(二)考试次数和时间改革

新一轮高考改革为破解"一考定终身"的弊端,探索多次考试,如《实施意见》指出,外语科目提供两次考试机会,试点省份增加学生的选择性,分散学生的考试压力。为此,浙江省在外语和选考科目上都实施一年两考,取成绩最高的一次计入高考成绩,增加学生的选择性。同时,根据浙江省2014年的改革方案,选考科目考试时间在每年的4月和10月进行。一年两考确实分解了学生的考试压力,降低了考试偶然性的风险,但是考试次数的增加、考试时间的调整与教学规律产生了冲突,对高中传统教学秩序带来较大的干扰。因此,浙江省2017年改革方案将选考科目考试时间改为1月和6月,最大程度上尊重教学秩序和教学规律。因此,从14省份改革方案可以看出,除了浙江省实施外语和选考科目一年两考之外,海南、天津外语科目一年两考,北京、山东仅在外语听力考试实行一年两考。北京提出从2018届考生起,英语听力与统考笔试分离,实行机考,一年组织两次考试,考试时间分别为每年的12月份和次年的3月份,取听力最高成绩与笔试成绩一同组成英语科目成绩计入高考总分。第三批改革的部分省份提出待条件成熟后逐步探索实施"一年两考"。在考试时间上,除浙江之外13个省份语数外三科均在6月考试,选考(等级性考试)科目考试与统一高考同期进行。

总之,北京等第二、三批高考综合改革省份调整了考试次数和考试时间,避免了多次考试增加学生备考负担和教师的工作负担,减少了对高中教学秩序的干扰,也降低了因为多次考试中考试难度难以统一的科学性与公平性风险。

(三)招生录取方式改革

新一轮高考改革在招生录取方式方面探索取消录取批次、实施平行志愿、探索综合评价招生等。在志愿投档方式上,浙江省实施"专业(类)+学校"的志愿投档方式,上海实施院校专业组的投档方式。在取消录取批次方面,各省份采取直接合并录取批次,或者合并第一和第二、第二和第三录取批次等多种方式。在综合评价招生方面,浙江省从2011年开始率先推行"三位一体"综合评价招生模式,截至2020年已经有59所省内外高校实施综合评价招生试点,其他省份也在不同程度上探索综合评价招生,2020年我国开始启动的强基计划也是按照综合评价招生的方式录取。《北京方案》明确提出,实行高考志愿考后知分填报,普通批次按照"分数优先、遵循志愿"的原则进行平行志愿投档;在总结本科二批与本科三批合并为本科二批经验基础上,2019年将本科一批与本科二批合并为本科普通批;充分借鉴其他省份的经验,在部分高校探索开展综合评价录取模式改革试点,综合评价录取依据统一高考成绩、学业水平考试成绩、面试成绩、普通高中综合素质评价进行录取,高考成绩占比原则上不低于总成绩的60%。总体来说,招生录取方式的改革是新一轮高考改革中认可度较高的部分。

通过分析14省份高考综合改革方案文本发现,北京高考综合改革方案在尊重学生选择性的同时,尊重考试规律与教学规律,降低了改革操作难度,为后续省份改革积累了经验。但实施效果如何,则需要进一步进行跟踪评价。

二、高考综合改革的实施效果

以第二批启动试点改革的北京市为案例,综合运用访谈法和问卷调查的研究方法,从高中教师、学生及家长的视角评价高考综合改革的实施效果。一方面,分别选择北京一个中心城区和郊区县,组织了由教育行政部门管理者(3人)、高中学校校长(13人)、各科任课教师(21人)、高中学生(15)参加的焦点小组访谈,涵盖北京市城区和郊区县、优质高中和普通高中、各科任课教师、各年级学生,了解改革方案对高中教学与管理等带来的影响。访谈资料的整理主要运用 MAXQDA 质性软件。另一方面,在北京 A、B、C、D 四个区各选取一所优质高中和一所普通高中,面向学校全体高中教师、高三毕业生学生及其家长群体发放调查问卷《北京高考综合改革实施效果调查问卷》,从改革目标、改革措施、改革成效、改革保障四个维度了解高考综合改革的实施效果。共计回收有效样本 2414 份,高中教师 470 份,高三毕业生家长 979 份,高三毕业生 965 份。调查问卷的处理主要运用 SPSS 量化分析软件。

(一)改革目标的认可度

对改革目标的评价主要聚焦于"三个有利于"的高考综合改革目标的达成度。根据《国家中长期教育改革和发展规划纲要(2010—2020年)》与《实施意见》的要求,可以明确新一轮高考改革是针对社会反映强烈的"唯分数论""一考定终身"等问题,改革考试招生制度。改革的目标是"三个有利于",即有利于促进学生健康发展,有利于促进科学选拔人才,有利于维护社会公平。对高考综合改革实施效果的评价包括各省改革方案确定的目标是否科学,是否符合"三个有利于"的目标。

从高中教师、高三毕业生及家长三类群体的视角来看,北京高考综合改革"三个有利于"目标达成度较高,其中"促进科学选拔各类人才"的目标达成度最高。从问卷调查统计结果来看,三类群体对"三个有利于"目标达成的认可度均值都超过 4,其中对"有利于促进高校科学选才"的认可度最高(4.09),其次是"有利于促进学生健康成长"(4.03),最后是"有利于促进教育公平"(4.00)。高考的首要功能是为高校选拔合适的生源,从对新高考生源的学业表现来看,新高考增加了高校与学生的双向选择,综合评价招生学生的学业表现、综合素质、专业认同较高[①],新高考促进了科学选才的目标达成度。同时,新高考实施过程中也因为选考科目等级赋分等问题,产生了新的公平性争议[②],因此,无论是浙江还是北京的跟踪评价,新高考促进教育公平的达成度都是最低的。

从访谈来看,被访谈者认可新高考改革方案的方向,认为新高考改革最大受益者是学生。学生可以选择自己喜欢的科目,能够根据自身优势进行选择,"选课走班的想法当然是非常好的,有一部分学生,甚至很大一部分学生在改革当中是受益的。"(M1T7)成绩差的同学可以抛开考试成绩差的学科,成绩优秀的学生可以学其所好,从而避免了传统文理分科带来的弊端。同时,学生自主选择喜欢和擅长的科目,在一定程度上提升了学生学习的积极性和主动性,"整个新高考方案最大受益方是学生,学生可以自主选择喜欢和擅长的科目,确实提高了学习的积极性和选择性。"(BAC4)

(二)改革措施的认可度

改革措施的评价主要聚焦于高考综合改革的各项举措的认可度。《实施意见》明确了高考综合改革的主要措施,包括改革考试科目、考试内容与考试方式、招生录取机制等,对高考改革措施的评估包括利益相关群体对这些改革举措是否认可,改革措施是否能够实现改革目标,改革的各项举措之间是否存在冲突或者不协调从而阻碍改革目标的实现等。

从问卷调查来看,调查对象对北京高考综合改革各项改革举措的认可度均值都超过4,认可度较高。其中,对"外语听力一年两次考试"

---

① 钟秉林、王新凤:《基于高校学生发展视域的综合评价招生实施效果研究》,《中国考试》2020年第10期。

② 李木洲:《新高考改革与基础教育的应对》,《现代教育管理》2016年第6期。

认可度最高,对"综合素质评价作为高校招生录取的参考"认可度最低。北京方案对两次考试机会仅限于外语听力考试,既增加了学生选择机会,也避免了浙江外语和选考科目两次考试增加的考试难度难以一致、影响高中教学秩序等问题,因此认可度较高。根据《实施意见》,新一轮高考改革实施"两依据、一参考"综合评价招生,但是因为综合素质评价的信效度等问题,各利益相关者对将综合素质评价纳入招生录取的参考怀有疑虑。从不同群体来看,学生、教师对北京高考综合改革举措的认可率超过70%,明显高于高三毕业生家长56.48%的认可度,这与浙江高中教师认可度最低的评价结果并不一致,在一定程度上可能与北京考生家长的期望值更高有关。此外,与浙江相比,对等级性考试时间与统一高考时间一致的认可度较高。北京高考考试内容改革体现能力立意的导向,访谈对象对此比较认可,"北京高考注重考查能力,对基础考查的知识非常到位,学生的考试成绩平均分居高不下。"(M2T2)问卷调查中,高三毕业生、高中教师和高三毕业生家长对新高考注重突出考试内容的能力导向认可率高,分别为79.38%,82.34%和77.22%,均值超过4.3,满意度良好(表1)。

表1 北京高考综合改革举措认可度均值比较

改革措施	均值	标准差
外语听力一年两次考试	4.44	1.132
等级性考试时间定在6月份	4.37	1.072
合格性考试成绩以"合格/不合格"呈现	4.35	1.023
考试内容注重考查学生的能力	4.34	1.004
高职统考招生采用"统考+合格性学业水平考试"模式	4.27	1.131
高职实施"文化素质+职业技能"考试招生方式	4.27	1.124
平行志愿组调整为大平行志愿填报方式	4.26	1.023
等级性考试成绩根据原始分划分为5个等级	4.17	1.139
合并本科录取批次	4.16	1.06
2021年起英语增加口语考试	4.14	1.059
综合评价录取依据统一高考成绩、学业水平考试成绩、面试成绩、普通高中综合素质评价进行录取	4.13	1.063
实施"3+3"科目设置	4.08	1.074
综合素质评价作为高等学校招生录取的参考	4.01	1.098

(三)改革效果的认可度

改革效果的评价主要聚焦于高考综合改革实施的成效与问题。高考综合改革对高中教学、招生录取结果、高校招生与人才培养等都带来一系列影响,既有正向促进作用,也可能会带来一些新情况、新问题。从利益相关者的视角评价高考综合改革的成效至关重要。

1. 高考综合改革的成效

新高考旨在通过考试与评价方式的改变,引导基础教育的深刻变革,尤其是促进素质教育的发展和多元化高素质人才的培养。从问卷调查来看,高三毕业生、毕业生家长和高中教师三类群体对北京高考综合改革成效的认可度较高,其满意度分别是 74.30%、61.39% 和 72.34%,其中高三毕业生对高考综合改革满意度最高,而家长的满意度则低于学生和教师 10% 以上,这说明改革在一定程度上体现了以学生发展为中心的导向。同时,值得注意的是,物理选考人数下降等问题在北京并不凸显,问卷调查中高三毕业生选考物理、化学、生物、思想政治、历史、地理的比例分别是 67.9%、61.3%、47.8%、31.7%、38.0%、53.6%,选考物理和化学的学生占比远高于浙江等首批改革省份,选考思想政治的学生比例最低。这在一定程度上也可以说明,北京高考综合改革成效的认可度较高,物理选考人数下降、套餐制选课等功利化现象并不突出。

除此之外,高考改革也产生了一些非预期效果,比如促进高中育人方式的转变,促进教育信息化水平的提高,促进高中教师专业成长等。新高考也带来了教学理念、教学内容、教学方式的转变,对教师提出了更高的要求。"我们需要不断地探索从学科教学到学科育人的方面转变,如何能够更好地引领学生的思想和价值观,是我们面临的最大的挑战。"(M1T5)尤其是新高考改革与新课程改革效应叠加,对高中教师教学内容和教学方法是一种重构,带来改革压力的同时,也带来了专业能力的提升。"老师课堂下的压力特别大,但是必须走在前面。老师们感觉确实能力提升挺多的。"(M1T4)

2. 高考综合改革面临挑战

从访谈情况来看,北京高考综合改革中突出的问题表现在以下几个方面:

第一,学生选科存在盲目性。学生在选科时比较盲目,会选择容易得高分的科目而非自身感兴趣的科目,这与高考改革"学其所好,考其所长,录其所愿"的理念相违背。"大多数学生是按照分数来选科的,应该是按照学生的兴趣度和报考学校或者目标学校的专业来选科,但是现在并不是按照这些来选。"(M2T1)同时,不同学生的选择能力存在差异,成绩好的学生往往对未来发展目标较为明确,而成绩差的学生往往对未来发展目标不明确,不能较好完成选科。"实际上对高中生是做不到生涯规划认知的,去年历史科目选择是最多的,因为历史老师是最好的,至于当时想没想过未来发展,多数是没有的。"(BAC14)

第二,综合素质评价有待完善。北京高考综合改革方案没有明确说明综合素质活动涵盖的范围和综合素质评价的打分标准,不同教师、学校间对综合素质评价的打分标准不一,缺乏可比性和信效度。"一个课堂或者学科,老师在给学生综合素质评价打分时,应当参考的范围和标准是什么?"(M1T1)同时,综合素质评价周期长、条目众多、工作量大,给教师和学生带来繁重的负担。综合素质评价档案如何使用尚不明确,综合素质评价在学生高考录取中的作用受到质疑。"学生高考录取中怎么用综合素质评还有疑问,是作为参考,还是按 7∶3 的比例计入总成绩? 高三老师对此比较茫然。"(BAC13)

第三,合格性考试难度降低。受访者认为学业水平考试中的合格性考试难度太低,放松了对学生的要求,不利于学生巩固知识;考试难度降低会带来教师追赶教学进度和合格性考试扎堆的问题,导致学生对基础知识掌握不牢固,带来学生备考压力过大的问题。北京高考合格性考试仅以"合格""不合格"划分,受访者担心学生学业质量下降。"合格性考试用'合格''不合格'方式表示,打破了百分制的方式,看起来减轻了学生的负担和压力,但也造成学生对自己要求比较放松的态势。"(BAC15)有受访者建议,是否可以恢复会考的方式,"会考的方式是很好的,对高考是有引导作用的,现在要想及格是很容易的,建议还可以跟会考一样,解决难度过低的问题"(BAC12)。

第四,改革配套措施有待统筹。一方面,新课标与新教材、考纲和教学不匹配,教育考试院和中学缺乏沟通,中学对教学安排、备考复习缺少明确方向。"我们拿着老教材、新课标,大家没有一个统一的标准,各个学校上课进度不一样。"(M1T11)另一方面,高考综合改革的具体安排不明确,未细致说明考试的时间安排、次数、形式等问题,导致教师在安排教学内容和组织教学活动时存在巨大的不确定性,影响教师有步骤、有计划实施教学内容、安排考试复习,对教学造成干扰。"我比较焦虑的问题是,孩子们到底什么时候考,考几次,怎么考?高三老师对这些都不明白,都有疑虑和不确定性。"(M2T4)"我们可以说是深一脚、浅一脚,都说摸着石头过河,可是我们是没有石头可摸。"(BAC15)

(四)改革保障的认可度

新一轮高考改革对教育教学基础条件提出了很高的要求,高考改革评估包括政府部门的经费投入、教师编制、教室资源、教学设置、生涯规划教育与综合素质评价平台等外部保障条件。

从问卷调查来看,调查对象对北京高考综合改革的保障条件认可度较高,三类群体北京高考综合改革保障条件的认可度较高,均值都在4分以上,认可度从高到低依次是:"学校课程资源能满足学生选课的需求"、"学校教室资源能满足学生选课的需求"、"学校的高考政策宣传能够满足学生的需求"、"学校教师资源能满足学生选课的需求"、"学校生涯规划师资能满足学生发展需求"、"学校生涯规划课程资源能满足学生发展需求"。高中学校课程、教室、师资等教学资源能够基本满足学生选课走班的需要,相比较而言,学生生涯规划教育的师资与课程资源保障情况认可度最低。从访谈情况来看,优质高中在师资、教学设施设备、教学管理方面都有充足的资源和丰富的经验,能较好满足学生的

需求,而普通学校和薄弱学校则难以满足学生需求:

第一,生涯规划教育有待加强。多数学校缺乏专职职业生涯规划指导教师,生涯规划指导教师多由班主任、德育教师或者心理教师担任。"孩子平时的问题没有人帮着解决,高一孩子的需求是随时的,一线老师的能力达不到解决问题的程度。"(BAC6)缺乏生涯规划的系统设计,职业生涯规划课程分散零碎,不管是在课程广度上还是内容深度上都不成体系,无法满足学生需求。针对教师专门的生涯规划指导的培训较为缺乏,教师生涯规划指导能力提升缺乏途径。"生涯老师在面对每个学生方面我们做的其实不多,更多是班主任,还有学科老师,对每个学生指导任务还是挺重,所以,也特别期待能够有这样相关的培训、培养。"(M1T10)

第二,教师结构性缺编。首先,实施选课走班、分层教学后,部分学科如地理等出现教师不足的情况,而部分学科如化学等会出现教师过剩的情况,师资队伍难以满足多样化选课走班要求。"各个学校都非常缺地理老师,我现在的工作量是特别大,将近120个学生,每天要求批改作业、备课,改革比较大。对老师的要求确实非常高。"(M1T9)其次,高中教师结构性缺编和结构性超编的问题同时存在,而且动态性变化,给教师教学安排和教学评价带来难度。"选地理和化学的学生比较多,基本采取跨头的方式,或者让一个老师超负荷工作,有的科目160个人选。选物理和政治的人会少一些,后来高二下学期政治增加了十多个,开始不想选政治而其他科有没过的学生就会选政治。"(BAC15)最后,选课走班后教师结构性缺编,为维持基本教学安排,教师不能调课,也压缩了教研活动时间,教师专业成长受限。"最大的问题是不能调课,原先有教研活动时间,现在上研究课的时间就没有了,要拿这个时间上课,没有办法。"(BAC14)

第三,分层教学实施难度大。分层教学是因材施教的重要教学组织形式,对学生实行个性化教学,提升教学的效果。"如果是走起来的话,还需要分层;不分层的话,这个效果无论从老师来讲,还是从学生来讲都不是特别有效果的。"(M1T6)但新高考选课走班给分层教学带来更大挑战。一方面,因为选课走班带来教师结构性缺编或者超编,对某些科目的教学不能实行完全的分层教学,只能分成两个层次,或者不能分层。另一方面,对优质高中学校来讲,希望能够实现分层分类选课走班教学,就会给教师和教学场地带来很大的压力,给学生课程安排带来很大困难。"有老师反映,虽然是等级考的班,但是程度不是太好,希望能把学生分层,但是没有办法实现,首先没有足够的师资,另外分层的话课表要大动,很难调。"(BAC16)选课走班后,不仅需要数量更多的普通教室,还需要数量更多的英语听力教室、信息技术教室等,难以得到及时补充。

第四,教学管理难度增加。首先,因为行政班与教学班共存,不同班级的教学进度、考试安排等不再是整齐划一的,因时间的不一致,带来收发作业、收发试卷等教学管理难度的增加。其次,在固定班级授课变为选课走班之后,教师管理学生的难度比较大。"最突出的是抓学生比较费劲,以前知道学生是哪个班的,上课的时候才能去抓学生。对负责任的老师来说实际上增加了负担。"(BAC12)其次,选课走班不可避免地会产生自习课,缺乏自制力的学生难以有效地利用时间,在薄弱学校表现会更加明显。"由于教师和教室的数量有限,导致在排课过程中产生较多自习课,增加了管理的难度,这是一个现实问题。"(BAC7)最后,选科的不同也带来考试安排的不同,要出多张考卷,因为选课走班带来多个自习课,继而带来考试安排的难度增加。

三、深化高考综合改革的启示

北京高考综合改革实施的成效与困境,对我国全国范围深化高考综合改革具有重要借鉴意义。总体来说,落实《深化新时代教育评价改革总体方案》,需要系统推进高考综合改革,尤其需要在教师队伍建设、配套改革措施方面整体推进。

(一)理性评价改革方案

从高考综合改革方案的文本比较与实施效果追踪来看,高考综合改革的实施效果既具有共性,也体现出特殊性的一面。从改革方案上来讲,《北京方案》比浙江方案更具有保守性:实施"3+3""6选3"的科目设置方式,减少了科目组合的数量,除外语听力不再实行一年两考,等级考时间与统一高考时间一致,稳定了教学秩序,利益相关群体对考试时间调整的认可度高;合格性考试以"合格/不合格"计分,减轻了学生学习负担。但是相比于第三批八省份,《北京方案》又保持了改革的选择性,在没有固定物理学科作为首选科目的情况下,学生选科也没有出现大规模弃选物理的情况,选科相对理性。即便是在固定物理作为首选科目的情况下,第三批改革省份也出现了化学选科人数下降的问题,被迫启动化学科目保障机制;而同样实施此改革方案的其他省份弃选化学的情况又不突出。因此,高考综合改革方案的实施效果受到多重因素影响,一方面有改革方案本身顶层设计不符合现实,违背教学规律或者考试规律的因素,另一方面也受制于本省改革基础条件、社会环境等客观因素。因此,对此,应该理性评价与反思。

(二)积极应对改革困境

从北京高考综合改革实施效果的评价来看,无论是改革目标的达成度还是改革效果,都有与浙沪等首轮试点省份相似的地方,尤其是在改革面临的困境方面。虽然北京高考改革没有出现大规模"功利化选科""套餐制"选科走班等现象,但在教师结构性缺编与综合素质评价、学生生涯规划等配套改革措施方面面临共性的问题,应该予以重视并加以解决。

第一,加强高中教师队伍建设。中央与地方层面要统筹协调编制部门、人社部门、财政部门考虑增加高中教师编制问题,按照新高考模式下选课走班、分层教学的需求核算生师比。创新编制管理,加大教职工编制统筹配置和跨区域调整力度,完善市级统筹、区管校聘的教师管理制度。加强对高中教师学科教学、信息素养、课堂管理能力的培训，促进教师的专业化发展，适应新高考、新课改的改革要求。完善高中教师绩效评价制度，充分考虑高考改革带来的教学模式与管理模式的改变，完善以过程和结果并重的教学质量监控和教师教学绩效评价体系。第二，加强高中学生生涯规划教育。中央层面加强对地方教育行政部门、高等学校与高中学校的统筹，加强对生涯规划教师的培养与培训。加强生涯规划课程体系的系统设计，组织专家队伍，确立职业生涯规划教育的课标要求，编撰职业生涯规划专门教材，开发职业生涯规划测评工具，并辅以形式多样、内容丰富的职业生涯指导和体验课程，形成大中小一体化生涯规划指导课程体系。建立职业生涯规划导师制度，并纳入对教师考核的范畴，提升在校教师的职业生涯规划指导能力。第三，完善高中学生综合素质评价。省级层面统一综合素质评价的标准，构建科学、统一而合理的综合素质评价指标体系，提升综合素质评价的信度和效度。开发统一的综合素质评价平台，提高综合素质评价平台的智能化水平，简化综合素质评价内容的数据录入、使用和分析，减轻教师、学生、家长负担。政府及教育行政部门应引导中学、企业、高校等形成合力，为学生提供更多社会实践基地和平台。明确综合素质评价在高考招生录取中的作用，为高中学生及其家长提供明确的心理预期。

（三）系统统筹改革实施

高考综合改革是一项系统性的工程，涉及教育系统内外、高中教学等某一阶段的协调，涉及多方利益群体的多元化诉求，需要统筹推进。第一，推进教育系统内外的协调，最大限度地凝聚改革共识。进一步加强高考综合改革的政策宣传力度，通过新闻媒体、培训讲座、家长学校等各种方式，加强对家长群体尤其是欠发达地区和薄弱学校的家长群体的政策宣传力度，让他们全面、准确地理解高考综合改革的意义、目标和具体举措，争取更大程度地形成改革共识与合力。第二，加强对教育资源的投入保障。加大对高中教学设施设备的投入，满足高考改革背景下分层教学、选科走班对普通教室、英语听力教室、信息技术教室等配套设施的需求。引入智能教学管理系统,为学校排课、安排考试、教师收发作业等提供技术支持。加强对薄弱高中的资金投入和政策支持,促进优质教育资源的均衡配置。第三,完善高中阶段教学与考试等多项环节。完善高中学业水平考试安排,合理安排合格性考试时间,明确统一的学业水平考试时间,遵循教学规律,探索形成相对协调统一的教学进度,适当提升合格性考试难度,确保学业质量。加强新高考与新课改的有机衔接,加强高中教师落实新高考、新课改理念和举措的全员培训,保证高考综合改革落到实处。第四,加强对高考综合改革实施效果的长期追踪。第二批改革省份调整改革方案后,新高考生源学业表现与综合发展情况如何,有待跟踪评价。尤其是第二、三批改革省份在学业水平合格性考试成绩多采用"合格/不合格"的方式呈现,是否因此降低了学生非等级性考试科目的学业质量尚未可知。同时,北京作为第二批改革省份仅有一届新高考学生参加高考,尊重学生个人的兴趣特长选择科目之后,无论是对个体还是对后届学生有何影响,是否会存在功利化选科问题,也值得引起关注。

(本文作者王新凤,原刊《现代教育管理》2021年第8期)

新高考公平性问题及应对策略研究

一、问题的提出与研究方法

（一）问题的提出

高考公平是指高考作为一种高等教育资源分配制度设计的合理性。长期以来，我国高校招生考试制度的公平性备受诟病，招生计划分配、考试的内容与方式、招生录取方式的公平性受到质疑。高考公平具有发展性、主观性与多元性，而且会随着社会的发展变化而产生新的内涵。新高考在解决既有公平性问题的同时，也会产生新的公平性问题。

2014年国务院颁布《关于深化考试招生制度改革的实施意见》以来，浙江省和上海市率先开展高考综合改革试点工作；2017年，北京、天津、山东、海南四省市相继开展试点工作；2019年，河北、辽宁、江苏、福建、湖北、湖南、广东、重庆八省市启动高考综合改革。新高考在促进公平、促进科学选才、引导学生全面发展等方面，致力于扭转传统高考模式下不科学的教育评价导向，取得初步成效。但是在新高考实施过程中依然存在很大的争议，"田忌赛马"的功利化选科现象引起社会广泛关注，选考科目等级赋分的科学性与公平性受到质疑，利益相关者的多元诉求成为矛盾的焦点。在新高考背景下，从利益相关者的视角解读高考公平性问题具有理论与实践价值。

（二）研究方法

笔者以完成高考综合改革首轮试点工作的浙江省和上海市为个案，于2017年8月在浙沪首轮新高考录取结束后，在两地组织、参与了

12 场次的焦点小组访谈,了解教育行政部门管理者、高校招生部门管理者、中学管理者和教师、学生等不同群体对新高考实施效果的评价,其中公平性是重要的评价维度。焦点小组访谈是指访谈者创造一个支持性的环境,提出有焦点的问题,鼓励小组成员进行讨论,表达自己不同的观点和看法。访谈对象包括学生 46 人,高中校长与教师 51 人,高校招生部门管理者 21 人,教育行政部门与考试部门管理者 14 人,共计 132 人。学生包括刚刚经历高考的大一新生和在读高三学生,高中校长来自浙江省和上海市的优质高中和薄弱高中,高中教师涵盖语文、数学、外语和选考各科目教师,高校招生部门管理者来自教育部部属院校和地方院校,教育行政部门和考试机构涵盖省、市、县三级。

对访谈资料整理与分析主要是运用 MAXQDA 质性分析工具进行三级编码,形成了 142 个开放编码、38 个主轴编码和 8 个核心编码,运用扎根理论的操作程序进行整理与分析,在类属分析的基础上形成不同群体视域中新高考公平性评价的维度。

二、新高考公平性问题分析

受访者对新高考公平性的评价可以归纳为四个维度,包括招生计划分配的公平性、考试内容的公平性、考试方式的公平性、招生录取方式的公平性,取消录取批次、规范自主招生和加分政策等招生录取方式的公平性受到肯定更多,而考试内容和考试方式的公平性则备受质疑。

(一)招生计划分配的公平性

新高考在招生计划分配方面提出了多项致力于促进公平的举措,包括提高中西部地区和人口大省高考录取率,继续实施"国家支援中西部地区招生协作计划"(简称"协作招生计划");增加农村学生上重点高校人数,继续实施"国家农村和贫困地区定向招生专项计划"(简称"专项计划")等,旨在破解高考的区域公平与城乡公平难题,但从受访者的视角来看,新高考招生计划分配的公平性问题依然存在。

1. 分省定额的公平性

我国高校招生计划分配受制于多种因素制约，教育部历年发布的高校招生工作规定都阐述了高校安排招生计划需要考虑的多重因素：一是中央政府、地方政府、高校多重权力主体；二是高等教育资源分布、地区生源分布、高校自身办学条件等多重客观条件限制；三是国家核定的年度招生规模、毕业生就业去向、专业结构、层次结构、区域结构、人才需求的分析与预测等多重利害考虑；四是自主、科学、合理等多重价值取向。受访者肯定高校招生计划分配综合考量了多重维度，是相对公平的，但认为当前我国招生计划分配实施分省定额政策，确实依然存在省际招生计划份额严重不均衡的情况，重点高校属地招生比例过高，人口大省因报考人数多、录取比例低而造成不公平。"我们高考的分数与北京、西藏、新疆的相比，至少是他们的两倍。我们这边的孩子，随父母转户口到上海去，成绩比我们差得多都可以考上浙大、复旦的，在浙江就非常难。"（浙江 U1 高校教师[①]）招生计划分配的分省定额政策因多方利益冲突依然存在质疑。

2. 专项计划的公平性

21 世纪以来，中国高等教育在规模上实现了跨越式发展，但并没有因为规模的扩张而缩小高等教育入学机会的阶层、城乡差异，较高等级的高等教育领域的阶层和城乡不平等更加显著。[②] 因此，我国提出多项政策对农村和贫困地区的学生进行补偿，实施面向农村贫困地区的专项计划，包括农村贫困地区定向招生专项计划（即国家专项计划）、农村学生单独招生（即高校专项计划）、地方重点高校招收农村学生专项计划等。受访者非常赞成这类补偿性高考政策制定的初衷，但也认为这项政策从长远来看并不能解决根本性问题，治标不治本。一是不

[①] 鉴于保密原则，对受访者身份信息进行了编码处理，中学、高校、教育行政部门分别以 M、U 和 A 加数字的方式表示。

[②] 李春玲：《高等教育扩张与教育机会不平等——高校扩招的平等化效应考查》，《社会学研究》2010 年第 3 期。

能从根本上改变农村地区教育落后的现实,甚至还造成人才流失。"把大规模的人才抽离出来,又没有返乡的愿望,这不又陷入困境了吗?这不是一个核心办法,只能解燃眉之急。"(浙江 M3 中学校长)二是并没有覆盖所有需要补偿的人群,非国家级贫困县的农村人口、城市低收入人群、市区重点中学就读的农村学生都无法从专项计划中受益。"我国出台的集中连片特困地区的支持政策也有一定的问题,浙江等省份农村地区学生不能受益,因为没有贫困县。"(A1 机构主任)三是专项计划目标群体的身份难以精准定位和有效甄别,专项计划定位于农村户口,并没有与家庭经济状态等其他条件挂钩,也可能是农村户口的"奶油层"①,即经济资本和文化资本相对充分的群体受益。"农村户口的富二代也是有可能的,专项计划不是针对家庭经济状况。总之,这是高考本身解决不了的问题。"(A1 机构主任)

3. 协作招生计划的公平性

为缓解高考区域公平问题,我国实施支援中西部地区普通高校招生协作计划,国家专门安排给录取率相对较高、高教资源相对充裕省份的招生计划增量,面向高考录取率较低且办学条件不足的中西部省份招生。2016 年,教育部发布"部分地区跨省生源计划调控方案"后引起部分地区不满。对此,受访者认为高考政策是一项国家政策,招生计划的分配应该从国家的整体而不是自身利益出发去考虑,这符合中国的历史和国情;但其关键是制度不够透明,政策执行层面也可能存在不当,高考公平政策存在失灵或者执行走样的情况,甚至被一部分人认为是一种"幌子"和"障眼法"。"政策怎么解读,怎么表达,这就关系到政策制定的人的语言、宣讲水平,否则谁会答应你拿出多少去给别人?这是策略问题。"(浙江 M3 中学校长)国家致力于促进区域公平、保障考生的权益,对弱势群体进行政策补偿,但因为信息不对称等因素而影响

---

① 申素平、王俊:《美国公立高校积极差别待遇录取政策反思》,《教育研究》2017 年第 9 期。

民众对政府的信任。2017年5月,教育部印发了《教育部关于做好2017年普通高等教育招生计划编制和管理工作的通知》,并同时发布了官方和专家解读文章,强调招生计划是在增量上做改革,不会造成"逆向歧视",计划公布后社会舆论平稳。

(二)考试内容的公平性

新高考考试内容的公平性主要体现在高考科目设置的选择性衍生出来的公平性问题和考试内容的能力立意存在的两难价值选择。

1. 科目设置的公平性

新高考实施"3+3"高考科目设置,其初衷是加强文理融合,拓宽学生的知识结构,促进学生的全面发展。但在实施过程中,出现了"田忌赛马"的功利化选科倾向和物理选考人数"断崖式下滑"的现象,其中原因之一是高考科目设置的选择性带来的公平性问题。

一是物理科目选择的公平性。选考物理对成绩中下的学生不利,因此首先被"驱赶"出选考物理科目的群体,在一定程度上强化了高中学校的两极分化,中等偏下和处于农村地区的薄弱学校被远远地甩在后面。中下生源被驱赶出选考物理科目的群体后,继而对优秀生源不利,造成"学霸给学霸当分母"的现象。"物理现在只是相对层次比较好的学生去选。原来是很多学生选物理,从今年开始都往技术上去了,学生觉得没有人给他当绿叶了,没有陪衬自己就会变成陪衬。所以,学生就不选物理,所以才会出现这种断崖式下降。"(浙江M6中学校长)

二是"得语文者得天下",选考科目区分度降低,语文成绩高的学生能够获得更高的分数,进而获得更好的高等教育入学机会,语文成绩提高慢的学生因而"吃亏"。"得语文者得天下,我们这样的学校提升语文挑战很大,学生也会有不公平的感受。"(浙江M5中学校长)

三是不同考试科目成绩不等值。不同科目之间的难度不同,分值的可比性不同,在高校招生总分录取的模式下,选择不同科目的学生的成绩和录取的结果不同,引发了新的公平性问题。如大量学生弃选物理的同时,也会扎堆技术学科这样相对容易的学科,但后者的知识体系、师资队伍等都有待提高,有学生认为中学的技术课程学到的只是"皮毛"。

四是考试科目的性别偏见,对语言学科的重视和文科生源增加,可能会对更擅长理性思维和逻辑推理能力的男生造成不公平,高校中女生也随之增加,继而在高等教育入学机会上产生性别不平等。"必考科目语文、数学、外语在改革方案讨论时有不同声音,比如,语数外三门中两门是语言类,对女生比较有利,这个当时有争论过。"(A2机构院长)

2. 考试命题的公平性

受访者对新高考考试内容的能力立意本身持肯定态度,认可这种以能力培养为导向的改革方向,但考试内容的能力立意也因打破了传统的教学、评价模式带来的不确定性而受到质疑。中等水平学校的教师担心能力立意对本校的考生不利,因为课程内容讲授程度和难度的不确定性,以及学生不适应这种能力立意的命题方式,会对他们所在的中学不利,甚至觉得很"可怕"。"我们也没有接触过,挺可怕的。去年学生说生物考试像写作文一样,主观题多,分值大,现在感觉没有底。"(上海M7中学教师)薄弱中学的校长认为,在应试教育模式下,学生尚且可以通过刷题而获得高分,而在能力导向的新高考模式下,学生短时间内会较为"吃亏"。"这一点对于我们这些以招收农村学生为主的中学感到很吃亏,我们的学生肯吃苦、肯刷题,但要想在外语、语文上有突破,难度是比较大的。"(浙江M5中学校长)同时,新高考给命题水平和命题能力建设提出了更高的要求,如技术学科作为一门新学科,考试命题的难易程度不好把握,也会带来选考科目成绩不等值的质疑。

(三)考试方式的公平性

1. 等级赋分制的公平性

选考科目实施等级赋分制,即按照既定的比例,对每门科目的原始分进行等级的划分,以解决不同选考科目之间分值的可比性问题,同时避免学生分分必争的现象。但多数受访者对等级赋分制带来的科学性和公平性问题感到焦虑。

一是对高分学生不利。选择物理的学生多数是比较优秀的学生，通过等级赋分制的制度设计，将物理学科成绩拉平，呈偏正态分布，就会使得高分学生成为更高分学生的分母，对优秀考生不利。"物理现在考出来是正偏态，通常是比较优秀的学生参加物理考试，通过人为划分等级就拉平了正态分布培养学生，这样对高分学生不利。"（A3机构教授）

二是拉大分数差距。等级赋分制首先是根据原始分数划分等级，然后再根据等级进行分数的转换，可能使一分之差的成绩经过等级赋分两次转化之后成为三分的差距，反而强化分分计较。"等级考分数相差一分，说不定就相差一个等级，实际要相差三分。因此从我们中学来看，家长和学生会重视，也是一个心态的问题。"（上海M11中学校长）

三是公平性问题叠加。不同考试次数，考试的时间、内容、群体等都可能会有所不同，都按照同样的比例划分等级，会影响高考成绩的权威性与公平性。"赋分涉及两个问题，同一科目不同次考试之间分数是否等值，不同科目之间分数是否等值的问题，区分度及整个赋分的问题的确是个难题。"（浙江U2大学招生办主任）等级赋分制使各等级的实际划分标准受考生水平、参考人数、试题难度的影响，导致标准本身的不确定性加强，影响考试科目和考试次数改革的实际效果。更重要的是等级赋分制带来高考科目选考人数畸多畸少的问题，尤其是物理学科选考人数大规模下降引发社会关注，为科技人才培养埋下隐患。

2.考试次数的公平性

新高考试点省份如浙江省实施选考科目一年两考，改革考试次数的初衷是为破解"一考定终身"，给学生更多选择机会，也可以分解考试压力，在一定程度上减轻备考负担。但是，因为考试时间、考试群体、试卷的难度和区分度等各种因素，不同考次分数不等值受到公平性质疑。

一是参加考试的群体不同。高二、高三的学生一起考，如果优秀的学生扎堆报考，那么优秀的学生也可能会获得低分；同样，中等水平的考生一起考也可能获得高分。"高二、高三学业水平考试同堂竞技，很不公平。"（浙江M10中学校长）

二是学考与选考两种不同类型的考试一起考。合格性考试和等级性考试两种考试的功能有异,考试时间甚至考试内容合一之后也会带来科学性与公平性的问题。"现在是学考、选考二考合一,同一份试卷,必做题+加试题,试卷的选拔性功能很难体现,区分度也很难保证。"(浙江M15中学校长)"高二与高三一起学考,且学考与选考水平的学生一起,让低年级的学生绝望。"(浙江M2中学校长)总之,考试次数增加后,在一定程度上会动摇高考的权威性与公平性。

3.综合素质评价的公平性

新高考提出完善高中学生综合素质评价,并将其作为招生录取的重要参考。针对综合素质评价的公平性质疑包括:

一是综合素质评价的标准不一。中学生综合素质评价的主要内容和项目的标准不统一,既让中学教师和学生难以操作,也让高校认为不好用、不敢用,从而失去参考价值和意义,同时还可能会存在弄虚作假和形式主义的现象,降低综合素质评价的信度和效度,影响公平公正。"为了学生的利益,有些学校会学生成绩尽量填写得比较好。这样就可能造成差的学校的差生的成绩可能比好的学校的学生的成绩还要高。"(浙江M11中学校长)

二是综合素质评价等级评比对学生不公。部分省份为便于高校使用,将高中生综合素质评价也划分等级,受到公平质疑。不同办学水平的学校,用同等比例划分A等,对办学水平较高的学校的学生不公平;对学生划分等级的做法对学校造成困扰,尤其是学生的道德评价,难以进行量化区分,对学生信息进行公示会影响良好的师生与同学关系。"学生综合素质评分结果和内容按照要求需要进行公示,这涉及学生隐私,部分互评和教师评价容易成为矛盾。"(浙江M4中学校长)

三是高校使用有待于强化。有的中学担心高校对综合素质评价结果不使用或假使用,最终在高考录取的时候没有体现,那么,综合素质评价这一新高考的重要举措就成了中学的"独角戏"。同时,因为综合素质评价的信度与效度受到质疑,高校受访者表示也很难将综合素评价作为招生录取的参考。"过去三年获得的奖项、自我介绍、做的课题等在综招过程中到底占多大比例,会引起学校多大重视,这也是我有点疑问的问题。"(上海 U1 大学学生)

(四)招生录取方式的公平性

新高考招生录取方式的改革包括统一录取批次、完善和规范自主招生、探索综合评价招生、规范考试加分政策等。受访者对统一录取批次、完善和规范自主招生和规范考试加分政策等措施促进招生录取方式的公平性表示肯定,对公平性的质疑主要是认为自主招生和综合评价招生对弱势群体不利。

1. 录取方式的公平性

逐步取消录取批次,实施平行志愿,有助于打破高校的身份壁垒,增加学生的选择性。但同时,在考生信息掌握不充分的情况下,新高考录取方式给志愿填报和高校录取都带来操作性难题。新高考模式下,不同类型、层次、地域、特色高校混杂在一起,再加上学校名称的相似性,缺乏"常识"的考生和家长会有困扰,继而造成两极分化的现象。个体获得信息不同会导致信息不对称的现象。这与考生获取信息的能力有关,如地处农村等偏远地区的考生,或者家庭处境不利的考生,他们的社会关系对高考相关信息掌握较少,处于明显的劣势地位。"实际上在下面的一些小县城也好,社会上的评价也好,会出现一些极端的个例,例如说 640 分进了独立学院,就造成社会舆论的一些质疑声音。"(A3 机构主任)总之,受到信息和文化等因素的制约,不能及时获取相关报考信息和家庭的意见支持,可能会使得社会处境不利群体的考生面临新挑战。

2. 自主招生的公平性

自主招生制度的设计初衷是为了增强大学的招生自主权和学生的选择权,选拔具有学科特长和创新潜质的学生。改革过程中也存在高校自主测试内容的科学性、测试时间、测试效率等问题,教育部从 2016 年开始针对这些问题进行规范,自主招生测试的时间放在统一高考后、成绩公布之前进行,避免高校提前"掐尖"等现象。但是自主招生的公平性质疑从开始实施直至今日都没有停止。

一是对社会处境不利群体考生不利。因为自主招生信息的不公开、不透明,不能获得相关信息的群体会处于劣势。"信息不透明,很多学校自主招生考生等到要考了还不知道考试形式和考试内容。还有信息不对称,一些信息不是所有高中都知道,我们会觉得不公平。"(浙江M5中学校长)

二是自主招生的评价标准缺乏一致性。受访者认为自主招生测试内容随意,师生都感觉比较茫然;对综合素质的评价缺乏行之有效的手段和客观标准。"高校自主招生考试命题太随意,政策不清楚、信息不透明、考试内容不明确、学生的选择受限制。让学生能够享受到公平公正的待遇,这才是我们要追求的东西。"(浙江M6中学校长)

三是自主招生存在功利性或者权力寻租的空间。如受访者认为在初审环节,学生家长或者教师可以通过操作使学生通过初审,继而获得自主招生测试和录取的机会等。

3.综合评价招生的公平性

综合评价招生是指按照"两依据、一参考"原则,即依据统考成绩和学考成绩,并参考中学生综合素质评价结果进行综合评价招生。受访者对综合评价招生的公平性质疑包括:

一是谁更易胜出?在缺乏统一标准的前提下,各类竞赛、中学排名等成为相对可以信赖的客观标准;多数进行综合评价招生的高校笔试会以数学和物理为主,因此物理成绩突出的学生在综合评价招生中会较容易胜出;"能言善辩""逻辑清晰"的考生在综合评价招生的面试中容易胜出。

二是谁不易受益?新高考对处于塔尖的中学和学生的影响不是很大,而中上水平的高中的学生能够获得更多的入学机会,那么在招生计划总额不变的情况下,中下水平的高中的学生的利益就会受损,尤其是以农村学生为主的部分县市级或者农村中学的学生不占有优势。"县城、农村学校水平差不多的学生,同样去投简历,入围的机会少很多。现在自主招生有学科竞赛的部分,这个和师资、财力都联系在一起,寒门出贵子越来越难了。"(A4 机构主任)

三是程序公平吗?有高校招生部门管理者认为,综合评价招生如果在全国范围实施的话,高校综合评价招生的时间节点是在高考之后,如果学生参加综评招生,那么将会面临与统招计划冲突的问题;有学生认为,不同的高校在综评环节看重的项目及其占比存在很大的差异,对专家评价标准是否科学尚存疑虑。"综合评价专家的抽取是随机的。好的一点是公平,但是有可能社会科学的教授抽到的是自然科学的学生,这个还是蛮难甄别的。"(A5 机构主任)

总体而言,从各利益相关群体的视角来看,新高考依然是比较客观公正的制度,同时也存在公平性争议:在招生计划分配方面,分省定额的公平性问题依然存在,致力于缩小城乡、区域、阶层差异的专项计划和协作计划有待进一步完善;考试科目改革初步实现了文理融合的初衷,但学生"功利化"选科倾向造成物理选考人数下降,成绩优秀者也难以获得相应的入学机会;等级赋分制和不同考试次数之间考试时间、考生群体、考试内容的差异影响高考的权威性与公平性;考试内容的能力立意、综合素质评价和综合评价招生中,社会处境不利群体学生可能要处于劣势。

三、新高考公平性问题的应对策略

公平具有多元的属性,尤其是具有主观性和发展性,因此,新高考公平性受到多方质疑,并不代表否定新高考改革方向的合理性,但往往是细微处的质疑会影响高考制度的权威性,甚至影响高考改革的总体进程。在这种情况下,要高度重视高考公平性质疑的各种声音和相关诉求,进行理性地分析和研判,作出科学决策和政策微调,继而进一步增强并实现新高考制度设计的公平性。

(一)政策调整,实现程序公平

对新高考制度设计和实施过程中发现的明显违背程序公平的问题,应该及时作出制度调整。米勒提出了程序公平的标准,包括平等、准确、公开、尊严。平等是指通过形式的平等与规则的明确,实现资源分配中平等对待每个个体;准确是指揭示与资源分配相关的全部信息,决策过程充分考虑个人要求;公开是指程序的规则与标准对所有个体开放、透明;尊严是指程序不以损害尊严的方式运行。[①] 新高考改革推进过程中出现的一些问题,如选考科目的等级赋分制、专项计划受众群体的精准识别、综合素质评价标准的"城市中心化"倾向、录取环节的信息不对称等,程度不同地受到违背程序公平标准的质疑。因此,政策的一些方面应该加以调整,如进一步完善选考科目等级赋分制或者实施更加科学、公平的计分方法,应对选考科目不等值的问题;对专项计划受众群体的精准识别的同时,建立起针对不同弱势群体的补偿政策,同时又要尽量避免造成"反向歧视";完善综合素质评价指标体系,尤其要考虑学生群体的社会背景差异因素;加强网络平台建设,保障信息公开透明,避免因信息不对称而对弱势群体更加不利。总之,通过提高新高考制度的科学性实现程序公平,进而提高新高考制度的公平性。

(二)多元参与,完善治理格局

个体或者部分群体的公平性认知与社会正义的冲突,可以通过多元参与科学决策,加强执行过程的公开性和透明性,促进教育治理能力现代化来解决。公平的本质是合理性,正义的本质是正当性,二者并不是完全一致的,有时可能是相互冲突的。比如关于招生协作计划、专项计划等,从我国当前的社会正义的原则出发,需要对弱势群体进行补偿,但在实施的过程中可能会造成对另一部分人群的"反向歧视"。如果在改革过程中,充分倾听利益相关者的声音,吸纳他们参与到高考改革政策的制定过程,尊重高考改革政策最基层的执行者的意见,会有利

---

① 戴维·米勒著、应奇译:《社会正义原则》,江苏人民出版社2001年版,第111页。

于改革过程的顺利进行。正如米勒所说,"他们也许并不喜欢所产生的结果,但他们能够设身处地地去考虑实施规则的人的处境,并且明白在这种特定的情形中,他们也会做出一个不妥协的决定。"①利益相关者的参与是他们表达利益诉求的合理途径,也是对利益相关者个体的尊重和社会义务本身的自我实现途径。从根本上来说,通过利益相关者的多元参与,以程序上的正义保证结果的正义,即便不能实现结果的公平,也因为程序公平而能取得更多的共识。因此,在高考综合改革过程中,一要加强政策宣传引导和全员培训,重视政策宣传解读和改革成效的正面宣传,对待社会舆论疏而不堵,凝聚社会共识;二要推进政务公开,提高政策透明度,在政策制定、执行、调整过程中广泛征求不同群体的意见和建议,提高政府公信力;三要重视高中校长和教师、学生、家长、媒体等对改革的多元参与,尤其要提高高中校长和教师改革的参与度,提高学生和家长的改革获得感,继而提高政策文本和改革效果的认同度。这是保证高考改革顺利实施的前提,也是实现教育治理现代化的重要途径。

(三)深入研究,促进科学决策

新高考公平性受到质疑的某些方面,需要进一步加强研究,才能确定是否真的存在公平性问题或者说是否是公平性的"真问题"。比如,关于考试科目设置的性别偏见问题,在笔者对浙江、上海、北京、山东四省市教师群体的调查问卷中,并没有获得一致性的结论,对"高考语数外必考科目有两门语言学科,对男生不利"这一观点,37.6%的被调查者"赞同"或者"非常赞同";38.2%的被调查者选择"不赞同"或者"非常不赞同",基本平分秋色。无独有偶,美国学者也关注考试内容中的"性别偏见"问题②,但对考试测验中女生比男生更有语言优势的观点存在

---

① 戴维·米勒著,应奇译:《社会正义原则》,江苏人民出版社 2001 年版,第 111 页。
② Ruth Axman, "Childs, Gender Bias and Fairness," *Practical Assessment, Research & Evaluation*, 1990, 2, 3:1-3.

争议。1988年,范戈尔德通过对高中生差异能力测验(DAT)和学术能力评估测试(SAT)进行追踪分析发现,在语言推理能力成绩方面男女生并没有显著差异。[①] 因此,这类问题需要进行大规模数据分析才可定论,并在此基础上作出科学研判与决策。一方面,应加强考试队伍和考试研究队伍建设,加强对考试技术的研究,以技术实现公平。建议组建由教育行政部门、考试技术专业人员、高校和中学多元参与的研究队伍,发挥多方力量参与的积极性,围绕高考改革中的重要议题进行专题研究,在科学研判的基础上为教育科学决策提供依据,以技术上的科学性来实现考试的公平公正;另一方面,学校层面应加强校本研究,如高校对设置限选科目、综合评价招生录取方式以及新生入学后的培养等都应该加强研究,加强对新生数据的追踪,建立基于研究和证据的政策改进机制,促进高考改革的科学性与公平性。

(四)系统考量,坚持改革方向

高考改革的有关举措从短期来看有碍公平,但只要是长远来看有利于个体与社会发展的,就需要在系统考量的基础上,坚持改革的方向不动摇。首先,高考改革是多重利益群体博弈背景下的改革,任何改革措施的出台都可能会受到质疑,这就要求政策制定者和执行者能够从长远的角度来考虑,对政策进行前瞻性系统评估,而不是后发性的应对,从而破解应对高考改革问题层出不穷的被动局面。其次,高考改革的问题具有动态发展性,部分问题的解决需要在动态发展中加以调整,如取消录取批次之后增加学生填报志愿难度等问题,学生和学校都需要一个适应的过程。再次,改革是不断完善的过程,应该客观看待反对的声音。社会大众理解、接受改革需要一个过程,在改革的过程中出现不同的声音也很正常,关键是坚持高考改革促进公平、科学选才的初

---

① 参见 Benjamin Greene,"Verbal Abilities, Gender, and the Introductory Economics Course: A New Look at an Old Assumption," *The Journal of Economic Education*, 1997, 28,1:13-30。

衷,最终也会得到公众的认可与肯定。如考试命题的能力立意、综合评价招生等,无论是从个体发展还是经济社会发展来讲,培养学生分析问题与解决问题的能力、创造性与实践能力都是有利的改革举措,不能因为对弱势群体不利就否定这样的改革方向;同时,应该通过增加教育的整体投入,缩小区域和城乡差异,进一步扩大实施专项计划等补偿政策,从根本上缓解教育公平的问题。

(本文作者王新凤、钟秉林,原刊《国家教育行政学院学报》2019年第4期)

新高考考试科目设置的公平性问题研究

新高考并不是一个新事物，1991年出现首篇以"新高考"为主题的研究性文章①，将考试科目改革引起的高考模式与秩序的变化称为新高考。本研究中的新高考是指自2014年国务院颁布《关于深化考试招生制度改革的实施意见》以来，按照国家和地方高考改革方案实施的高考综合改革。考试科目改革是新高考中的重要举措，笔者重点关注新高考科目设置的公平性问题。

1977年恢复高考以来，我国高校招生考试的科目设置发生了很大变化，总体来说，考试科目逐步减少，从文理分科逐步走向融合。截至目前，我国各省高考科目设置有语数外+文综或者理综、语数外+"6选3"、语数外+"7选3"、语数外+1+2四种科目组合方式。笔者以浙江和上海等高考综合改革试点省份为例，关注新高考科目设置的公平性问题。公平是指不偏不倚，其本质是合理性，根据不同的维度，可以将公平划分为程序公平与结果公平、相对公平与绝对公平等。高考公平性是指高校招生考试制度的合理性，强调程序公平。随着浙江、上海启动高考试点改革，对新高考方案的公平性进行前瞻性评估的研究逐渐增多，包括国家层面的纲领性文件②、各省市改革方案③、沪浙试点改革方案、英语科目改革方案④等，研究者认为，新高考方案致力于从形式公

---

① 张亚南：《即将迈出的一步——谈新高考》，《中学地理教学参考》1991年第Z1期。
② 姜钢：《〈实施意见〉：我国新高考改革的纲领性文件》，《中国考试》2017年第2期。
③ 边新灿、陈蓉：《全国30个省新高考改革方案比较》，《中国考试》2017年第3期。
④ 贾凡、王立非：《新一轮高考英语科目改革的教育政策决策影响因素研究》，《外语测试与教学》2016年第3期。

平走向实质公平①,致力于建立招生关系主体之间新的公平关系②。具体来说,新高考的公平性问题包括招生计划分配的公平性、考试内容的公平性、考试方式的公平性以及招生录取方式的公平四个方面,考试内容的公平性包括考试科目设置和考试命题的公平性等。

考试科目设置的公平性体现在对每个考生的有利性相对平等,让每个考生都能站在相对平等的起点上参加竞争,不存在文化背景、性别和城乡差别等歧视,不对某些人特别有利而对其他人特别不利。已有文献中对考试科目设置的公平性问题的研究包括:(1)考试科目改革的公平性问题,比如外语加试听力就使得农村考生在高考竞争中处于不利地位③;(2)考试科目选择性与公平性的矛盾,如"3+X"科目设置在增加选择的同时,对选择考试难度大的科目的学生不公平;(3)考试科目的文科偏向,可能会带来隐性的不公平,如社会处境不利群体因文化资本的劣势处于不利地位,男生因文化结构的不合理而处于劣势④,改革的文科偏向可能会降低理科科目价值⑤等。新高考实施"3+3"科目改革,强调学生的选择性,依然存在这些问题,同时因为选考科目实施等级赋分制而产生新的公平问题,影响着高考综合改革的走向。

一、研究设计

笔者于2017年8月在浙江省和上海市两地首轮高考录取结束后,运用焦点小组访谈的方法,对教育行政部门管理者、高校招生部门管理

---

① 金晓明:《高考改革:从形式公平走向实质公平——推进新高考改革的思考与建议》,《浙江工业大学学报(社会科学版)》2015年第4期。
② 应朝帅:《招生公平新探索:促进招生关系主体间的公平——浙江高考改革方案评析》,《中国高教研究》2016年第5期。
③ 郑若玲:《高考改革困境与突破:苦旅何以得纾解》,江苏教育出版社2011年版,第41页。
④ 同上。
⑤ 董秀华、王薇、王洁:《高考改革的理想目标与现实挑战》,《复旦教育论坛》2017年第3期。

者、高中校长与教师、学生四类群体进行访谈。访谈对象共计132人，包括学生46人，包括刚刚经历高考的大一新生和在读高三学生；高中校长与教师51人，高中校长来自浙沪两地的优质高中和薄弱高中，高中教师涵盖语文、数学、外语和选考各科目教师；高校招生部门管理者21人，涵盖教育部部属院校和地方院校；教育行政部门与考试部门管理者14人，涵盖省、市、县三级教育行政部门和考试机构①，访谈对象具有较强的代表性。

笔者对访谈资料整理与分析主要是运用MAXQDA质性分析工具进行三级编码，形成了142个开放编码、38个主轴编码和8个核心编码，然后运用类属分析法对研究资料进行分析性归纳、比较，在此基础上构建不同利益相关群体对新高考公平性的评价维度，考试科目设置的公平性是其中的重要维度之一。本研究通过呈现来自不同地点、不同身份个案的观点进行相互验证，提高研究的效度；采用录音和受访者提供纸质材料等方式，增强研究的透明性，提高研究的信度。

最后，为保护被研究者个人隐私，研究中隐去了所有案例的个人信息，对受访者身份信息进行了编码处理，中学、高校、政府招生管理部门分别以M、U和A加数字的方式表示，仅保留了管理者、教师、学生等身份信息。

二、新高考科目设置的公平性问题分析

从受访者的视角来看，新高考科目改革过程中产生的"驱赶效应"既对成绩中下的考生不利，也对成绩优秀的考生不利，在一定程度上还会强化高中学校的两极分化；综合评价招生强调学生数理基础的学科偏好，对弱势群体不利；语言科目重要性提升，带来性别偏见的隐忧；技

---

① 王新凤、钟秉林：《新高考公平性问题及应对策略研究：基于浙沪经验》，《国家教育行政学院学报》2019年第4期。

术学科因为中学师资配备和学科知识基础尚不完善,考试成绩与其他科目不等值,这些影响着新高考科目改革的公平性与科学性。

(一)科目选考造成"驱赶效应"

新高考科目选择受多种因素的影响,并未充分尊重学生的兴趣爱好。在优质教育资源有限的前提下,学生首先倾向于选择更容易取得最优成绩的科目,在高考这场智力游戏中获得最好的博弈结果。这种利弊权衡,使得成绩中下的学生首先逃离物理学科,同时,为避免学霸给成绩优秀的学霸垫底,优秀学生也会选择技术学科。

首先,新高考科目改革所造成的"驱赶效应"对成绩中下的考生不利。平时学习成绩相差不大的学生,可能会因为选择了物理学科而比其他同学考试成绩低,继而不能进入理想的学校。"物理现在只是相对层次比较好的学生去选,原来是很多学生选物理,从今年开始都往技术上去了,学生觉得没有人给他当绿叶了,没有陪衬,自己就会变成陪衬。"(M6校长)甚至有处于中上水平高中学校的物理教师也劝学生不要报考,"从功利的角度讲,我们也劝孩子不要报考。我当然希望孩子选物理,但是选了物理肯定考不上好大学,这就很矛盾。"(M7物理教师)中学教师从自身立场出发,希望学生选考物理,但是如果学生选考物理就不能考上理想的学校,因此,不如劝学生尽早放弃。有学生不顾家人劝阻,坚持按照兴趣进行科目选择,结果是感觉"现实还是给了我一巴掌,我加三科目成绩很差,有与我差不多水平的同学选的生物、历史、政治三科,她高考成绩比我高40多分。"(U1大一新生)

其次,选考物理对成绩优秀的考生不利,出现学霸为学霸当分母的现象,高考这一相对公平的制度因此受到公平性质疑。受访者认为,选择物理的学生多数是比较优秀的学生,物理成绩比较好的学生其他科目成绩也相对比较好。传统高考模式下大量优秀考生扎堆物理学科,但新高考模式下会因为科目选考趋易避难的倾向引起学生的恐慌,继而选择物理科目的人数会更少,而选择了物理学科的优秀学生,会明显感到"吃亏",有强烈的不公平感。"我们学校物理本来是挺好的,物理等级考去年获得 A+ 的有一个,获得 A 的有四个,但是很多名校的学生都选择物理,今年有个同学 594 分,物理是 18 分。如果考政治的话,本来可以考到北大、清华。"(M7 年级主任)

最后,选考物理可能会强化高中学校的两极分化,对薄弱学校的发展更为不利。顶尖的中学依然稳居金字塔顶端,中上层次的中学可以利用综合评价招生让更多学生获得优质高等教育的机会,而中等偏下和处于农村地区的薄弱学校则被远远地甩在后面。高中学校如何引导学生理性选科成为让人纠结的矛盾:"我们感觉压力很大,主要原因是选理化的学生竞争力不够,在等级赋分中吃亏很明显,而我们学校传统上是以理科见长,这是一个非常纠结的问题。"(M8 校长)中学校长或者教师希望学生能够选择物理学科,但相对薄弱的学校在等级赋分制中吃亏,如果学生选择物理科目就可能考不上大学,有受访者形容这对薄弱的中学是"致命的打击"。可以说,新高考是一场改变了游戏规则的社会再生产,使强者更强、弱者更弱,在一定程度上将会进一步强化高中学校的两极分化。

(二)综评的学科偏好带来不公

综合评价招生是新高考的重要举措之一。综合评价招生,又称作"两依据、一参考",即依据统一高考和高中学业水平考试成绩、参考中学生综合素质评价档案进行多元招生录取。在综合评价招生试点学校中,统一高考成绩仅占 60% 左右,试点高校较为看重学生的数学、物理等学科成绩,这对学生的科目选择产生了一定的影响。

首先,综合评价招生试点高校多数以学科竞赛作为报考资格,弱势群体子女很难受益。学科竞赛成绩在一定程度上能够衡量学生的学科素养,在综合素质评价缺乏统一标准的情况下,试点高校将数学、物理等某个学科领域的竞赛成绩作为综合评价的重要参考,本无可厚非,但受师资和财力等因素的限制,薄弱学校的学生没有能力或者机会参加学科竞赛并在学科竞赛中胜出。① 另外,随着学科竞赛的专业化和市

---

① 钟秉林、王新凤:《新高考综合评价招生的成效与现实困境探析》,《高等教育研究》2019 年第 5 期。

场化，许多社会培训机构会对学生的档案进行包装，收费很高，弱势群体子女处于不利地位。

其次，综合评价招生重视学生数学和物理成绩，薄弱学校学生不能受益。新高考科目设置对以理科见长的学校是利是弊，受访者持有不同观点。M1中学语文教师根据2017级毕业生的情况提出，新高考的科目选择对理科传统的学校更有利，因为可以通过综合评价招生，让更多学生发挥物理学科的优势，获得更好的入学机会："这一届学生被录取的规模，增加了一大半。'985'高校接近150人，往年是七八十人。主要跟我们学生的学科偏好有关，我们学校是理科见长的，选择物理和化学的学生居多。有的学生总分不是太高，在全校排到七八十，但能够被'985'高校录走。"（M1语文教师）但同时因为选考物理对中下成绩者不利，薄弱学校的学生会首先弃选物理，很难在综合评价招生中胜出。

最后，综合评价招生环节限制学生的学考科目，对优秀考生不利。浙江省学业水平考试分为学考和选考，为便于将学考成绩作为招生录取的重要依据，考试部门会将学考成绩划分等级，而一些优质高校会提出对学生学考成绩的要求，比如所有的学考科目全A，这样会给优秀的考生造成很大的压力，在高考招生录取中，因为全A的限制，使得一些优秀的学生不能被理想的学校录取。

（三）"得语文者得天下"的隐忧

受访者认为，新高考模式下语文成绩好的学生相对来说更容易获得高分，即"得语文者得天下"。从整体来看，新高考的区分度是增加的，但是高分段考试区分度缩小了，凸显了语数外三科的重要性。对高分学生来说，英语和数学成绩基本都是高分，英语对优秀的学生来讲比较简单，容易拿到高分，而数学成绩也容易达到高分，进一步凸显了语文学科的重要性。访谈中有"低端的拼选考，高端的拼数学，最终是拼语文"的说法（U2校长），甚至有高校招生部门管理者认为，选考科目较差的学生也可以通过语数外科目的高分被高校录取："今年录取直观感觉是语数外比重较大，只要语数外考得好，选考科目较差也没有关系。不少选考科目较差的学生也可以通过语数外高分被我校录取。"(U3招生办管理者)在这样的背景下,语文成绩提高慢的学生会感觉"吃亏"。有薄弱中学的校长说,自己的学生"吃亏"。外语和语文成绩的提升是需要时间积累的,尤其需要较为丰富的文化资源作为基础。农村地区因为师资队伍水平与城市有一定差距,文化资源也相对匮乏,外语和语文成绩提升较难,这些薄弱学校的学生就会感觉很吃亏。

语言学科也存在性别偏见的问题。受访者认为,男生更擅长理性思维和逻辑推理能力,而女生更擅长形象思维,语言能力较强。而新高考模式下,语数外三门必考科目中两门是语言学科,这对语言能力较强的女生更有利,对男生就相对不利。新高考科目改革后造成文理科比例倒挂,即理科生源大量减少和文科生源大量增加,可能会使得高校中女生也随之增加,有受访者表示这会对提升整个国民的科学素养不利:"现在高校里面女生的比例高于男生,高中选课如果整体偏向选择文科的话,那么我们的考试和课程改革的走向就背道而驰。现在国际上强调科学、技术、工程、数学类学科,而我们国家整个偏文科,将来对整个中小学教育的影响非常大。"(A2管理者)

(四)对技术科目纳入选考的质疑

技术学科纳入选考科目是浙江省高考综合改革的特色,也是到目前为止我国实施高考综合改革的省份中唯一将技术学科纳入选考科目、实施"7选3"选考科目组合的省份,为探索高考科目改革提供了独一无二的案例。技术学科强调学生动手实践能力,无论是对学生能力的提升,还是与高校专业的对接,都很有必要,多数受访者对技术学科纳入选考科目都比较支持。从长远来看,技术学科尤其是信息技术也是当前和未来经济社会发展迫切需要的学科。

但是,将技术学科纳入选考科目依然存在很多隐忧。首先,选择技术学科比物理等学科更容易拿到高分,教师和学生都会觉得不公平。有物理教师说:"技术学科学一年,中等学生都可以考90多分,物理学科学六年,连90分都考不到,这两个的含金量能比吗?教育公平体现在哪里?"(M12 物理教师)。其次,技术学科的知识基础与师资力量都有待加强,技术学科尤其是通用技术学科优质师资缺乏,很多中学让物理教师兼职教学,有的内容教师也不会,教学质量自然也大打折扣。"技术学科对师资、场地等都提出了要求。教育局让我们招通用技术教师,可是招不到,就只好逼着物理老师改行,他们又不想改行。"(M5 校长)最后,技术学科强调学生的动手实践能力,但是无论是教学方式还是笔试的考察方式,都很难体现。"本来是动手实践的学科,现在成为纸笔测试,现在只能人为地加大考试难度。"(A3 管理者)总之,当前因为技术学科的教学基础尚不完备,因此对选择技术学科与选择其他科目的学生来说,考试成绩不等值,从而造成不公平。

三、影响新高考科目设置公平性的原因分析

考试科目设置的问题,归根结底是知识选择规则的问题,反映的是哪种知识更有价值,哪类群体能够更有优势获得这种知识,继而获得知识赋予的价值。作为一种选择知识和控制知识传播的机制,保证知识分配与控制的合理性是高考科目设置公平性问题的本质。因此,新高考强调选择性的同时,保证不同科目等值、在科目选择中实现个体本位与社会本位的平衡,是影响新高考科目设置公平性问题的主要原因。

(一)客观原因:选考科目不等值

不同考试科目之间等值与否是影响考试科目公平性的关键,而新一轮高考改革中无论在理论基础还是在技术操作层面都还有待跟进。

在文理分科时代,我们将不同科目等值作为考试科目设置这一程序设计的应有之义,而新高考科目设置包括语数外三门和三门选考科目,学生之间会出现不同的科目组合,选考科目跨越文理,不同学科之间是否等值就引起怀疑。有受访者认为,"作为一个考试,从学科角度讲最重要的假设是统考三门选考科目一等重要,其他 6 门或者 7 门是二等重要,'6 选 3'或者'7 选 3'就意味着这些科目是平等地位。现在

出现的结果,实际上在老百姓的眼中并不平等。"(A3管理者)一方面,通用技术与信息技术等技术学科侧重于应用层面,无论是学习时间、考试内容、考试难度、考试方式等方面都还有待探索,与物理、化学等相对成熟的基础学科并不相同。因此,学生选择不同学科,不能获得预期的考试成绩,并获得与之匹配的社会价值和回报,即被认为是不公平的。另一方面,考试次数、考试时间、考试成绩计分方式的科学性也影响到考试科目选择的公平性。因为考试次数增加,不同场次考试科目的内容和人群不同,考试分数无法直接比较,为解决分值直接比较的问题,选考科目实行等级赋分制。物理学科的成绩是偏正态分布,也就是说选择物理学科的优秀考生会更多,如果按照同等比例赋分则造成高分学生得分较低的情况,造成不公平。

总之,高考选考科目设置的假设是三门选考科目同等重要,无论是教学质量还是考试内容都应该是同一水平,但实际上不同科目之间的教学质量和考试计分方式还有很大差别,在这样的背景下,将选考科目至于同等重要的位置有违公平。同时,高考考试科目改革对教学资源分配不均等现实问题缺乏充分考虑,比如浙江省"7选3"科目改革中,技术科目的课程开发和师资配备与其他科目都不可同日而语。因此,选择不同科目的学生,用同样的分数获得高等教育入学机会是不公平的。

(二)主观原因:功利性选科倾向

知识选择以学习者的个性与兴趣为主,还是服务于国家的经济社会发展,并非完全一致的价值导向。新高考作为高等教育入学机会分配的新规则,强调学生选择性的同时,实施过程出现了"功利化"的选科倾向,给国家利益带来隐忧。

首先,从学生的角度来讲,新高考强调选择性,学生可以选择适合自己兴趣的和擅长的学科。但是学生在选择考试科目时,为了获得更高的分数,躲避更强的对手,减轻考试负担,很可能会作出功利性选择,兴趣特长与爱好让位于功利目的。在优质高等教育资源有限、按照高分录取的模式下,这种功利性是学生理性权衡的结果。

其次,从高校角度来讲,为了寻求更好的生源,倾向于放弃限制或者放宽选科的要求。在解决选科人数"畸多畸少"的问题上,中学校长、教师和学生都建议高校在设置专业的选科科目时,应该限定选择科目,不能太功利,要为国家和教育承担责任,将不同科目之间"或"的关系改为"和"的关系。但是从高校的角度来讲,首先考虑的是生源质量。因此,平衡选考科目要求的松紧问题是理想与现实的矛盾。高校自然希望明确选考科目,录取到专业基础好的学生,但是选考科目限定太紧会影响招生质量和录取分数,继而影响生源质量甚至社会声誉。

最后,从中学的角度来讲,希望在现有办学条件的基础上保持自己的办学优势,让更多的学生能够考上好的大学,反之就会觉得不公平。但部分学校选科也会出现强制性的要求,对学生选课走班实行"套餐制"的安排,即便是优质高中也不建议冷门科目走班。如何在新高考的模式下获得更大"红利",这样的焦虑限制了学生的选择性和教育机会的获得。

作为人才选拔机制,高考的首要功能是为高校选拔合适的人才,为经济社会发展服务,增加整体社会福祉。新高考在尊重学生选择性的基础上,出现选考物理学科人数大规模下降,并进而引起各方重视与恐慌。学生基础科学素养是国家科技发展与创新的基础,学生趋易避难的选择性满足个体兴趣与发展的同时,也可能会对社会整体福祉造成损伤。因此,需要深化高考改革,约束个体选择偏好,进而降低个体功利化选择带来的负面影响,这也是后续改革省份实施"3+1+2"科目选择的原因之一。

四、新高考改革策略建议

(一)政策制定者科学研判,引导公众理解争议

无论是教育政策的制定者还是研究者,都应该依据专业团队和科学依据,科学研判针对高考改革的各种争议。对不同利益群体的诉求,

应该在当前我国社会正义观的理论框架之下,立足于当前社会与教育发展的基础条件,进行相对优化的策略选择。首先,当前我国的教育改革,以促进学生的全面而有个性的发展为基本原则,新一轮高考改革在以学生为中心、促进学生发展方面有切实的推动作用,改革方向应该坚持。其次,改革开放以来,我国在经济高速增长的同时,也拉大了社会阶层差异、区域差异和城乡差异,基于此,当前我国的社会正义观强调对弱势群体的补偿政策。反映在教育领域,新一轮高考改革强调增加农村学生上重点高校人数,缩小区域录取率差异等。那么,综合评价招生对弱势群体不利的情况就应该引起重视,应该将学生家庭背景的差异纳入综合评价招生的政策考量。最后,需要对影响改革进程的问题进行具体分析、科学研究。如高考科目设置的性别不公平问题有待科学研判,在笔者的一项问卷调查中,受访者对高考改革是否存在性别公平的问题并没有定论。国外研究者也关注考试内容的性别偏见问题[1],但进行大规模数据分析并没有发现考试成绩存在显著的性别差异。[2] 因此,考试科目设置的性别偏见问题还需要进行进一步的研究。当然,任何方案的选择都不是最理想的结果,而是在当前条件下相对优化的改革方案,对这种方案选择的利弊,要对公众予以解释,引导理性社会舆论,最大程度地争取改革的共识。

(二)高等学校需限定选科,理性承担社会责任

对选考科目的功利性选择倾向,受访者寄希望于高校层面加以限制,比如进行"大文"或者"大理"的捆绑,文科必考历史,理科必考物理。2019 年公布方案的八省市充分考虑本地原有高考模式、生源数量、基础教育发展水平、高等教育和学科专业布局等因素,提出"3+1+2"的选

---

[1] Ruth Axman Childs," Gender Bias and Fairness,"*Practical Assessment,Research & Evaluation*,1990,2,3:1-3.

[2] Greene B. Verbal," Abilities, Gender and the Introductory Economics Course: A New Look at an Old Assumption," *The Journal of Economic Education*,1997,28,1:13-30.

考科目方案,突出物理、历史学科的基础性地位,同时也兼顾增加考生的选择性,促进文理交融,在一定程度上会缓解物理选科人数下降的问题,但是并没有根本上改变选择性带来的公平性问题,争议可能会延伸到化学、政治等其他学科。因此,重点专业,尤其是对国家人才战略储备非常重要的专业,可以优化招生专业组的限制,以吸引更多学生选择;高校应从专业发展所需要的高中学科基础出发,确定选考科目等,通过高校层面限制选科的条件,会对学生和家长起到引导性作用。2018 年,教育部发布《普通高校本科招生专业选考科目要求指引(试行)》,引导高校合理限定选考科目。但是,同时也需要注意到,只对高校提出规范和要求,在一定程度上也会造成行政权力和招生自主权的矛盾。因此,可以进一步发挥"双一流"高校的社会责任,明确规定限选科目,为国家拔尖创新人才的科学选拔和培养质量守住底线;同时,落实管办评分离,高校自主申报招生选考科目,教育行政部门负责审批,引导高校从人才培养和学科专业发展的角度考虑招生问题,避免高校招生中的功利性倾向。

(三)考试机构应深化改革,切实推进科学决策

促进新高考考试科目改革需要深化高考综合改革,包括教育投入、教育基础条件改善、考试时间和考试次数的调整等,但首当其冲的是完善等级赋分制。对于如何提高选考科目计分方式的科学性,受访者提出了三种改革措施:

一是科学处理等级分与原始分的关系。建议在保留等级赋分制及其功能的基础上,对考试内容、等级划分、分值划分等作出微调,以改进等级赋分制的科学性与公平性。如提高选考科目总分值、增加划分等级数或减少赋分的分值(如 2 分或者 1 分一档)、扩大附加题的分值和区分度、提高计入高考总分的原始考卷的区分度,山东方案在选考科目等级赋分方面做了调整。

二是对等级赋分制进行技术调整。当前,有的科目调整,有的科目不调整,这就需要向公众解释清楚,打消公众的疑虑、担忧。2018 年,浙江、上海、山东相继出台指导意见,提出建立科学合理的选考科目保障机制,当选考人数过少时,按照预先设定的保障技术进行赋分。但是从浙江省实施情况来看,政策效果并不理想,这仅是高考综合改革中采取的一种保守的政策调整,是退而求其次的权宜之计。随着高考改革进程的推进,公众对考试政策的了解和认知程度在加深,但是,让公众了解考试技术的细节,仍需要一个过程。

三是积极探索实施标准分。等级赋分实际上是改良的标准分,只是以比例的形式划分等级,在社会公众层面会更容易理解。受访者表示,标准分可以从原始分脱离出来,实现不同批次考试成绩的可比与等值。作为第二批高考综合改革试点省份,海南省目前实施标准分。但是,这种做法目前还没有在全国范围内推广,一方面是因为考试机构担心不容易向社会公众解释,另一方面因为标准分也存在等级赋分存在的问题。①

总之,这个问题的最终解决,需要在国家层面组织专家力量,协同教育部考试中心等机构,深入探索更为科学的解决之道,无论是完善等级赋分制,还是实施标准分,或者在大规模数据测算基础上科学处理原始分与等级分的关系,都需要科学决策。

作为新高考改革的重要举措,考试科目改革在促进学生选择性的同时也带来新的公平性问题,包括科目选考制度造成驱赶效应,大量学生弃选物理带来一系列社会问题;对语言学科的重视以及综合评价招生的学科偏好,对弱势群体不利;将尚不成熟的技术学科纳入选考也带来不等值的质疑。但具体来说,受访者对新高考考试科目改革中出现的"吃亏"与"获得"的公平性问题的感受,很大程度上源于学生、高校、中学管理者等利益群体选择的功利性。在优质高等教育资源有限的前提下,个体趋向于选择最优化的行为策略,以最小的代价获得最大的利

---

① 章建石:《关于选考科目等级赋分的改进:历史经验、现实限制与可能方向》,《华东师范大学学报(教育科学版)》2018年第3期。

益,无可厚非。何况,新高考改革的其他配套措施,如选考科目的等级赋分制等,造成选考科目难以实现等值,强化了这种选择倾向。解决新高考科目设置的公平问题,需要教育行政部门、考试机构、高等学校、高中学校以及学生和家长群体的共同努力,促进多元参与下的协同治理,是实现考试科目选择从个体理性走向集体理性的重要途径。

(本文作者王新凤,原刊《重庆高教研究》2020年第1期)

社会正义论视角中的新高考公平性问题研究

从浙沪等地试点经验来看,新一轮高考改革在促进公平、科学选才的同时,产生了新的公平性争议,从社会正义论的视角解读新高考的公平性问题,可以为高考综合改革的顺利推进提供有益的借鉴。

一、新高考的公平性问题

中华人民共和国成立以来,我国高校招生考试制度在促进个体阶层流动、增加工农子女入学机会等方面发挥了重要作用。迄今为止,高考制度依然被认为是最为公平的人才选拔制度。但不可否认的是,高考制度的科学性与公平性矛盾一直存在。从利益相关群体视角来看,新高考的公平性问题反映在招生计划分配、考试内容、考试方式、招生录取方式等方面。①

(一)招生计划分配的公平性

我国的招生计划分配一直实施分省定额的政策,体现国家宏观调控的特点,但是在不同历史时期,国家招生计划分配的价值导向也有所差异。比如20世纪八九十年代,强调效率优先,招生计划向重点高校、考生质量好的地区倾斜。21世纪以来,高等教育规模快速扩张,高等教育入学机会随之增加,却又在一定程度上带来农村学生上重点高校

---

① 王新凤、钟秉林:《新高考公平性问题及应对策略研究:基于浙沪经验》,《国家教育行政学院学报》2019年第4期。

的比例下降等质疑。因此,新一轮高考综合改革在招生计划分配方面提出了多项促进公平的举措,比如继续实施国家支援中西部地区招生协作计划(下称"协作计划")、国家农村和贫困地区定向招生专项计划(下称"专项计划"),旨在破解高考的区域公平与城乡公平难题。这些改革举措的实施具有积极的意义,有学者通过对"985工程"高校计划招生数据分析发现,协作计划实施以来,大幅度增加了中西部地区考生接受优质高等教育的机会。① 当然,这并没有从根本上改变分省定额政策带来省际招生计划分配不均的问题,具体表现在重点高校属地招生比例过高、人口大省因报考人数多而录取比例低等。笔者在实证研究中也发现,被访谈者认为,专项计划还难以从根本上解决问题,不能改变农村地区教育落后的现实,也没有覆盖需要补偿的所有人群。② 同时,协作计划在确定科学合理的指标分配计划方面也存在制度和现实层面的困境。③ 部分省份甚至因协作计划指标调出数等问题引发"减招事件"。

(二)考试内容的公平性

新高考考试内容的公平性主要体现在高考科目设置的选择性衍生出来的公平性问题和考试内容的能力立意存在的两难价值选择。考试科目设置的公平性主要是指不同考试科目对所有考生都是相对平等的,不存在社会背景、城乡、性别差异。新高考考试科目的公平性问题体现在学习能力相近的学生,因为选择不同科目而考试成绩出现较大的差异,比如试点省份首届考生选择物理科目成绩差异较大。同时,考生出现趋易避难的选择倾向,学生放弃物理学科而选择技术学科,能够获得较高的分数。考试内容的公平性问题表现在其城市化倾向对农村

---

① 张小萍、张良:《中国高校"支援中西部地区招生协作计划"实施成效分析——"985工程"高校为例》,《清华大学教育研究》2015年第3期。
② 王新凤、钟秉林:《新高考公平性问题及应对策略研究:基于浙沪经验》,《国家教育行政学院学报》2019年第4期。
③ 李木洲、叶晓芳:《化解高校招生公平冲突的困境与出路——基于〈支援中西部地区招生协作计划〉的分析》,《重庆高教研究》2017年第2期。

和落后地区的考生不利,能力考察的公平性不足成为高考内容改革的弊病①。新高考的能力立意得到高中教师较为普遍的认可,但是他们也认为薄弱学校的学生、农村学生因为短时间内无法提升这种能力而处于不利地位。②

(三)考试方式的公平性

国内学者在分析浙江和上海两地高考改革方案的基础上,认为新高考改革从形式公平走向内涵性公平,是一种实质性公平,尤其表现在强调学生的自主选择性,在考试的次数、时间、类型等方面为学生提供多次选择机会,满足学生的兴趣特长。③ 考试方式的公平性问题主要体现在等级赋分制、考试次数等方面。一方面,新高考选考科目实施等级赋分制,其初衷是解决不同选考科目之间分值的可比性问题,以等级制计分方式避免学生分分必争的现象。但是在实施过程中,等级赋分制会在一定程度上对优秀的学生不利,改革省份部分学生会放弃选择物理等科目。另一方面,为破解"一考定终身",降低偶然因素对考生的影响,新高考试点省份探索多次考试,甚至不同年级的学生可以同台竞技。但是因为考试时间、考试群体、命题难度的不同,不同考试次数成绩是否等值受到质疑。

(四)招生录取方式的公平性

新高考招生录取方式的改革包括取消录取批次、完善和规范自主招生、探索综合评价招生以及规范考试加分政策等方面。总体来说,利益相关群体对新高考招生录取方式的改革认可度较高。尤其是新高考探索"两依据、一参考"的综合评价多元录取模式,将中学生综合素质评价作为高校招生录取的参考。综合评价招生实现了学生与高校的双向选择,高校对扩大综合评价招生的意愿强烈,而综合评价招生学生进入

---

① 李木洲:《高考改革的历史反思》,华中师范大学出版社2016年版,第133页。
② 王新凤:《新高考考试科目设置的公平性问题研究》,《重庆高教研究》2020年第1期。
③ 金晓明:《高考改革:从形式公平走向实质公平——推进新一轮高考改革的思考与建议》,《浙江工业大学学报(社会科学版)》2015年第4期。

高校后也表现出较强的学习潜力和综合素质。但综合评价招生确实也可能会对农村学生等弱势群体不利,尤其是因家庭文化资本的限制,弱势群体子女难以在面试等环节脱颖而出。同时,综合素质评价的标准如何统一、高校如何参考也面临困境。有研究者认为,在社会诚信机制、综合评价技术、教育评价范式尚未发生根本性转变的情况下,将综合素质评价作为高考录取参考,会在一定程度上影响高考的权威性。①高考制度是高等教育资源的分配机制,分配规则受制于社会资源分布状况和社会总体价值导向。高考具有促进科学选才、促进公平、促进个体社会流动等多重功能,公平具有主观性、历史性、发展性等多元属性,高考公平问题容易陷入"公说公有理婆说婆有理"的困境。因此,从社会正义的视角看待新高考公平性问题,可以在更加宏观的理论视角和社会结构体系中审视高考制度,进而提出深化高考改革的对策和建议。

二、社会正义论视角的高考公平

1970年代,以罗尔斯为代表的新自由主义在美国崛起,进而传播到全世界,在政治哲学领域占据着不可动摇的主导地位,其代表人物包括约翰·罗尔斯、罗纳德·德沃金、弗里德里希·冯·哈耶克、罗伯特·诺奇克等。他们反对边沁和密尔以效用为基础的功利主义的公平观,即以实际达到的总效用最大化作为公平的价值标准,而在将自由作为民主社会基本价值的基础上探讨公平与正义的问题。当然,他们之间的观点有很大差异,戴维·米勒将罗尔斯视为左翼的自由派,而哈耶克是右翼的自由派;我国学者则将罗尔斯视为平等主义的自由主义者,而诺奇克是权利主义的自由主义者②等。1980年代,社群主义在与以

---

① 李木洲:《高考测试制度改革的历史反思——基于制度变迁的视角》,《国家教育行政学院学报》2014年第3期。

② 罗伯特·诺奇克著、姚大志译:《无政府、国家和乌托邦》,中国社会科学出版社2008年版,第24页。

罗尔斯为代表的新自由主义的论战中兴起,代表人物包括迈克尔·J.桑德尔、阿拉斯戴尔·麦金太尔、戴维·米勒等。他们强调公共利益优先于个人权利,坚持社群整体利益至上;提倡国家在道德建设方面发挥积极作用,鼓励公民积极参与社会管理和政治生活;倡导政府、民间组织和公民合作互动的善治之路。[①] 社群主义正义观具有历史性、情境性和多元性等特征。罗尔斯的正义理论在1970年代的西方社会占有主导地位。西方市场经济背景下的自由主义强调市场规则的绝对性,而新自由主义反对这种功利主义,在尊重自由规则的基础上强调对社会处境不利群体的补偿。因此,他的社会正义理论原则包括平等自由原则和差别原则,之后的正义理论流派都是在继承与批判他的理论基础之上发展自身的理论脉络。诺奇克认为补偿原则的实施会伤及个体的权利,因此他提出了强调"持有正义"的资格正义理论,纠正罗尔斯的补偿原则过于强调平等而对既得利益者权利的侵犯。而以麦金太尔、米勒为代表的社群主义在1980年代占据优势地位,他们强调基于社群的正义理论,强调尊重多元利益主体的善治和协同治理。从社会正义论的视角来看,社会公平与社会正义、程序公平与结果公平、选优任能的正当性与选拔标准的多元性之间并不一致,这可以成为新一轮高考改革产生公平性质疑的解读视角。

(一)社会正义的冲突

西方社会正义理论都在正义的概念框架下讨论公平问题。罗尔斯提出公平的正义,诺奇克强调持有正义,米勒强调多元的正义观等,都力图在社会正义的理念下为破解公平的复杂性寻找答案。公平与正义密切相关但又有所不同,与公平相比,正义更加强调社会基本价值导向的正当性,而公平强调的是在同一标准尺度下利益分配的合理性,正义是比公平更上位的概念。在社会正义理论的视角下思考高考公平问

[①] 何霜梅:《正义与社群:社群主义对以罗尔斯为首的新自由主义的批判》,人民出版社2009年版,第9页。

题,可以在正义理论框架下对利益相关者视角中的高考公平性问题进行分析、解释和评判,通过程序公平来矫正有失公正的政策,继而对高考政策调整提供建议。改革开放以来,我国经历了效率优先、兼顾公平→兼顾效率与公平→更加注重社会公平→更有效率、更加公平的历史演变过程[1],而随着社会主要矛盾的转变,新时代中国社会更强调发展公平的紧迫性。[2] 因此,当前我国社会的正义观更体现为对社会弱势群体的政策补偿,对高考补偿政策的质疑很大程度上来源于这种价值选择的正当性与个体权利自由之间的冲突。从社会正义的立场看,当前我国高校招生计划分配方式具有正当性。我国高校招生计划分配综合考量了国家、民族、地区、城乡等多种利益关系,因此在招生计划分配的环节,并非仅仅遵循单一标准,如果仅仅从民族差异、地区差异、城乡差异、历史沿革等众多视角中选取一个来评价高考政策的公平性,未免有失偏颇。

从社会正义的角度来看高考政策的公平性,则能够作出相对全面而更加中肯的评判。米勒强调在制度设计中"应得"的公平原则,认为在确定正义的要求时应该把人们不同的应得考虑进去,在不同标准之间进行平衡。[3] 高校招生计划分配方式的公平性问题应综合考量民族、地区、城乡社会成员之间不同的"应得"。社会正义理论论述了自由与社会正义的关系,米勒认为,个人自由与社会正义之间也会发生冲突,甚至可以称为自由与自由之间的冲突。"减招事件"呈现出来的就是计划调入省份与计划调出省份的受教育者之间受教育权利的冲突。国家层面为了促进区域公平对招生计划指标进行宏观调控,高校生源指标调出省份的家长从本省考生升学利益的角度出发要求减少指标调

---

[1] 黄有璋:《改革开放以来效率与公平关系演变的历史考察及启示》,《广西社会科学》2017年第10期。
[2] 胡志高、曹建华:《公平还是效率:基于我国社会主要矛盾转变的视角》,《马克思主义与现实》2018年第6期。
[3] 戴维·米勒著,应奇译:《社会正义原则》,江苏人民出版社2001年版,第146页。

出数。从正义与公平、自由的关系的角度来看,保障受教育者获得高等教育入学机会是国家的权利和义务,在高等教育资源分配不均的前提下,国家教育行政部门协调招生计划的分配,缩小省际高等教育录取率的差异,无论从国家利益还是从提高高等教育质量的角度来看,都符合社会正义的要求。

(二)程序公平与结果公平

社会正义理论强调程序公平与结果公平的关系:程序公平是结果公平的重要保障,但是,程序公平并不必然带来结果公平,因为程序执行者的认知、社会背景以及程序的交叉等因素,也可能带来结果的不公平。

1. 程序公平影响结果公平

米勒提出了程序公平的标准,包括平等、准确、公开、尊严。在程序与结果正义之间,米勒的观点是坚持实质的或者说结果的正义在评价中的优先性。新一轮高考改革中专项计划的实施、不同科目赋分的等值问题在一定程度上影响程序公平的标准,继而带来结果的不公平,影响考试的权威性与科学性。首先是专项计划的程序公平问题。对贫困地区农村学生实施的专项计划并没有对非贫困县的农村地区或者城市低收入群体进行补偿,同时专项计划实施过程中可能会存在因身份识别不够精准而让优势阶层受益的问题,即"奶油层"争议。[1] 哈耶克对人们致力于促进教育机会均等的能力持有悲观态度,认为致力于促进公平的政策只对那些善于利用这些政策的人有利,甚至可能会增加不平等。[2] 因此,专项计划补偿性招生政策需要细化,实现"精准"定位。其次是选考科目等级赋分制的争议。从新高考试点省份来看,选考科目实施等级赋分制是为了在总分录取模式下不同选考科目的分值具有可比性,而且比较简单易懂,容易被大众理解和接受,在选考人群结构

---

[1] 申素平、王俊:《美国公立高校积极差别待遇录取政策反思》,《教育研究》2017年第9期。
[2] 弗里德利希·冯·哈耶克著,邓正来译:《自由秩序原理(下)》,生活·读书·新知三联书店1997年版,第166—175页。

相同的前提下是科学和公平的。但是因为参与考试的学生群体不同，等级赋分制就违背了程序公平应该具有的平等的特征。也就是说，不同科目之间分数相同，但学业成绩并不等值。后续改革省份在浙沪经验的基础上进行了相应的调整，部分省份出台了选考科目保障机制，第三轮改革省份实施"3+1+2"科目考试，但是等级赋分的问题解决途径仍需进一步探索。最后是不同考试科目的可比性。新一轮高考改革实施"3+3"或"3+1+2"科目设置，选考的假设是三门或者两门选考科目同等重要，而且中学教育能够保证被选的七门（六门或者四门）科目同等重要，无论是教学质量还是考试内容都应该是同一水平，但实际上不同科目的学习难度、教学质量、考试内容等有很大差别，学生如果选择某一科目而不能获得预期的考试成绩，就可能被认为是不公平的。[①]

2. 程序公平并不必然实现结果公平

米勒认为程序公平与结果公平并不完全一致，常常发生冲突。就高考改革而言，首先，综合评价招生和自主招生过程中专家面试的主观性、不同高校在综合评价环节看重的项目及其占比等，在一定程度上会影响学生的入学机会。

其次，因为外在于程序的背景条件，公平的程序不能达到正义的结果。米勒认为，努力和才能确实能够成为应得的合法基础，但强调人们用来竞争有利地位的机会是受到他们的社会背景的强烈影响的[②]，忽略程序公平的背景条件会影响结果的公平。综合评价招生中，能言善辩、逻辑清晰的考生在面试中更容易胜出，但以农村考生为主的部分县市级或者农村中学的考生显然不占有优势。新高考考试科目设置的选择性和考试内容的能力立意，尊重了学生的选择性和差异性，也可能会忽略学习者背景条件存在的城乡、区域、校际差异，拉大学习者的差距，继而带来不公平。

[①] 王新凤：《新高考考试科目设置的公平性问题研究》，《重庆高教研究》2020 年第 1 期。
[②] 戴维·米勒著，应奇译：《社会正义原则》，江苏人民出版社 2001 年版，第 200 页。

最后，两种或者更多程序相互交叉时，会出现程序与结果的分歧。首轮高考综合改革试点中，浙江省将学业水平考试的合格性考试和选拔性考试同一张试卷进行，带来区分度和公平性问题。有学者将合格性考试定义为"基于双重分数解释的常模相关——标准参考测验"，而选考科目考试是"基于双重分数解释的标准相关——常模参考测验"，二者性质不同，考试结果用作不同用途的解释时，每一种预期解释都需要进行效度检验，检验考试结果的合理性。① 2018年浙江省进行了政策微调，将合格性考试与选拔性考试分离，以解决考试结果的区分度和公平性问题。

（三）选优任能的正当性与标准的多元性

我国以统一高考为主的人才选拔方式体现为选优任能、唯才是举，这正是社会正义理论视角中精英管理社会理想的特征。社群主义的正义理论认为，品质作为选优任能的依据缺乏统一的标准。选优任能的正当性与选拔标准的多元性的冲突，成为利益相关者质疑综合素质评价、自主招生以及综合评价招生公平性的重要原因。一方面，在当前的社会背景下，选优任能具有正当性。科学选才背后的理论假设是，只有通过高考选才能为国家经济社会发展提供必需的人力资源和智力支撑。米勒提出了精英管理的社会理想，认为每个人的地位和报酬取决于其才能和努力，社会制度设计需要根据个人品质来分配社会有利地位，体现为择优原则。自主招生、综合评价招生和当前我国高校实施的"强基计划"等制度设计都体现出了这种唯才是举的特征。笔者通过对综合评价招生方式录取的学生的追踪发现，试点高校各专业对综合评价招生的生源满意度高，学生在高校的综合素质和能力有一定优势，面试等级分和高考投档成绩与平均GPA呈线性关系，因此认为综合评价招生对考生的评价是合理有效的，也正是基于此，高校对扩大综合评

---

① 陶百强：《对我国新高考方案高中学业水平考试的思考与政策建议——浙江、上海2014年高考改革学业水平考试方案商榷》，《中国考试》2015年第8期。

价招生规模的诉求较为强烈。① 另一方面,综合评价招生等高考新政的选拔标准具有多元性。综合素质本身难以测定,并不是所有的知识、能力、性格特征都能够用同一种标准来衡量。新高考招生录取参考综合素质评价是为了改变以高考分数为唯一标准的一元评价模式,强调对学生发展的过程性评价。从米勒关于程序正义的标准来看,综合素质评价程序更加强调准确和公开,也就是说全面而客观地记录学生发展情况,便于高校根据人才培养目标有针对性地参考选择,同时将这些内容的评价标准和结果公示公开,保障公平公正。但如何记录、如何评价;由谁记录、由谁评价;因何记录、因何评价;如何使用、由谁使用就涉及一个共同的问题:学生的综合素质难以用一种标准进行统一的评价,进而在综合素质评价的形式和结果上都可能存在公平性问题。总之,对素质的判断缺乏客观的标准,在缺乏统一标准的前提下,将综合素质评价作为招生录取的参考就容易产生公平性的质疑。

三、促进高考公平的策略建议

社会正义论为我们提供了解析新一轮高考综合改革的公平性的理论视角,从而可以从社会正义与公平的冲突、程序公平与结果公平的冲突、选优任能的正当性与标准多元性的冲突的视角,提出解决新高考公平性问题的应对策略。

(一)理性引导,保障社会正义

罗尔斯批判"直觉主义"公平观,认为这种公平观依靠直觉衡量,不可能给出任何建设性的解答。② 在讨论高考公平问题时,对高考制度公平与否的判断首先依赖直觉,从利益相关者的视角评价高考制度的

---

① 钟秉林、王新凤:《新高考综合评价招生的成效与现实困境探析》,《高等教育研究》2019年第5期。

② 约翰·罗尔斯著,何怀宏、何包钢、廖申白译:《正义论》,中国社会科学出版社1988年版,第33页。

公平性也是首先依赖于利益相关者的直觉，但是高考改革作为一种公共政策，应该尽量减少对直觉判断的依赖，确定一种相对一致的判断。社会政策的走势及其价值选择和利益诉求是非常复杂的，体现了决策者对社会发展趋势和总体福利状况的判断，不能仅从某一群体的利益和立场出发来评判高考改革，而要从多元利益主体平衡的角度，立足于整个国家的利益去理解当前正在进行的改革。这就需要政策研究者科学解读相关政策，理性引导社会舆论。

（二）科学决策，实现程序公平

新高考改革中产生的公平性问题，可以通过对考试的时间与次数、合格性考试与选拔性考试分离、考试成绩的计分方式等方面的改进来实现。浙沪高考改革试点在这些方面产生的问题，在本省或者后续试点的省份改革方案中都进行了政策调整，比如北京、山东等地选考科目考试时间与统考时间一致；浙江省将合格性考试与选拔性考试合一，选拔性考试科目的等级赋分进行相应的调整等，在一定程度上都是为了实现高考的程序公平。后续高考综合改革省份依然需要加强专题研究，包括学业水平合格性考试、等级性考试与统考的关系，选拔性考试科目分值的可比性与公平性，尤其是等级赋分制的技术调整、实施标准分的科学性与可行性、综合素质评价的标准与指标体系的多元性等。应组建教育行政部门、考试技术专业人员、高校、中学多元参与的研究队伍，在科学研判的基础上为教育行政决策提供科学依据，以程序的公平性实现高考的公平性。

（三）多元参与，形成改革共识

社群主义的正义论者主张，解决公平性问题的重要方式是强调多元参与下的社会治理。面对有争议的问题，多元参与是保证程序正义的前提，有利于改革的持续性。强调利益相关者的多元参与，既是对利益相关者个体的尊重和利益诉求表达的合理途径，也是社会义务本身的自我实现。在高考改革过程中充分倾听利益相关者的声音，吸纳他们参与政策的制定过程,有利于改革过程顺利进行。浙江高考改革的过程中,对选考科目、考试时间进行了调整,尽管在征求各利益相关群体的意见时,学生与教师的意见并不一致,但是教育行政部门在论证过程中充分听取不同群体的意见,意识到每年4月和10月的考试时间安排打乱了传统教学秩序,给教师增加了较大的工作负担,最终权衡利弊,尊重了教师的意见,社会舆论对此反映也比较平稳。高中教师群体是高考改革的直接执行者,他们在改革中的获得感和改革的参与度,直接影响了各利益相关群体对高考综合改革成效的评价。总之,重视利益相关者的多元参与,以程序上的正义保证结果的正义,即便不能实现结果的公平,也因为程序公平而能取得更多的共识。

(四)配套改革,建立长效机制

高考改革是一项系统性的工程,体现综合改革的特征,因此应该建立相应的改革配套机制。首先要建立与高考改革相适应的资源配套机制,包括与新高考的选择性理念相配套的教学资源配置,包括充足的师资,满足学生选课走班的需求,保障学生的起点与过程公平。其次要从省级层面建立相应的平台,比如综合素质评价的平台、综合评价招生的平台,为中学生综合素质评价提供相对统一的标准和操作规范,方便中学、学生、家长和第三方社会机构填写,保证综合素质评价的信度和效度,为高校综合评价招生录取实现更大程度的程序公平。最后,地方政府与教育行政部门应该加强统筹,为学生提供更加丰富多样的社会实践岗位,满足学校和学生对社会实践活动的需求,避免一些学校因办学条件有限而不能为学生提供相关资源带来的不公平。增强综合素质评价的科学性,呈现多元文化背景下的学生综合素质特征。

(本文作者王新凤、钟秉林,原刊《西北工业大学学报
(社会科学版)》2020年第3期)

新高考模式下高校人才培养
质量的隐忧及应对

自2014年以来,高考综合改革在全国范围内稳步推进。新高考生源质量直接决定着高校人才培养质量,继而成为高质量教育体系建设的重要影响因素。

一、新高考改革成效

截至2020年,浙沪等首轮试点省份已经有四届新高考学生进入高校,新高考生源的学业发展情况是评价新高考改革成效的重要指标。在前期持续跟踪评价的基础上,笔者2020年1月在试点省份六所高校就新高考生源问题进行访谈,访谈对象涵盖招生部门和教务部门的管理者、任课教师和学生(包括2017、2018、2019级新高考学生),共93人,从他们的视角了解新高考生源的学业表现与综合发展情况。研究结果可以为包括北京在内的后续改革省份深化高考综合改革、提高人才培养质量提供借鉴。

从总体上来说,新高考增加了学生的选择性,在满足学生兴趣和特长、促进学生全面发展方面效果明显,同时新高考实施综合评价招生等多元录取方式,促进高校科学选才的同时,也倒逼高校进行人才培养模式改革与专业结构调整。首先,新高考逐步取消录取批次,实施平行志愿录取,增加了学生志愿填报的数量,减少了学生调剂的可能性,高校教师和学生对新高考招生录取政策认可度较高,这也是新高考改革过程中阻力较小的措施。其次,试点省份探索高职提前招生、单独考试招生、春季招生、综合评价招生等多种招生录取方式,实现了从单一评价向多元综合评价的招生录取模式的转变,满足了普及化阶段高等学校分类发展的需求。再次,新高考增加学生和高校双向选择性的同时,也倒逼高校深化教育教学改革,加强专业结构调整,优化人才培养方案,加强内涵建设。最后,新高考促进高校内部加强了招生与培养工作的联动、高校与中学的衔接,促进了高校招生与培养的一体化衔接,拓展了高等教育治理体系的边界。

从学业表现上来看,新高考生源质量因为学校类型、专业、招生模式等而有所不同。试点省份高水平大学因为有充足的生源,又可以对学业水平考试合格性考试成绩的等级予以限制,可以确保生源质量不降低,省属高校和高职院校部分优势专业生源质量还有所上升。新高考增加了学生的选择性,继而增强了学生的专业认同,在一定程度上也能提升学生的学业表现[1],试点省份将学考成绩与招生录取"硬挂钩"也保障了综合评价招生学生的学科基础,学生具有较强的学习潜力,学习后劲足。[2] 但是同时,新高考给高校招生与培养带来一些挑战,尤其是学生选考科目与高校专业要求不一致而带来学业困难的现象普遍存在。北京等四省市已按新高考模式招生录取,因为学生科目设置、招生录取方式等方面的相似性,首轮试点省份新高考生源学业发展状况和对高校人才培养质量带来的隐忧,在后续改革省份也可能同样存在,应该引起重视与提前应对。

二、新高考生源学业质量隐忧

从试点省份跟踪评价来看,新高考生源知识结构与学业质量呈现出多样化的趋势,"统考+选考"的考试科目设置、学业水平考试制度安

---

[1] 王新凤:《高考综合改革实施效果评价:学业表现的视角》,《中国高教研究》2020年第7期。

[2] 钟秉林、王新凤:《基于高校学生发展视域的综合评价招生实施效果研究》,《中国考试》2020年第10期。

排、多元招生录取模式等都可能给高校人才培养质量带来隐忧。

(一)学生功利化选科的隐忧

新高考选考制度增加了学生的专业认同感,有助于提升学生的专业成绩。但也有学者认为,新高考学生较少考虑大学专业科目要求,这会在一定程度上影响学生专业学习基础。① 因为选考科目等级赋分制的科学性问题,实施过程中产生的"驱赶效应"既对成绩中下的考生不利,也对成绩优秀的考生不利②,带来功利化选科倾向,学生会首先选择容易取得高分的科目而不是感兴趣的科目,试点省份物理选考人数"断崖式"下滑的现象,引起了社会高度关注。笔者跟踪评估发现,没有选考物理、化学或者生物等传统理科课程的学生进入大学之后,专业学习困难,难以达到专业学习要求,有的只能转到文科专业。同时,高校为了确保优质生源的数量与质量,也倾向于放宽专业选考科目限制,一般是二选一、三选一,甚至不设限,这就造成理工科专业的学生没有学过物理或者化学或者生物的现象,学生的知识结构存在缺陷。但在严格限制选考科目的情况下,也会带来某些专业报考人数下降、学生录取分数线下降的现象。

总之,在新高考促进文理融合的改革目标下,在一定程度上造成"不文不理",继而带来理工科学生学业困难。尽管部分高校会采取先修课程、微课、加强基础课等多种方式补课,加强基础课的教学,但收效甚微,与传统文理分科的学生相比,大学物理课的不及格率增加,学生整体成绩差。学生功利化选科的根本原因是选考科目等级赋分制未能很好地解决不同选考科目之间分数转换的等值性和可比性问题,很难阻止出现功利选科博弈现象。③ 2020年10月,笔者对北京七所高中学

---

① 邵光华、吴维维:《我国高考招生制度综合改革的成效与问题研究——基于浙江省2017年高考录取学生的调查》,《中国高教研究》2018年第6期。
② 王新凤:《新高考考试科目设置的公平性问题研究》,《重庆高教研究》2020年第1期。
③ 罗立祝:《新高考选考科目赋分方案再思考》,《河北师范大学学报(教育科学版)》2020年第4期。

校的教师、高三毕业生及其家长进行问卷调查来看,北京高中学生选科相比首轮试点省份更加理性,物理选科人数下滑的并不凸显,但存在盲目和随意性,其在高校学业发展状况亟待跟踪评价。

(二)学业水平考试降低难度

我国从1990年开始正式确定毕业会考制度,并在此基础上逐步减少高考科目设置,改革的本意是将衡量高中毕业生全面素质与合格考试,同以升大学为目的的选拔性高考区别开来,在高中合格考试及全面质量有保证的前提下,逐步减少高考科目数量,也有利于高校根据自身特点选拔新生。[①] 新高考在完善学业水平考试制度的同时,为了增强高考与高中学习的关联度,从高中学业水平考试中选择三个科目成绩与统一高考的语数外三科成绩组成考生总成绩。[②] 学业水平考试,报考合格性考试和选拔性考试的质量就成为新高考"统考+选考"科目设置的重要基础与前提。

但从跟踪评价来看,浙江省探索外语与选考科目一年两考,学生会尽早参加选考,如果能够达到高分或者满分,就不再学习这门科目,所谓"早考早了","考完一门扔掉一门"。上海市将地理和生物科目等级性考试固定在高二进行,多数学生会本着同样的目的选择这两门作为等级性考试科目;尤其是物理、化学等传统理科科目,学生选考后放弃这门科目的学习,这也造成新高考生源学业困难,给高校人才培养带来挑战。北京等后续省份等级性科目考试放在高三年级进行,考试成绩当年有效,在一定程度上可以解决这个问题。同时,合格性水平考试难度降低,而且北京高考方案对学生的合格性考试仅以"合格""不合格"方式呈现,就可能存在"放水"的情况,学生进入高校后也会很难以适应大学理工科专业对学生学科基础的要求。这就有违新高考促进学生全面发展、增强高考与高中学习关联度的改革初衷,应该引起重视。

---

① 杨学为编:《高考文献(下)》,高等教育出版社2003年版,第568页。
② 《国务院关于深化考试招生制度改革的实施意见》,《人民日报》2014年9月5日第6版

(三)生源质量呈现两极分化

新高考逐步取消录取批次、实施平行志愿招生录取方式,增加学生的选择性和专业认同感,继而提升生源质量,同时也加剧了不同高校同类专业的竞争,使得冷门或者弱势专业出现生源危机,继而影响生源质量和办学质量。同时,新高考选考制度设计及其等级赋分制在一定程度上会带来高考成绩区分度降低。从跟踪评价来看,一方面,同一所学校不同专业之间录取分差拉大,有的在二段线以上招生,有的在二段线以下二三十分;另一方面,即便在高水平大学内部,优质生源也存在两极分化的趋势,综合评价招生学生在参加学校校测环节,或者入学后在数学、物理、化学等基础课考试的时候,学习成绩有较大差距。这给高校专业发展与人才培养都带来极大的困难,有的学生基础好,有的学生完全没有基础,无法用同一个卷子考试,教学评价难度大。同时,那些长线、冷门、缺乏特色、培养质量不佳的专业,可能在新高考中面临减招或停招、退出的风险,如何突出特色专业,让学校的特色与优势专业脱颖而出,成为高校招生与培养环节的难题。

(四)高职生源质量有所下降

我国为解决就业难题,鼓励更多应届高中毕业生和退役军人、下岗职工、农民工等报考,2019年政府工作报告提出改革、完善高职院校考试招生办法,大规模扩招100万人。当年,我国高等教育毛入学率达到51.6%,迈入高等教育普及化阶段,高职院校的大规模扩招功不可没。但高等教育规模扩招与高职院校考试招生制度改革的同时,也存在质量问题的隐患。

跟踪评价显示,部分高职院校的优势专业因为报考人数多,生源质量有所上升,学生的专业认同度也高,但同时部分院校表示高职生源质量有所下降。一方面,高职院校探索多元招生录取模式,试点省份实施统招、单独招生、提前招生、"3+2"、综合评价招生等多种招生模式,学生来源多样,学习基础也不同,生源质量呈现阶梯式分布,给高职院校人才培养带来较大挑战。比如单考单招学生成绩区分度差,学生学习基础差,教学难度大;高职院校探索"3+2""五年一贯制"培养模式,与中职学校共同培养拔尖学生,学生学业要求提升后有能力考取本科院校,也带来部分高职生源的流失。另一方面,学生因为选考科目与所学专业的不匹配,高职院校因为师资等局限,也不可能像高水平大学那样开设大学物理等先修课程,或者单独编班进行针对性教学,因而难以弥补学生因选考科目带来的知识结构不足的问题。"十四五"期间,我国推进高等教育分类管理,构建更加多元的高等教育体系,高等教育毛入学率提高到60%,高职院校人才培养质量问题应该引起足够重视。

新高考生源质量的下降,势必会影响高校人才培养的质量,也会对高校人才培养模式变革提出要求。高校人才培养必须应对新高考生源知识结构和生源质量多样化的挑战,尤其是要在招生模式、课程设置、专业结构等方面进行针对性的调整。同时,在当前新发展阶段和新发展格局下,对科技创新人才的需求更加强烈,如果高校学生学科基础薄弱,尤其是理工科专业因为"文理融合"的改革初衷而导致"不文不理"的局面,势必将影响我国自主创新能力的提升,新高考生源质量对经济社会发展以及综合国力的增强都将产生长远影响。

三、建设高质量教育体系的应对策略

建设高质量的教育体系,最核心的问题就是如何提高高等教育质量。新高考背景下,应该重视新高考生源质量的监测,构建以学生为中心的高校内部质量保障体系;深化新时代教育教育评价改革,从政府、高校、高中、学生、社会等多角度统筹引导学生和学校的理性选择;高等学校关键是要有危机意识,优化人才培养模式,加强特色专业建设,提升办学实力;系统推进高考综合改革,完善高考制度的科学性与公平性,促进大中衔接,统筹考虑高中教学与考试、高校招生与培养等环节,建设发展性、开放性的高质量教育体系。

(一)重视新高考生源质量监测

"十四五"期间我国教育发展的主要任务和目标是建设高质量教育体系。随着高考综合改革在全国范围内稳步拓展,考试招生制度改革成效将成为影响高质量教育体系建设的关键。新高考生源质量直接关系着学生全面发展、学科专业建设、科研创新人才培养等发展成效,关系着"双循环"新发展格局下国家自主创新能力和应用型人才培养质量,继而影响到我国经济社会发展。因此,应该高度重视新高考生源的质量监测,加强高考综合改革跟踪评价研究,研究、制定高考改革成效的评价标准和指标体系,完善对新高考学生学业表现与综合发展的跟踪评估机制。完善高校内部质量保障机制,建立起以学生发展为中心、以学习结果为导向的学生评价机制和教学质量保障机制。

(二)深化评价改革,引导学生合理选科

目前,教育部与地方教育行政部门采取三种途径引导学生合理选科:一是教育部出台《普通高校本科招生专业选考科目要求指引》,引导高校合理限制选科;二是第三批八省市实施"3+1+2"科目设置,限定物理或者历史作为首选科目;三是启动选考科目保障机制。但要从根本上解决功利化选科问题,还是要落实《深化新时代教育评价改革总体方案》,政府部门、学校、学生、社会等统筹协调,协同扭转不科学的评价导向,落实立德树人的根本任务,完善对高中和高校的外部评价机制,改变以高考升学率、最低录取分数线等为标准的评价导向,引导高中转变育人导向,推动高校加强内涵建设,促进学生个体全面、健康发展,同时以制度约束和引导个体、学校的理性选择,实现个体发展和社会发展目标的协调统一。

(三)加强危机意识,推进高校内涵建设

新时期高质量教育体系建设的关键,是引导高校审时度势,对新高考可能带来的生源质量冲击有充分认识,及早应对,集中精力加强高校内涵建设。一是改革人才培养模式,完善大类招生下的专业分流、转专

业等制度建设，处理好宽口径培养与专业发展需求之间的关系，充分利用信息技术满足学生多样化学习需求，提高教学效率和学习质量。二是优化专业结构，建立适应经济社会发展需求、符合学校发展定位和人才培养目标的专业结构体系，突出优势专业和特色专业发展，完善专业准入、调整与退出机制；同时对国家需求的基础学科和特殊专业要予以保护。三是加强高职院校发展保障，缓解普及化阶段高职院校发展面临的多重压力，包括多种招生模式生源质量差异、高职院校扩招、民办高职升格为本科等带来的外部压力，探讨适当拓展优质高职院校与优势专业上升空间的必要性与可行性。

（四）加强统筹协调，系统推进高考改革

高考改革是一项系统性的工程，涉及教育行政部门、考试机构、高等学校、高中、学生、家长以及社会各领域，可以说"牵一发而动全身"，是高风险、高利害、高关注度的综合改革。系统推进高考改革包括：一是系统推进高考综合改革，在试点省份改革成效系统评估的基础上，对后续改革省份改革方案和相应的保障措施有充分预估，做好风险预案。二是系统推进考试招生制度改革，完善高考选考制度、选考科目等级赋分制度、学业水平考试制度安排等，加强高考制度的科学性与公平性。三是系统推进考试、招生、培养全过程的衔接，加强学考与高考关联度，尤其是以"合格""不合格"划分学业水平考试成绩的省份，应提供各门考试科目的原始分，高校招生录取的过程中可以根据学科专业发展的需要予以参考，从而保证高校人才选拔与培养的质量。

（本文作者王新凤，原刊《北京教育（高教版）》2021年第6期）

新高考模式下高中选课走班
实施的问题与应对策略

"选课走班"并不是一个新现象,我国实施高中课程改革以来,选修课程设计及与之配套的选课走班制就应运而生,国内学者较早关注走班制分层教学的问题。[①] 选课走班是大规模的现代学校为满足学生个性发展需求进行的制度设计,既能保证所有人受教育,又能够满足每个学生的个性发展需要。[②]

新高考实施"3+3"科目改革,即统考科目语数外三科,再加上由物理、化学、生物、历史、地理、政治以及技术等学科中的自选三科。作为高考综合改革配套措施,试点省份高中学校全面实施选课走班的教学模式。新高考模式下的选课走班有所不同,可以说是必修课选课走班,即打破原来的行政教学班模式,实行语、数、外、物、化、生、史、地、政等必修课选课走班制。笔者所在的课题组于2017年8月对浙江和上海两地的高中学校校长(36人)、高中教师(15人)和高中与大一新生(15人)进行访谈,在此基础上分析新高考模式下高中学校选课走班的模式、问题及对策建议。

一、选课走班的模式

(一)选课走班的类型

浙江、上海高考综合改革中选课走班的模式分为三种:一是全走

[①] 胡志红、黄家华:《"分层走班"制教学应注意的几个问题》,《教学与管理》2001年第13期。

[②] 赵小雅:《"选课走班":种种现实如何应对》,《中国教育报》2014年6月4日第6版。

班,是指"全员全科分类分层选课走班"(M1 中学校长①),较为彻底地贯彻选课走班、因材施教的理念,将某学科分为不同层次,不同班级讲授相同的知识,但教师的教学策略和要求在各班级中有所不同,尊重和主动适应学生差异,实施因材施教。

二是部分走班,包括"+1"模式或者"+2"模式,即选考科目分别走一门或者两门。在具体落实和实施的过程中,不同学校各有差别。有的学校采取"行政班+教学班相结合的课程实施模式"(M4 中学校长),保留行政班的教育功能,也减少选课走班实施的难度。有的学校采取"模块加学程的课程设置,实现跨年级选课走班"(M5 中学校长),进一步加强课程的丰富性、多样性,落实学生对课程的选择权。

三是套餐制,即高中学校固定选考科目,基本不走班。这一方面是因为教学资源的限制,难以满足所有学生的需求实行选课走班。"高中的资源是做不到的。我们形式上先走一下,能做就做,不能做也没办法。"(M3 中学教师 1)另一方面学校也在确保教学质量不下滑的前提下,倾向于鼓励学生选择学校相对优势的学科。

(二)选课走班的安排

多数学校选课走班的基本安排如下:高一是基础课,高一第二个学期结束就要选课,高二第一学期结束之后基本确定所有学科,然后开始选课走班。分层分班教学的班级会根据教学过程中学生的成绩,进行进一步的调整。"七门课选三门,每门课选老师,ABC 三个层次自己选。看学生的意愿,但也要以成绩为标准。"(M3 中学教师 2)

有的学校会在高一就进行全部选课走班,行政班与教学班并存,学考课程、选考课程、校本课程并开,"真正实现了学生一人一课表"(M6 中学校长)。一人一课表对充足教育教学条件和教学管理具有比较大的挑战。有的学校还尝试进行二次走班,学生选择不同科目进行第一

---

① 文中高中学校受访者均以"M+数字"的形式编码;学生包括高中学生和经过新高考的大学生,以"U+数字"的形式编码。

次走班之后,允许学生在不同类型的班级之间进行流动。"每届之间选科比例变化不大,比较容易操作。"(M7 中学校长)

有的学校在部分科目组合式走班的基础上,仅对拓展课程实行走班制。高一年级不走班,高二年级对物理、化学、生物、地理组合式走班,高三年级再实行 3+1、3+2、3+3 三种情况的走班制。三个年级"基础课程中英语小班化报刊阅读、体育专项活动、拓展型课程、研究型课程、社团活动等均实行走班制。"(M4 中学校长)

(三)选课走班的优势

一是可以发挥学生的优势与特长。国内学者认为,选课走班致力于解决重点班带来的教育过程公平性与因材施教之间的矛盾,高中学校在取消重点班、实行平行班教学的基础上,实施行政班与教学班并存、以行政班为主的教学管理模式,为学生提供大量选修课,学生通过选课走班发展某方面的兴趣与特长。① 新高考模式下,"学生可以根据自己的兴趣、爱好、学科特长和高校科目组进行选科"(M8 中学校长),这既增加了学生的选择权,也能拓宽学生的知识面。同时,学生选了自己的优势学科,还能在高考中获得更好的成绩。"好处是可以选择自己比较有优势的学科,理科我化学不是很好,文科政治不是很好。这个选课方式比较有利于大家的兴趣爱好和特长的发挥。"(M3 中学学生 1)

二是有利于因材施教。能力、基础不同的学生都能选择适合自己水平的课程,便于在原有水平的基础上冲刺提高。"BC 班级是等级分配,都是水平高的同学在一起,水涨船高,老师可教一些更深的内容。"(M3 中学学生 1)"我化学还是比较拖后腿的,开始是 B 班,水平比较差。但是我上课用心听,老师讲的比较基础一点,慢慢打基础,后来我也上了 C 班,成绩比较稳定。"(M3 中学学生 3)

三是改变了传统教学方式。选课走班首先是改变了学生的学习方式,"赋予了学生更大的自主权,可以提升学生的智慧和创造力"(M9

---

① 潘秀慧:《市区多所高中不设重点班》,《温州日报》2006 年 7 月 14 日第 3 版。

中学校长);有学生认为,选课走班模式有利于高中生"提升适应大学学习生活"(U1高校学生),有利于高中与大学的接轨。但是,走班制客观上要求班级管理工作更加细化和深化,因此对教师队伍的管理和教学能力提出了更高的要求。有学者认为,新高考模式下,集体教研正成为教师的一种自觉行为,成为教师专业发展的重要载体,在教研情态上从被动转向主动,继而实现教研效果从低效到高效的转型。①

二、选课走班面临的问题

国内学者对选课走班面临的问题早有关注,包括如何提高学生选科的科学性与有效性,如何进行有效的班级教学管理,如何科学评价走班制的学习效果等问题。② 选课走班主要是出现了高中教学班与行政班并存的新情况,行政班管理功能弱化,教学班的管理功能褊狭,行政班与教学班之间班级管理出现漏洞等。③ 与新高考配套的选课走班制将不再是个别学校的教学模式,而是将在全国范围内实施、推广的教学模式,与以往高中学校实践探索中遇到的问题相似,但影响范围将会更广。

(一)教学资源配置不足

从选课走班发展的路径来看,一边是单一、同质化、固化的教学系统,另一边是不断丰富教学资源的要求,以及学生发展的多元化和个性化需求,解决好这对矛盾是实施选课走班制的重要前提。但是,新高考选课走班是在部分学校不具备相应教学资源条件下开始实施的,因此,最大的问题在于是否具备充足的教学资源。事实上,当前的教室、师资等教育资源难以满足新高考模式下高中学校选课走班的需求,因此对区域范围内的教育总体投入提出了更高的要求。有的高中校长提出,

---

① 张建英、郝泽启:《"选课走班"后的集体教研转型》,《中小学管理》2016年第12期。
② 黄文涛:《高中选课走班制教学的实践与思考》,《教育科学论坛》2011年第4期。
③ 张晓红:《普通高中选课走班模式下的班级管理问题及策略》,《潍坊学院学报》2011年第2期。

"高考改革应该是政府的事情,一把手要统一协调。走班要保障130%的编制,场地、投入都没有。现在代课老师是非常大的一个群体,有的学校有场地,但是没钱、没人,100个人一起上大课。"(M11中学校长)在师资结构性缺编的背景下实施选课走班制,在一定程度上会增加在职教师工作负担,受访者认为,"走班制使得选科老师的工作量急剧增加。"(M18中学教师)

另外,有研究者对我国高中学校教学廊道进行实地考察发现,针对选课走班制实施当前的教学廊道空间设计存在横向尺度过小、竖向交通压力过大、公共服务设施匮乏、跑课距离过长、空间形式单一等问题,不利于选课走班的实施,应该在重视教室空间设计的同时,更加重视教学廊道空间的设计。①

(二)教学管理增加难度

一是增加排课难度。选课走班给排课等教学安排带来很大挑战,尤其是全走班,"排课要求七门课的课时数与进度同步走,而事实上不同学科在不同阶段所需的课时是不一样的,就会造成有的课时太多,有的不足。"(M10中学校长)

二是增加学生管理难度。一方面学生收交作业等都很困难,"选修某学科的班级同学,平时分布在不同的行政班,收交作业没有固定的课代表,要靠学生自觉交作业,这很困难。"(M12中学校长)另一方面,增加了自习课,给班级管理带来困难。选课走班的同时,要穿插更多自习课才能进行,学生有了自主学习空间,也给学校管理带来压力。"这是尊重学生选择性、学生自主发展与学校管理难度增加的矛盾。"(M15中学校长)

三是增加教师管理难度。新高考选课走班模式下,教师不能调课,因为调换某个班级的课程,极可能会影响其他班级同学的走班学习。

---

① 秦晓梅:《"选课走班制"模式下普通高中教学楼廊道空间设计研究》,《建筑与文化》2018年第4期。

"如果某老师有事需要请假,只能由相同学科的老师代课而不能调课,因为调某班级的课(本节课与另外对应的一节课刚好有走班),极有可能影响到其它班级同学的走班学习,课程表相对来说不能动。"(M12中学校长)这可能会影响高中教师专业发展,"许多教师主动或被动放弃了外出学习培训机会,他们外出学习培训的机会因此大大减少。"(M15中学校长)

(三)降低学生学习质量

一是选课走班降低了学生学习的有效性。选课走班模式下,教师课后辅导答疑、同伴之间相互学习等效果都不如行政班级模式下更好,"很多时候降低了学习的有效性"(M13中学校长)。受访者认为,"新班集体过多,学生课后跟踪辅导、学生同伴间互学等都会产生问题,从而影响教学效果。"(M10中学校长)"有些时候,这个学生在不在都不知道,成绩一直上不去。有时候,这节课没讲完,外面已经有学生进来了。"(M14中学教师)

二是选课走班模式下教学质量监控困难。在行政班教学的模式下,教师对学生的情况比较了解,更能有针对性地因材施教。但在走班制模式下,教师对学生的了解远不如行政班,"去年我带了四个走班,有20个课代表,我连课代表都不认识。"(M16中学教师)因此受访者认为,选课走班教学质量更低,"走班的教学教育质量确实不理想。以前的行政班好管理,整个班的学习氛围也好。"(M14中学校长)"固定班听课会很认真,但是走班的来听课就不认真,他像选修课那样来听一听就走了,教学质量不能保证。"(M17中学教师)"统计下来发现,走班的学习成绩不理想,跟固定教室教师授课还是有差距的。"(U1高校学生)

(四)削减班级教育功能

我国学校教育长期以来保留着行政班的建制,固定教室、固定班级、固定班级管理,具有较强的教育特色,而新高考选课走班打破了这种平衡。

一是弱化了学生对班级集体的归属感。有学生反映,最为明显的变化是在体育比赛的时候,学生不知道为哪个班级学生加油。受访者表示,"不要轻言弱化行政班的功能。行政班是学生成长的共同体,是学生发展的共同体,是学生活动参与的共同体,在教育教学中有其特殊的功能。"(M13 中学校长)

二是弱化了班级同学之间的情感。有同学表示会认识更多同学,拓展学生的交际圈,但是也有同学表示"多了打招呼的人,好朋友还是那么几个,影响不大"(M14 中学学生)。更有学生认为,"没有以前班集体一起准备课程的那种感觉了,没有班级协调的冲劲了,大家都比较自由散漫,有了自己的想法和自由。"(U2 高校学生)

三是弱化了班级的思想政治教育功能。高中学校行政班级承担很重要的思想政治教育功能。"就思想道德教育而言,走班制这个提法不是很合理,中国的国情和国家体制下,学生学业外的东西要在行政班教学去做,所以我们走的改革不要一蹴而就。"(M14 中学校长)国内学者分析美国高中选课走班的历史演变和相配套的教学管理系统之后,也提出选课走班在实现个别化教学的同时,学校和家庭给与学生极度自由,造成了美国个人主义的泛滥。[①]

因此,在新高考实施选课走班的过程中,多数学校会在不同程度上保留行政班的建制,以发挥行政班的教育功能,促进学生行为规范、学风班风、学习习惯等的养成,给予学生集体归属感。选课走班只是一种教学组织形式,是实现教学目的的手段,其本身并不是目的,不能为了走班而走班。

三、完善选课走班的应对策略

(一)增加教育资源配置,选课走班因地制宜

选课走班受制于客观教育教学资源的限制,大班额比重比较大的

[①] 刘璐、曾素林:《美国高中选课走班制的历史、现状及启示》,《教育探索》2017 年第 5 期。

学校是难以选课走班的,除此之外还需要有足够多的教室、教师,宽敞的走廊等,教师、教室等教育资源在短期内难以得到充分的补充,因此选课走班制的实施也应该因地制宜、逐步推进。对办学条件不足的省份来说,新高考模式下的选课走班尤其应该量力而行。一要加强省政府统筹力度,加大教育投入,增加教师编制,着力解决大班额问题,限制班额和年级规模。二要加大对学校硬件设施的改进力度,适应新形势下的选课走班需求,尤其要注重补充高中急需学科师资力量,应对新高考模式下高中教师结构性缺编问题,保障选课走班顺利实施。三要允许教学资源不够充分、规模小的学校实施套餐制、菜单式选课走班,随着办学条件的逐步改善和配套措施的实施,对选课走班进行适时地调整,逐步满足选课走班的要求。

(二)探索建立选课走班双轨制管理模式

国内学者应对选课走班带来的班级管理问题,提出了应对策略,如加强行政班学生的班级归属感、团队精神与合作意识,教学班实行班级管理全员负责,加强行政班与教学班之间的沟通与交流,促进学生积极自主参与班级管理等。① 笔者认为,关键是要探索教学班与行政班并存的双轨制管理模式,包括教师、学生、学校层面的三级管理体系。一是探索行政班班主任和教学班老师共同负责的教师管理模式。"日常管理由行政班班主任负责,走班教学期间由教学班老师负责"(M21中学校长);行政班班主任对自己的学生加强指导和跟踪管理,并负责与教学班教师保持联系,以便掌握学生在教学班的情况;教学班老师一岗双责,既负有教学职责,又兼负管理职责,主动与行政班班主任沟通学生情况。有的学校实施"全员全程导师制"(M20中学校长),让更多教师参与学生管理;有的学校取消行政班,由导师代替传统意义的班主

---

① 张晓红:《普通高中选课走班模式下的班级管理问题及策略》,《潍坊学院学报》2011年第2期。

任,每十个学生配一名导师,在年级主管的领导下开展各项工作。① 二是探索教学班与行政班并行的学生管理模式。每个教学班配备科目代表、班干部。来自同一个行政班的学生组成一个或者多个学习小组,教学班内成立以学科任课教师为指导老师、科代表和成绩优异的学生为核心的学科答疑团队,以应对学生学业辅导的问题。也有的学校专门设置了走班自修课,教师下班之后对学生进行课业辅导,进一步保障学生学习质量(M20 中学校长)。三是高中学校层面要加强过程管理,使走班成为一种常态。通过教学视导、日常巡视了解教学班的运行状态,发现问题,及时解决。有受访者建议从小学、初中开始走班,使得选择性与选课走班的模式成为一种常态,"有了走班基础,高中阶段实施走班在理念上容易接受,在具体操作上相对熟悉"(M22 中学校长),可能会更利于在高中阶段实施选课走班。

(三)建立科学的评价机制

实施选课走班之后,无论是对学生的学业成绩还是对教师绩效的评价都要发生相应的转变。比如,如何评价双轨制教学管理模式下教师的绩效问题,如何评价学生的学业成绩,将是新高考模式下高中学校教育管理的新难题。受访者建议,以现代化科技手段介入学生考勤方式,建立以过程和结果并重的教学质量监控和教师教学绩效评价体系,"行政班起点评价、教学班增量评价看起来是教师绩效范畴的问题,但反过来也是促进教学秩序规范有序、联通顺畅的一种重要手段。"(M23 中学校长)国内研究者探索适合高中学生选课走班的学科倾向测试问卷,供高中生进行学科倾向测试,以便其作出更加科学、更加个性化的课程选择。②

(本文作者王新凤,原刊《教育与考试》2019 年第 3 期)

---

① 李绍才:《让学生找到属于自己奔跑的跑道——杭六中"选课走班"的实践探索》,《浙江教育科学》2015 年第 3 期。

② 王鹏、王芳、刘璐、孙玉荣:《高中生"选课走班"学科倾向测试编制》,《考试研究》2015 年第 6 期。

不能用旧眼光看待"新高考"

从 2014 年启动至今（2021 年），新高考改革究竟带来了哪些新的变化？考生、教师和家长对新高考改革有怎样的评价和反馈？未来，新高考改革的趋势如何？《解放周末》报社记者就这些问题采访了国家教育咨询委员会委员、北京师范大学钟秉林教授和北京师范大学中国教育政策研究院王新凤博士。

一、最重要、最复杂的一次教育综合改革

解放周末：从 1977 年恢复高考至今，2014 年以来的新高考改革被认为是最重要、最复杂的一次教育综合改革。您如何看待这种评价？

钟秉林：其实，这么多年来，中国的高考改革一直没有停止过，一直坚持着小步走、不停步的改革节奏。而且，它有一个基本原则，就是在维持高考制度基本框架不变的基础上，针对不断出现的问题进行相应的调整和改革。至于从 2014 年开始实施的这次新高考改革，筹备时间比较长，改革涉及的领域也比较广。从 2010 年开始，教育部就组织专家分了十几个专题对高考改革进行全国性的调研和论证，包括过去历次高考改革的成绩、不足以及对改革的种种设想。在这个基础上，2014 年，国务院发文正式启动新高考改革。这么长的筹备时间在以往是没有过的。

解放周末：当初为什么要下决心启动这场新高考改革？

钟秉林：自 1977 年恢复高考以来，我国的高等教育发展大致经历了三个阶段。从最初的精英阶段，到 2002 年进入大众化阶段，再到

2019年进入普及化阶段,上大学的人数比原来多得多。现在高考的人才选拔,不是当初精英阶段从一大批考生中选拔少数尖子人才进一步深造。在普及化阶段,是让有意愿上大学的考生通过高考选拔,把他们送到适合他们的高校去深造。两者在本质上是有很大区别的。所以,按照原来"一考定终身"的方式来进行选拔,显然不能适应新的时代需求。因为在普及化阶段,不同层次、不同类型的高校,人才选拔的标准和方式是多样的。同时,维护教育公平是国家教育政策的重要价值导向。在高等教育普及化的背景下,如何更加关注弱势群体,促进入学机会公平,成了高考改革必须直面的课题。我曾经在延安插过队,对此有很深的体会。农村孩子在高考中处于劣势,考不出高分,不是他们不聪明,更不是他们不努力,而是因为他们从小生活在社会经济比较落后的环境中,没有机会接受和城里孩子一样的教育。所以,国家应该采取一定的补偿政策向农村学生倾斜。农村孩子希望通过高考实现阶层递进,改变人生的命运和家庭的命运,这是社会进步的表现。因此,高考不仅承担着促进教育公平的职能,还承担着维系社会公平、公正的责任。此外,通过新高考改革,还希望能够引导中小学尽可能地避免应试教育的倾向,重视每个孩子的全面发展。总而言之,改革的目标就是三点:一是促进公平,尤其是入学机会公平;二是科学选才,选拔合适的学生到高校深造;三是引导学生全面发展。

解放周末:新高考改革为什么采取在部分省市先行试点的方式?

钟秉林:高考改革"牵一发动全身",学生、家长、教师都高度关注,全社会都高度关注,它涉及千家万户的利益,涉及每年上千万的考生,所以高考改革是一件极为敏感的事情。一旦出了问题,那就是社会问题,甚至可能会影响社会稳定。因此,新高考改革的策略是"遵循规律、试点先行、协同改革、平稳推进",一定要做好充分的准备,采取循序渐进的方式推进。

解放周末:为什么一开始选了浙江和上海进行试点?

钟秉林:在新高考改革的起步阶段,之所以选择浙江和上海进行试点,有以下几个考虑:第一,因为浙江和上海的基础教育水平比较均衡,总体水平也较高;第二,因为这两个省市在前期已经做了高考改革的很多探索,取得了一定的成绩,有很好的改革基础;第三,浙江和上海对于高考改革的积极性、主动性很高,事先已经制定了一些方案。经过慎重考虑,最后决定对浙江和上海先行进行试点。

解放周末:当时浙江和上海发布的新高考方案为什么又是不同的?

钟秉林:浙江和上海,一个是省,一个是直辖市,教育的基础情况不完全相同,因此在制定改革方案时也有所不同。比如,在高考自选的三个科目上,上海采用的是"6选3",在六门高中课程中选三科作为考试科目;浙江省则结合职业教育和高等教育的发展情况,推出了"7选3"的方案,增加了一门技术科目。经过专家论证,认为两种方案都可以尝试一下。这就是先行试点带来的一个重要经验:具体方案里的内容可以有所不同,只要紧扣高考改革的目标就行。在具体做法上,要根据各地的实际情况作出相应调整,尊重各地的首创精神。以一年两考这个举措为例。浙江和上海在试点中率先实行英语一年两次考试,浙江省选考科目也是实行两次考试,从中选择一次较好的成绩计入分数,这样可以降低学生集中备考的压力。但是,中国地域广大,不同省份之间存在较大的差异。我们后来经过调研发现,有的省份认为一年两考会增加高中教师的负担。因此,第二、第三批改革省份的高考综合改革方案中,选考科目和外语笔试一般是一次考试。所以,不能一刀切,应该结合各地的不同情况进行多样化探索,并根据新问题适时微调相关政策。

解放周末:在新高考改革实施的过程中,曾经遇到过哪些难题?

钟秉林:事实上,高考改革因为事关各种不同的利益群体,所以,每一项改革政策的出台都充满争议。比如,在高考自选科目上有争议,在取消体育、艺术特长生加分上有争议,在一年两考的问题上有争议,对取消文理分科有争议,对西部地区考生的倾斜政策也有争议。虽然高考改革的每一步都很艰难,但路已走出,就要坚持走下去。

王新凤:在新高考改革实施的过程中,确实曾经出现一些新情况、新问题。比如,在部分省份先行试点的过程中,学生存在趋易避难的选科倾向,因而出现了选考物理的学生人数大幅下降的现象。教育部门立即作了调整:第一,2018年,教育部出台了《普通高校本科招生专业选考科目要求指引(试行)》,引导高校明确规定某些专业必须限选物理或者其他相应的科目;第二,部分改革省份出台了选考科目保障机制;第三,第三批试点的八个省份调整为"3+1+2"的模式,即统考语数外三科之外,物理、历史两门中必选一科,再从化学、生物、政治、地理中选两科。这样,引导学生合理选科,避免选科时出现不平衡的现象。不断对新出现的问题进行及时调整,这是新高考改革的一种常态。

二、新高考改革"牵一发而动全身"

解放周末:七年过去了,这场新高考改革带来了哪些新的变化?

钟秉林:七年时间不长,但新高考改革带来的变化是显而易见的。

第一,高考招录的公平环境进一步得到改善。高考是一个高利害、高风险的选拔性考试,必须规范和清理有关加分政策、严厉打击考试舞弊现象。另外,通过实施专项计划,针对连片贫困地区的农村考生进行定向招生,由重点大学制订专门计划,定向录取。截至2020年,累计已有70万名学子通过专项计划走出贫困地区,走进重点大学,促进了教育公平和社会公正。

第二,学生的选择机会有所增加。新高考改革对学生来说,最重要的一个关键词就是"选择"。高中学生必须有自我认知,学会选择,作出选择,这是新高考带来的一个很重要的变革。提高学生自主选择能力的重要途径之一,是在高中学校开展生涯规划教育。这对学校来说也是一个很大的挑战。从学生家长的角度来说,家庭教育的观念和方式也要转变:要克服只关注孩子分数的焦虑情绪,更多关注孩子的兴趣爱好以及今后的学术发展和职业发展,鼓励孩子自主选择。

解放周末:这些改变,有主动的改变,也有被动的改变。

钟秉林：第三，高中学校的育人方式也发生了改变。选课制、走班教学、分层教学，成了教学新常态。不仅教学方式发生了改变，对学校的管理也提出了很大的挑战，对高中教师队伍建设提出了更高的要求。谁来帮助学生提高自主选择的能力？教师是一个很重要的方面，因为他们最了解学生。因此，在深化课程改革、提高教师教学能力和水平的同时，还要重视提高教师发现学生兴趣特长、评价学生综合素质、指导学生选课和规划学习生涯的能力。

第四，倒逼高校进行招生与人才培养模式改革。一方面，高校要按照适合自己人才培养目标定位的标准来选拔人；另一方面，要把招生录取和人才培养结合起来，进行系统规划。比如，去年推出的"强基计划"，它的一个最大的亮点，就是录取的学生进入大学后，有专门的系统的培养规划。有的大学专门研发了课程，有的大学配备了本科生导师，有的大学采取本硕博贯通培养，把招生和人才培养紧密地结合在一起。所以说，牵一发而动全身，新高考改革带来的变化是全方位的，学生、家长、教师、学校都随之发生了或多或少的变化。

解放周末：未来，新高考改革还有什么计划？

钟秉林：今年，教育部拟启动第四批省份的新高考改革，新高考已经进入了从东部改革试点向中西部逐步推广的新阶段。新高考改革已经在路上，我觉得最重要的是保持初心。所谓初心，就是紧紧围绕三个目标：促进公平、科学选才、引导学生全面发展。我们所有的改革都是为了离这三个目标更近一些。

解放周末：对于新高考改革，曾经组成专家评估组进行跟踪评估，能介绍一下评估的情况吗？

王新凤：自2014年以来，我们作为第三方评估团队开展的大规模跟踪评估工作主要有三次。第一次是2019年，我们受地方教育考试院委托对新高考改革进行评估。这次评估主要以抽样调查的方式进行，对高中教师、高中学生、学生家长、高校教师、高校学生五类群体开展问卷调查，范围覆盖优质高中和薄弱高中、本科高校和高职院校。一共回收了 8 万余份问卷。同时,召开了 21 场座谈会,进行了 330 人次的访谈。第二次是在 2020 年 1 月,我们在前期跟踪评估的基础上,主要针对试点省份高校的 2017 级、2018 级、2019 级通过新高考录取的学生开展了问卷调查,共回收问卷 30 余万份;同时对高校的教师和学生进行了 180 多人次的访谈。第三次是 2020 年 10 月,我们对第二批试点省份的北京市开展了跟踪调查。除了对高中学校的访谈之外,主要以抽样调查的方式,对北京市四个城区的高中教师、高中学生和高三毕业生进行了问卷调查。这次共回收问卷 2000 多份。我们希望对新高考改革的整个过程进行跟踪评估,从而得出相对客观的、全面的结论。

解放周末:这些评估调查的结果怎么样?

王新凤:首先,对于新高考改革,学生群体的满意度是最高的。无论是第一批还是第二批改革省份,无论是访谈还是问卷,都反映出学生对新高考改革的满意度非常高。三次问卷调查显示,学生群体对新高考改革成效的满意度都在 80% 以上。他们普遍认为新高考增加了他们的选择性。学生对一年多次考试等改革措施的认可度也远高于其他群体。其次,认为新高考改革促进了科学选才,这个结论在不同群体中的认可度都很高。新高考改革的三个目标是促进公平、科学选才、引导学生全面发展,我们在调查问卷中让大家来评价这三个改革目标是否达成。结果显示,无论是高中生、大学生,还是教师、家长,大家对新高考促进科学选才的认可度最高。通过对新高考录取的大学生的问卷调查显示,综合评价招生的学生进入大学之后的专业认可度比较高,与统一高考学生相比也表现出更好的综合素质和学习潜力。

解放周末:那么,老师和家长对新高考改革的满意度如何呢?

王新凤:这一点在不同省份、对不同改革措施的看法上有所差异。针对某个具体的问题,与学生相比,教师、家长的满意度可能相对低一点。比如第一批试点省份问卷调查发现,学生的满意度是最高的,满意度相对较低的是高中教师。因为作为首轮试点省份,改革的难度和不确定性较大,比如选考科目与外语可以进行多次考试,这满足了学生选择性需求,却增加了高中教师的工作负担和心理负担,所以高中教师的评价会相对低一点。但在对北京的跟踪评估中,情况就不太一样。学生的满意度仍是最高的,满意度相对较低的是家长。可能一个主要的原因是,北京的家长群体普遍对孩子的期望更高一些,所以对新高考改革的期望更高,满意度相对就会偏低,但是也在60%以上。

三、要以长远眼光来看待这场新高考改革

解放周末:为什么某些省份家长对新高考改革的满意度会相对偏低呢?

钟秉林:在我看来,传统观念依然制约着我们对新高考的认识。比如,为什么高等职业教育发展比我们预想的要慢?重要原因之一是人们总觉得职业教育低人一等,这是长期存在的传统观念造成的。实际上,国家建设需要不同层次和类型的高级专门人才,尤其亟需大量的高素质技术技能型人才。"人人成才"的标准也应该是多样化的。近三年来,高职院校每年扩大招生规模100万人;同时高职院校一直在探索分类考试、提前招生、注册录取,这方面的改革力度还是很大的。再比如,前面提到的"强基计划"。"强基计划"的招生专业是基础学科和关键技术领域,它体现了一个很重要的政策导向,那就是服务国家重大战略需求,培养拔尖创新人才。因此,"强基计划"招生的试点学校限定在全国36所一流大学建设的A类高校。可是我们注意到,现在社会上对"强基计划"的炒作比较厉害,特别是一些教育培训机构又开始抓住所谓的商机,推出了"强基计划"培训班。很多家长出于功利性的目的,认为参加"强基计划"培训可以让自己的孩子上一个好大学。我觉得,这种做法并不值得跟风效仿。从家长的角度来说,还是应该根据孩子自己的兴趣爱好,尊重孩子的自主选择权,如果孩子对这些专业没有兴趣或不适合,那就不必勉强。

解放周末:对于高考改革推出的一些新政策,不能用功利化的眼光

去解读。

钟秉林：是的。同样，也不能对新高考改革做碎片化解读。比如，在取消文理分科的问题上有过争议，有人认为这是不尊重学生的特长发展。这种说法听起来似乎有道理，但整体来看就有一定的片面性。在高中阶段过早进行文理分科主要有两个弊端：一是容易造成学生偏科，知识结构不完善。学科发展综合化是大趋势，知识结构不完善，到了大学还得补课，会影响人才培养的质量。二是容易造成学生思维方式不完善。文科擅长形象思维，理科擅长逻辑思维，两者必须很好地结合，才能形成创新性思维。过早文理分科，不利于创新性思维方式的形成和创新人才培养。还比如，对取消体育、艺术特长加分，有些家长也提出了质疑。实际上，一个学生如果确有体育、艺术特长，发展通道有很多，可以报考高校的体育艺术类专业，也可以报考重点大学的高水平运动队和大学生艺术团。另外，新高考探索综合评价招生、"强基计划"招生等模式，都将高中综合素质评价结果作为高校录取的重要参考，其中也可以充分展示学生的体育、艺术特长。所以，对新高考改革方案需要有一个全面的解读，而不能应试化、碎片化、功利化地去解读。

解放周末：应对新高考改革，您认为还需要改变哪些观念？

钟秉林：教育观念转变是积极稳妥推进高考综合改革的重要先导。要树立现代的教育观和科学的成才观，观念不更新，仍然用旧眼光去看待"新高考"，那么这场改革的效果就会大打折扣。我想说的是，高考是学生求学生涯中的一个重要事件，但不是学习过程的全部，更不是人生的全部。成才的机遇很多，路径也很多。很多优秀人才并不都是从名校出来的。一个人的成功不仅靠智力因素，还取决于很多非智力因素和外部环境的影响。每个孩子都是有差异的，必须承认和研究这种差异性，鼓励孩子的兴趣特长发展，尊重孩子的选择，不要给孩子太大压力。我们应该以更加长远的眼光来看待这场新高考改革。

（本文作者徐蓓，原载《解放日报》2021年6月11日第13版）

路径选择

新高考的现实困境、理性遵循与策略选择

从经历新高考的利益相关群体的视域解读新高考的现实困境，并在剖析高考改革的价值冲突的基础上提出策略建议，对高考综合改革的政策调整和顺利实施具有重要的现实意义。

笔者以高考综合改革首轮试点省份浙江和上海为个案，在2017年8月两地录取结束后，组织和参与了12场次的焦点小组访谈，了解受访者对新高考实施的现实困境及策略选择。访谈对象包括学生46人，高中校长与教师51人，高校招生部门管理者21人，教育行政部门与考试部门管理者14人，共计132人。学生包括刚刚经历高考的大一新生和在读高三学生，高中校长来自浙江省和上海市的优质高中和薄弱高中，高中教师涵盖语文、数学、外语和选考各科目教师，高校招生部门管理者来自教育部部属院校和地方院校，教育行政部门和考试机构涵盖省、市、县三级。对访谈资料整理与分析主要是运用MAXQDA质性分析工具进行三级编码，形成了142个开放编码、38个主轴编码和8个核心编码，运用扎根理论的操作程序进行整理与分析，在类属分析的基础上形成利益相关者视域中新高考实施效果的评价及相应的策略选择。

从受访者的视角来看，新一轮高考改革在促进教育公平、促进科学选才、引导学生全面发展方面，致力于扭转传统高考模式下不科学的教育评价导向，取得了初步成效，但同时也产生了新的问题争议，这使得新高考的深入实施步履维艰。

一、高考改革的现实困境

从浙江和上海新高考不同利益相关群体的视角来看,新高考平稳落地,各方获得感较强,尤其体现在以下几个方面:满足学生的兴趣与特长,增加学生选择性,促进学生全面发展;促进中学特色发展和教育现代化进程,激励中学教师提升自身学科素养;倒逼高校专业结构调整,促进与中学的衔接,增强办学自主权。[①] 但是同时产生了"田忌赛马"的功利化选科倾向,出现了加重应试负担、造成新的不公平、降低人才培养质量等方面的争议。

(一)关于应试负担

从受访者的访谈情况看,新高考实施过程中存在着在一定程度上强化应试负担的争议,具体包括对学生学习负担、传统教学秩序、教师工作负担等方面的影响。

对学生学习负担的影响 一是新高考考试次数增加,在赋予学生更多选择机会的同时,多数学生不会放弃第二次考试。两次考试竞争对手不同,备考压力加大,增加了学生学习负担。二是备战等级考试,考试战线拉长,冲刺高考提前,增加了学生心理负担。三是高中学校在高一阶段将全部科目开齐,增加了高一学生课业压力。总之,因为新高考在考试时间、考试次数、考试科目等方面的调整,在一定程度上会增加学生的学习负担。

对传统教学秩序的影响 一是考试科目时间安排干扰正常教学秩序,浙江省第一届学生选考时间在每年的10月和次年4月,上海等级考在5月,考前学生无心语数外,考后学习内容单调,都影响正常的教学秩序。二是考试次数增加,每次考试的重视程度都很高,学校领导承

---

① 王新凤:《利益相关者视角下的高考综合改革实施效果分析》,《中国考试》2019年第1期。

担主要责任,考点学校承担更多工作,学校教学管理难度增加。三是考试次数增加,学校教学安排发生经常性变化,干扰正常教学秩序和节奏。总之,高考改革打破了传统教学秩序的平衡,教师群体对高考改革干扰教学秩序反应比较强烈。

对教师工作负担的影响　一是考试科目改革后学生的选课偏好,导致生物、地理教师结构性缺编,在职教师工作压力大。二是语数外三科的教师和选考三科教师之间工作量和工作时间不匹配,造成语数外三门教师工作强度与压力增加。教师工作压力呈现出结构性的不平衡,物理学科教师出现剩余,教师绩效考核评价面临挑战。三是高考改革初期,因为对政策改革、考试难度等目标不明确,教师感觉压力增加。在笔者针对某高考改革试点省份高中教师发放的问卷调查显示,84%以上的高中教师认为,新高考以来教学压力和心理压力"比以前更重"或者"多数时间觉得在加重"。

(二)关于功利化选科

新高考实施"3+3"科目改革的初衷是鼓励学生发展兴趣、特长,加强文理交叉融合,促进学生的全面发展,但实施过程中在增加学生选择性的同时,也出现了"田忌赛马"和物理学科遇冷等现象,引起社会广泛关注。

"田忌赛马"的功利化选科　学生选科并非仅仅根据自己的兴趣,而是受到家庭、高中、高校、社会等各方面的影响,在优质教育资源有限的前提下,学生科目选择首先考虑如何将学习成绩最大化,在高考这场智力游戏中获得最好的博弈结果。这种充分权衡利弊的选择使选科出现驱赶效应和磁吸效应,即大量优秀学生放弃选考物理,而转向技术等相对容易拿到高分的学科。上海首轮高考试点中,地理是在高二首批选考科目,很多学生都本着先考掉一门减轻高三备考压力的考虑,放弃自己的兴趣而选择地理。

物理选考人数"断崖式下滑"　无论是浙沪两地区域层面,还是学校层面,物理选考人数大规模下降已是不争的事实,薄弱学校甚至出现个位数学生选考以致全部放弃选考物理的现象。这个结果与物理学科能力要求、学生学习基础、等级赋分评价机制、社会环境等多种因素的综合影响有关,有受访者担心,这将对我国高校理工学科、拔尖创新型人才、民族科学素养的提升以及创新型国家建设产生影响。2019年即将实施第三轮试点的省份多数倾向于选择"3+1+2"的科目设置方式,固定物理或者历史为必选科目,一定程度上会缓解这个问题,但接下来也会带来化学等其他科目伴生的问题。

(三)关于公平性质疑

受访者对新高考的公平性质疑包括考试内容和方式、招生录取方式的公平性等方面。[①]

考试内容的公平性 一是考试科目设置的选择性衍生出的公平性问题。新高考"3+3"科目设置在增加学生选择性的同时,会出现趋易避难的倾向,大量学生弃选物理学科而选择技术等相对容易的学科,但技术等学科因为知识基础、师资力量等相对不足,与其他科目成绩不等值。二是考试内容的改革可能会对弱势群体学生不利。新高考在考试内容方面强调能力立意,作为一种改革方向得到普遍认可,但受访者表示,薄弱学校、社会处境不利的学生短时间内会"吃亏"。

考试方式的公平性 一是等级赋分制的公平性。选考科目实施等级赋分制的初衷是解决不同选考科目之间分值的可比性问题,以等级制计分方式避免学生分分必争的现象,但受访者对其科学性与公平性感到焦虑,认为会造成"学霸给学霸当分母"的现象,这也是学生弃选物理学科的主要原因。二是考试次数的公平性。因为考试时间、考试群体、试卷难度和区分度等各种因素,不同考次分数是否等值受到质疑。三是综合素质评价的公平性,主要体现在综合素质评价的标准不统一,中学层面难以操作,高校将其作为招生录取的重要参考还有待探索,带

---

① 王新凤、钟秉林:《利益相关者视域中的新高考公平性问题及应对策略研究》,《国家教育行政学院学报》2019年第5期。

来信效度的质疑;另外,部分省份将综合素质评价划分等级也会产生不公平现象。

招生录取方式的公平性　招生录取方式的公平性问题主要集中在自主招生和综合评价招生对弱势群体不利方面。受访者认为学科竞赛获得者、能言善辩者、物理成绩好的学生以及中上成绩的学生在自主招生和综合评价招生中更易胜出;而中下办学水平的学校、社会处境不利的学生更不易在自主招生和综合评价招生中胜出。综合素质评价标准的统一性和专家面试的主观性等因素也可能会影响综合评价招生的公平性。

(四)关于人才培养质量

受人才培养周期的影响,高考改革的有些问题还需要从更长远的时间角度来考虑其影响,新高考带来生源结构多样化、生源质量差异大,考试改革与课程改革不同步等问题将会对人才培养质量带来何种影响,尚待观察。

生源结构多元化　新高考模式下高校生源结构多元化表现在选考科目组合多,同一专业学生的学科结构多元化。浙沪两地高校开始采取初步措施,比如对某些没有选考物理、化学等学科的学生以自学、微课、选修课等方式补课。这种多元化的生源结构对高校人才培养来说是利是弊,尚难权衡。多元化生源结构对高校专业教学、特色专业建设等带来挑战,倒逼高校深化教育教学改革。

生源质量差异大　因物理选考人数下降、考试难度降低等因素,学生的基础学科知识不够扎实,对高校人才培养带来新的挑战。一是专业间最低录取分数差异大,高校的劣势专业与优势专业间差距拉大,校内学生质量间的两极分化更加明显。二是学生理工科基础薄弱,导致挂科率,尤其是公共基础课的挂科率升高,这给人才培养和教学管理带来很大压力。

高考改革与基础教育课程改革不衔接　目前的改革顺序是考试改革先行,高中课程标准颁布和新版教科书出版在后,即新一轮高中课程改革在时间上滞后于高考改革,导致在高中不同年级会出现"老课标、老教材、老高考""老课标、老教材、新高考""新课标、老教材、新高考"并存的现象,这使受访者感到焦虑,担心影响教学质量和备考工作,无形中也增加了教师的负担。

二、高考改革的理性遵循

高考改革作为一种制度变迁,在新旧交替之际,原有模式包括社会制度、资源配置、体制机制、群体和个体的行为模式等都有一定的惯性。除了客观教育资源的限制外,个体行为选择的趋利避害、多元利益诉求、高考制度承载的价值冲突等,都是新高考面临的现实基础。高考改革必须在价值冲突之间寻求一个平衡点,才能作出建设性的策略选择。

(一)高考功能的复杂性

多重功能 我国一直强调高考的社会功能与工具价值,高考不仅是高校选拔合适人才的主要途径,还引导着中小学教育教学改革方向;同时还承担着促进社会流动、跨越城乡二元结构的功能,更承担着维护社会稳定与公平的功能。除此之外,受访者还认为,高考作为一种人生历练对个体具有重要的精神价值,高考是对个人努力和价值的肯定。总之,在当前的社会背景下,高考被赋予了基本功能之外过多的社会功能,甚至教育系统之外不能解决的社会问题都寄希望于通过高考改革得以实现。高考改革会因被捆绑了过多功能而步履维艰,因此,有学者提出要为高考"减负"。[①]

多元属性 高考公平具有多义性和不确定性。从受访者的视角看,高考的属性包括:(1)相对性。高考只是相对公平的选拔方式,高考公平是在承认应试者个体差异、区域差异等的前提下,寻求公平认可标

---

① 郑若玲:《高考改革的困境与突破》,《厦门大学学报(哲学社会科学版)》2017年第3期。

准的过程。(2)发展性。高考公平会随着社会的发展变化而产生新的内涵,新高考在解决既有公平性问题的同时,也会产生新的公平性问题。(3)合理性。高考公平是一种理想追求,具有超现实性,高考公平的合理性体现在制度设计上充分权衡各方利益。(4)客观性。当前的高考制度依然是比较公平的制度,其客观性体现在程序上的严谨性、系统性和全方位的保障力度,还体现在应试者接受考试评价、筛选甄别等外在尺度的一致性。(5)多元性。新高考在强调选择性、多元录取、综合评价的背景下,高考公平的维度也更加多元。(6)差异性。新高考改革过程中高中学校根据自身条件实行选课走班制,尤其是分类分层分班教学就是尊重了公平的差异性。(7)主观性。受访者对高考公平的评价是主观的,对同一件事甚至会有截然不同的态度,伴随着强烈的情感体验。总之,高考公平属性的多元性是造成新高考公平性问题的原因,也是寻求新高考改革策略的路径。

(二)利益诉求的多元性

随着中国社会的结构变迁、体制改革的深化以及高等教育规模的扩张,高等教育利益相关者增多,这使得高考改革牵涉多元利益主体,包括各级政府、高校与中学、教师与学生及其家长、不同社会阶层、性别群体等,高考改革过程往往体现为不同利益群体利益的博弈过程,新高考必须权衡各方利益诉求,争取最大限度的价值共识。

行政:效率与公平 从教育行政部门的角度来看,高考改革以效率优先、兼顾公平为价值导向。高考改革的目的是为经济社会发展培养所需人才,实现高教强国、建设创新型国家的目标,因而具有工具主义的价值导向。因此,新高考强调学生的综合素质、批判精神和解决问题的实际能力,强调多元化的录取方式,为社会发展培养多样化的人才。同时,新高考也重视对弱势群体的补偿,致力于缩小省级高考录取率的差距,增加农村贫困地区学生上重点高校的人数等。在政策实施过程中,教育行政部门也会受其立场的局限,使得科学与公平、效率与公平的价值导向常常发生冲突,进而引发高考公平性的争议。地方教育行政部门在提高工作效率的同时,也可能会因为政策执行的不到位而影响政策目标的实现。

高校:权力与质量 从高校的角度来看,对高考的诉求首先是获得优质生源,适应高校发展的需要,能够获得更好的大学排名。因此,新高考中高校招生部门管理者对招生自主权和生源质量的诉求是最基本的利益诉求:一是在招生模式、招生专业和计划、确定选考科目等方面都要求有更多的招生自主权;二是获得更多招生计划,增加学校每年机动计划调配的比例,预留一定数量的招生计划向生源较好的专业或地区追加投放;三是获得更多综合评价招生的权利,进一步扩大综合评价招生的范围和比例;四是获得更好的生源质量,高校受访者担心限定选科会使潜在生源减少,如民办院校、高职院校等会倾向于将选考科目设置更宽泛,以求获得更好的生源。

中学:强制与无奈 从中学校长的角度来看,其目标是要在现有办学条件的基础上保持自己的办学优势,让更多的学生能够考上好的大学;从中学任课教师的角度来看,关注重点则是自己的负担、压力、工作分配是否公平,自己教的这一科的学生能不能在高考中获得更好的机会。优质高中更倾向于选择教育的理想价值,致力于学生的全面而有个性的成长,在教育改革中发挥引领和担当作用,力争让教育回归到育人的本质;一般中学更倾向于选择教育的工具价值,即能让更多的学生获得接受高等教育的机会。不同的利益诉求必然会体现在新高考博弈中,部分中学选科会具有强制性,对学生选课走班进行"套餐制"的安排,甚至有学校劝导学生不要选择物理学科,薄弱学校绝大多数学生则会放弃选择物理学科等。这种强制性安排源于中学校长或者教师各自的立场,也是一种无奈之举。

学生:理性与功利 学生在高考科目、考试时间和次数、考试方式以及志愿填报等各个环节都可能会受到来自家长和学校等各方面的影响,继而作出趋易避难的功利性选择。这种功利性体现在:一是追求更高的分数,不能完全尊重自己的兴趣与爱好,选择放弃物理等较难获得高分的学科；二是选择更弱的对手，在等级赋分制的博弈规则下，家长和学生自然会有规避强者的选择倾向，出现"田忌赛马"的现象；三是追求更轻的负担，比如上海的地理和生物在高二选考，不少学生为了减轻高三的学习负担，无论是否有兴趣都会选择生物和地理学科；四是追求更多的机会，无论是成绩好不好，绝大多数学生都会选择参加第二次考试，综合评价招生考试也成为学生和家长"保底"考试录取的途径。按照理性选择理论的观点，个体行动的目标是追求效用最大化，学生选择的功利性也是在优质教育资源有限的前提下的一种理性选择。

(三) 科学决策的系统性

高考改革面临科学性与公平性的价值冲突。教育政策制定和执行过程中，是否能够站在多元利益群体的视角上，对高考改革措施进行科学论证，平衡这些价值冲突，是影响高考改革顺利进行的关键。

价值选择的两难 新高考面临选择性与科学性、科学性与公平性等价值冲突，高考改革政策的制定者与执行者常常面临两难的价值选择。比如，浙江省首轮试点中，等级考试时间在每年 4 月和 10 月进行，每门选考科目都可以考两次。因多次考试给教学秩序带来干扰，浙江省教育考试院对选考时间征求各方意见。地方教育考试机构、中学校长和统考科目教师同意改为 1 月和 6 月，以减少对正常教学秩序的冲击，缓解学校管理和统考科目教师工作的压力。但选考科目教师和学生并不同意，他们认为原先时间安排压力适中，有张有弛，符合学习和复习的规律。再比如，选考科目实施等级赋分制就是政策执行者应对高考改革科学性和公平性价值冲突的选择。受访者认为，选考科目的等级赋分制在实施之初就存在异议，但是在实施标准分可能会引起更大范围公众质疑的前提下，政策执行者退而求其次选择了等级赋分制，就是在科学性与公平性之间做了选择。教育政策的制定者和执行者，要从不同利益相关者的实际出发，兼顾各方利益诉求，尤其是针对在资源分配中可能会利益受损的情况,要进行科学的研判和政策补偿。

利益相关者的缺位 新高考是一场全面系统的改革,从政策方案的制定到实施过程的评价跟踪,各部门的重视程度与参与度都史无前例,但受访者依然有强烈的诉求:一是高考改革政策制定者应该加强调研。受访者认为,高考改革专家对一线情况的了解远远不够,应该通过实地考察倾听民意作出决策,而不应该由教育行政管理者主观意志决定。二是利益相关者的参与度依然有待提高。新高考征求了各级意见,但征求意见的程度依然有待深入,不应该仅限于管理者,而应更加面向学校等基层部门。三是加强信息公开与透明。大学专业限制要求、学校对课程设置的规划应尽早让学生和家长知晓;综合素质评价尤其是社会实践环节,需要家庭、社会等多方合作提供资源支持;自主招生和综合评价招生要有明确的考试范围等。政策的制定者和执行者要站在多元利益主体的立场上,根据社会和教育发展状况,做出科学判断,对政策价值进行选择,谨慎地平衡各利益主体的诉求。

科学论证的必要 高考改革牵一发动全身,因此在为什么改、改什么、怎么改等方面都应该有充分而科学的论证,受访者对此存有异议。一是新高考是否具备支持不同考试次数的环境。高考科目选考的假设是三门选考科目同等重要,处于相同地位,备选的所有科目是同一水平,但实际上目前不同科目之间的教学质量还有很大差别,比如物理与技术学科。二是改革是否充分考虑了与之匹配的现实基础条件。不同地区、同一地区内不同学校,教师和教室等教学资源差异很大,很多学校难以满足选课走班的现实条件;技术科目的课程开发和师资配备与其他科目相比尚有较大差距。三是选考科目的计分方式。选考科目实施等级赋分还是标准分,这在国家层面并没有给出答案,而省级教育考试机构是否能够解决这个问题,目前是存疑的。这些都对高考改革政策制定和调整过程中的科学论证提出了更高的要求。

三、高考改革的策略选择

高考招生制度改革是一项涉及千家万户和社会各个层面的系统工程,改革的基本目标是促进公平、科学选才和引导学生全面发展。要正视高考功能的复杂性、利益诉求的多元性以及高考改革科学决策的系统性,在此基础之上进行改革政策和策略选择。

（一）改进方法技术,加强科学决策

要加强对高考改革具体环节的科学论证,对高考综合改革试点省份的考试时间和次数、选考科目及其计分方式等,要客观分析存在的问题,从制度设计层面进行政策调整,提高高考制度的科学性,从而实现公平性。

调整考试安排 一是调整考试时间。受访者普遍建议将等级考试的时间放在高三进行,让学生有充足的时间强化知识基础,更加符合学生成长规律;避免高二高三不同年级的学生同台竞争的不公平,保障高三年级正常的教学秩序。二是减少考试次数。避免考试次数过多对学校教学秩序、教学管理和学生学习负担带来的负面影响,降低同一科目多次考试带来的公平性质疑。三是学考与选考分离。受访者建议将学考与选考分离,包括时间分离、功能分离和群体分离,将组织学考的权力交还给中学。第二轮试点的山东、北京等省份借鉴浙江、上海的经验,都将选考时间放在高三下学期进行;除了英语学科一年两考之外,选考科目均只考一次;浙江省在2018年出台的《关于进一步深化高考综合改革试点的若干意见》中将学考与选考分卷考试,这些问题已得到了充分重视和初步解决,可以为后续改革省份提供借鉴。

改革等级赋分 受访者对如何调整等级赋分制有三种建议:一是科学处理等级分与原始分的关系,在保留等级赋分制及其功能的基础上,在考试内容、等级划分、赋分分值等方面进行微调。二是对等级赋分制进行技术调整,按照对不同考试科目的重视程度和考试成绩的分布,对原始分数进行加权调整,比如对物理科目进行调整等。三是探索实施标准分,实现不同批次考试成绩的可比与等值。当然,研究者认为等级赋分存在的问题标准分一样存在。① 为解决这一问题,浙江、上海等相继出台指导意见,提出建立科学合理的选考科目保障机制,即当选考某科目某次考试赋分人数少于保障数量时,以保障数量为基数进行等级赋分,保障数量按照国家相关学科人才培养的需求来确定,如浙江省将物理学科选考科目的保障数量确定为 6.5 万人。但选考科目保障机制实施效果依然有待观察,而且并未改变选考科目等级赋分本身已经存在的科学性与公平性问题,这就需要在国家层面组织专家力量,探索更为科学的解决之道。

促进科学决策　新高考相关政策的制定和改革举措的推出要进行科学决策,并接受实践检验。这就要求加强相关理论与方法技术的研究和实地调查,为科学决策提供基础性依据,提高政策制定与执行者科学决策的能力,这是平稳推进高考综合改革的重要保障。一是加强高考改革的研究,主要课题包括但不限于新高考改革的模式、文理分科的理论基础、统考科目和选考科目,以及合格考科目之间的关系、学业水平考试中学考与选考的关系、课程改革与高考改革的关系等。二是加强专业考试队伍建设。国家和地方层面组织专业化的研究团队,深入开展考试理论研究和考试技术研究,加强大规模数据测算,为科学决策和改革实施提供理论、方法与技术支撑。三是加强学校层面的校本研究。高校要组织专家、教授对招生限选科目、综合评价招生录取方式和新生培养方案进行系统研究,加强对新生学习效果和全面发展情况的数据追踪,建立基于研究和证据的政策改进机制。高中则需加强对选课走班、分层教学、生涯规划教育、综合素质评价等问题的研究,因校制宜,扎实推进高考综合改革,引导学生全面发展。

---

① 章建石:《关于选考科目等级赋分的改进:历史经验、现实限制与可能方向》,《华东师范大学学报(教育科学版)》2018 年第 3 期。

（二）加强系统设计，促进多方联动

高考改革要加强系统设计和多方联动，包括高考改革本身的政策持续性和动态性，以及高考改革与课程改革的联动、高校与中学的衔接、教育系统内外部和内部子系统协同推进等，共同支撑高考综合改革取得成效。

教考联动 教学与考试之间是辩证统一的关系。新高考应保持教学目标和内容与考试标准和内容的一致性，保证高考改革的科学性和规范性。一是高考改革与基础教育课程改革要有机衔接。随着高中课程改革的推进，今年启动高考综合改革的省份可以实现新课标、新教材和新高考的统一，高中学校要从促进学生全面发展的高度解读高考改革方案，抓住机遇，主动通过高考改革推进教育观念更新和课程改革与教学改革的深化。二是课程标准和考试标准的制定要扩大参与度。在发挥专家资源优势的同时，应邀请实践经验丰富的一线教师参与相关标准的编制工作。另外，不能以考试大纲或考试说明代替教学大纲，避免又回到应试教育的传统模式。

中高衔接 高考改革的目标之一是改变传统高考模式下高校被边缘化的现象，加强高校与高中的衔接，为高校选拔合适的人才。一是限定选科。高校要遵循人才成长规律，从专业发展必备的学科基础出发，确定选考科目，增加高校对物理等学科的要求。目前教育部与地方已相继出台《普通高校本科招生专业选考科目要求指引》，对高校与学生的引导作用初步显现。二是明确综评使用规范。受访者建议进一步明确高校使用规范，使用方式和程度需要让高中学校、学生和家长知晓，减少各方疑惑和焦虑。三是改变总分录取的传统模式。高校承担社会责任，落实高校自主权，改变传统模式下按总分录取的模式，综合考虑学生的兴趣特长等因素，引导学生、家长和中学改变应试教育取向。

（三）探索体制创新，重视政策调整

高考改革推进的过程中，要保持改革政策的持续性和稳定性，更要以动态发展的眼光看待改革中出现的问题,理性理解争议与质疑,引导后续省份进行政策微调,逐步完善高考制度设计的科学性与公平性。

政策持续性 教育改革是一项长期的事业,保持改革政策的持续性与稳定性,建立高考改革的长效保障机制,对教育发展和人才培养至关重要。一是建立与高考改革相配套的长效管理机制。高考改革不仅仅是基础教育或者高等教育的问题,也不仅仅是教育部门的问题,解决高考改革面临的问题,需要国家和地方政府层面予以协调。建议进一步完善高考综合改革领导机制,加强相关部门的统筹协调,形成合力,积极稳妥地推进改革。二是建立与高考改革相配套的师资队伍。省级教育行政部门应未雨绸缪,建立区域层面的师资调配中心,探索区域内师资的共享,同时重视引进和培养专业的生涯规划指导教师。三是搭建综合素质评价和综合评价招生的共享平台。建议政府层面加强顶层设计,提供更加丰富多样的社会实践岗位,满足学校和学生对社会实践活动的需求;加强中学综合素质评价信息化建设力度,确定相对统一的标准和操作规范。

动态发展性 高考改革中出现的问题具有动态发展性,部分问题的解决需要在推进过程中不断深化改革,加以调整。一是政策的制定者和执行者从长远发展的角度,对政策进行前瞻性系统评估,从而破解高考改革过程中频于应对具体问题的被动局面。二是正确看待发展中的问题,比如新高考模式下师资队伍结构性缺编等问题,传统高考招生模式下的文理比例、教师结构、教学组织及设施配套等都相对固定,随着改革的不断推进,新高考对此带来的冲击会逐步趋于合理和稳定。三是理性面对有争议的问题。社会公众理解和接受改革需要一个过程,改革中出现不同的声音亦属正常,关键是要坚持高考改革促进公平、科学选才的初衷,在对产生的问题进行科学研判的基础上做好政策解读。四是重视高考综合改革过程中的政策微调。高考综合改革试点工作的意义在于在推进本省改革工作有序开展的同时,为全国提供经验借鉴,避免可能出现的问题。2019年启动高考综合改革的八省市应充分吸取前期试点省份的经验教训,优化改革方案,进行政策微调,避免前车之鉴。

(四)促进多元参与,实现协同治理

多元参与是调和各利益相关者多元利益诉求的途径之一。新高考在吸纳各利益相关者广泛参与方面进行了一些实践探索,包括行政管理层的高度重视和不同部门之间统筹协调,利益相关者包括家长和媒体的参与等。在发挥国家宏观调控作用的同时,需要进一步扩大参与群体,拓展各利益相关者的实质参与途径。

多元参与 吸纳高考改革利益相关者的多元参与,是其参与社会义务本身的一种自我价值实现,是保证程序正义的前提。一是重视高校招生部门、中学教师、学生等高考改革最直接的利益相关者的利益诉求,通过多种渠道让他们有机会充分表达各自的利益诉求,并在决策中权衡相互的利益。二是倾听高考改革利益相关者,尤其是中学校长和教师的声音,尊重其作为高考改革政策最基层执行者的价值和意义,以推进高考综合改革的顺利进行。浙沪两地高考综合改革的透明度较高,多方利益群体的关注与参与对改革的顺利实施起到了不可忽视的积极作用。

协同治理 罗尔斯批判直觉主义的公平观,认为它们由一些可能相互冲突的最初原则构成,不可能给出任何建设性的解答[①]。从利益相关者的视角看待高考公平问题,容易陷入直觉主义的冲突和相对主义的泥沼,而高考综合改革作为一种公共政策,其最终的决策应尽量减少对直觉判断的依赖,这就需要多元参与下的协同治理。一是发挥国家在社会治理体系中的主导作用。高考综合改革过程中,必须保障国家及其教育行政部门发挥主导作用,才能在权衡各种利益诉求的基础上,保证基本社会正义的实现。二是构建利益相关者多元参与的新型

---

① 约翰·罗尔斯著,何怀宏、何包钢、廖申白译:《正义论》,中国社会科学出版 1998 年版,第 33 页。

教育治理体系。进一步转变政府职能,吸纳利益相关者多元参与和协同治理,赋予学生、教师、中学校长等教育话语权,扩大高校招生自主权。重视学生、家长、高中教师等群体对高考综合改革的参与,是实现教育治理现代化格局的重要途径,也是实现改革目标的重要途径。

(本文作者钟秉林、王新凤,原刊《教育学报》2019年第5期)

深化教育评价改革背景下高考综合改革的实施路径

高考作为一种评价手段,是教育评价制度的重要组成部分。2020年10月,中共中央、国务院印发《深化新时代教育评价改革总体方案》(下文简称《总体方案》),将深化考试招生制度改革作为改革学生评价、促进德智体美劳全面发展的重要任务,这为在全国梯次推开的新高考改革注入了动力。①《中华人民共和国国民经济和社会发展第十四个五年规划和2035年远景目标纲要》提出,"深化新时代教育评价改革,建立健全教育评价制度和机制","深化考试招生综合改革"。可以看出,"十四五"期间,教育领域深化改革的重要任务是教育评价改革,深化考试招生综合改革是教育评价改革的重要内容。如何在深化新时代教育评价改革的背景下统筹推进考试招生综合改革,需要加强前瞻性思考、全局性谋划、战略性布局、整体性推进。

一、教育评价改革的总体导向

教育评价的价值导向事关教育事业发展的总体方向。深化教育领域综合改革,推进教育治理体系和治理能力现代化,教育评价制度的改革是题中应有之意和有力抓手。《总体方案》提出,针对不同主体和不同学段、不同类型教育特点,改进结果评价,强化过程评价,探索增值评价,健全综合评价,着力破除"五唯"的顽疾,建立科学的、符合时代要求

---

① 边新灿、韩月:《论高考改革作为一种教育评价改革》,《中国高教研究》2021年第4期。

的教育评价制度和机制。① 这是 2018 年全国教育大会提出"扭转不科学的教育评价导向"之后,中共中央、国务院指导我国教育评价改革、提升教育治理能力现代化水平的纲领性文件。② 总体来说,新时代教育评价改革具有明确的问题导向,具有系统性和综合性特征。

(一)破除"五唯"弊病,体现教育评价改革的问题导向

深化新时代教育评价改革,首先要坚持问题导向,扭转不科学的评价导向,从根本上解决教育评价指挥棒问题。教育事业发展的成效与问题并存,新中国成立以来,我国教育事业取得了巨大的发展,教育体制改革也取得了显著成效。但同时不可否认的是,教育发展与改革中仍然存在许多薄弱环节和突出问题,教育体制机制改革任务面临诸多挑战。其中在教育领域中唯分数、唯升学的应试教育导向,影响学生的健康发展,继而延伸到对教师、学校的评价中,给良好的教育生态带来负面影响。习近平总书记在全国教育大会上的讲话中指出,要深化教育体制改革,健全立德树人落实机制,扭转不科学的教育评价导向,坚决克服唯分数、唯升学、唯文凭、唯论文、唯帽子的顽疾,从根本上解决教育评价指挥棒问题,进一步明确了教育评价改革的问题指向。

教育的根本任务是立德树人,培养德智体美劳全面发展的社会主义建设者与接班人,实现这一根本任务需要针对现实问题,更新教育观念,深化教育改革,构建科学、有效的教育评价体系。而教育评价改革是一项系统性的工程,尤其需要用人观念、社会观念的转变,教育评价结果运用的方式也会对教育过程产生积极的反馈,这就要求建立更加全面、科学、有效的评价体系。

第一,从教育督导评价的视角来看,新时代教育评价改革就是要改变以升学率评价学校办学绩效和水平的做法,引导学校转变育人方式,

---

① 《中共中央国务院印发深化新时代教育评价改革总体方案》,《人民日报》2020 年 10 月 14 日第 1 版。

② 钟秉林:《全面构建新时代立德树人评价制度》,《中国青年报》2020 年 10 月 19 日第 8 版。

重视素质教育,激发办学活力,促进学校教育健康可持续发展。新中国成立后,我国百废待兴,迫切需要聚集有限的社会资源和教育资源,培养经济社会发展需要的专业人才。以升学率为评价导向的做法,符合精英教育时代学校教育发展绩效评价的导向。而当前我国高等教育进入普及化时代,"十四五"期间我国高等教育毛入学率将达到60%,就需要从更加多元、综合的层面考察学校办学绩效和水平。

第二,从学校发展的视角来看,新时代教育评价改革就是要打破重点学校建设"终身制"的弊端,探索建立学校分类管理的动态评价体系和机制,鼓励各级各类学校科学定位、特色办学、争创一流。我国在不同历史时期都实施重点学校建设政策,其目的是集中有限资源办教育,体现了效率优先的办学导向。在普及化阶段,无论是高中教育还是高等教育都应该探索多样化、特色化的发展路径,满足人民群众多元化的教育诉求与经济社会发展对人才多样化的需求。

第三,从教师发展的视角来看,新时代教育评价改革就是要转变以学生分数和升学率来评价教师教学绩效的导向,更加注重教师师德素养的评价,引导教师注重提升专业水准和育人水平。党的十八大以来,党和政府非常重视教师队伍建设,习近平总书记在全国教育大会上的重要讲话,将教师队伍建设作为基础工作,强调加强师德师风建设。[1]

第四,从学生发展的视角来看,新时代教育评价改革就是要转变"唯分数""唯升学"的应试教育倾向,遵循人才成长规律,促进学生德智体美劳全面而有个性的发展,促进学生个人发展目标与社会发展目标的统一。学生的发展是动态性、多元性、全面性的,"唯分数""唯升学"的评价导向强调了学生的智育而忽视了其他方面的发展,重视了学生当下学习结果的运用而忽视了长远发展,从而也造成了个人发展目标与国家发展目标的脱节甚至冲突。

---

[1] 王定华:《新时代我国教育改革发展的新方向新要求——学习习近平总书记在全国教育大会上的重要讲话》,《教育研究》2018年第10期。

第五,从人才评价与选拔的视角来看,新时代教育评价改革要改变"唯文凭""唯论文""唯帽子"的单一评价标准,致力于建立基于综合评价的人才评价机制,建立以品德和能力为导向的人才选拔与使用机制。

(二)围绕五大主体,体现教育评价的系统性特征

《总体方案》提出针对不同学段、不同类型和不同主体教育的特点,构建符合中国实际、具有世界水平的教育评价体系,充分体现了新时代教育评价改革的系统性特征,主要表现在教育评价对象的整体性和内容的系统性方面。

第一,教育评价对象的整体性。新时代教育评价体系涵盖政府、学校、教师、学生、用人单位五大评价对象,探索构建党委和政府提升履职水平、各级各类学校落实立德树人根本任务、教师潜心育人、学生全面发展、社会和用人单位科学选人用人的系统协调的教育评价体系和机制。以高考改革为例,高考改革涉及的利益相关主体包括教育行政部门、高等学校、高中学校、教师、学生、家长、社会等多方利益群体,可谓牵一发而动全身,如果仅仅改变考试本身,而高中育人方式和高校招生、人才培养方式不作出相应的转变,就不可能实现促进教育公平、科学选材、学生全面发展的政策设计目标。推进高考改革必须关注多方利益群体的诉求与特点,充分体现出教育利益相关者的整体性,系统推进高考综合改革。因此,新时代教育评价体系不仅是对教育教学的评价,而是对政府治理、学校办学、教师教学、学生学习、用人单位选人用人等全方位的评价,体现教育治理体系的现代化。

第二,教育评价内容的系统性。新时代教育评价体系涵盖不同类型、不同学段的教育,在不同类型、不同学段的教育中又明确了相应的评价重点,遵循基本的教育评价规律与特征。从学生主体的评价内容来看,包括德育、体育、美育、劳动教育、学业标准与考试招生制度的评价;而进一步从考试招生制度改革来看,从阶段性上来说,教育评价改革涉及中高考改革、职业教育考试改革、研究生考试招生改革等不同阶段的考试招生制度改革;从发展性上来说,教育评价改革涉及考试内

容、考试方式、招生录取方式、学习结果互认等不同的改革内容与任务。这充分体现出考试招生制度改革的全局性和教育评价内容的系统性。

(三)推进四个评价,体现教育评价的综合性特征

深化新时代教育评价改革,要运用不同的评价模式和手段,提高教育评价制度的科学性和有效性。《总体方案》明确提出要改进结果评价、强化过程评价、探索增值评价、健全综合评价,充分体现了教育评价改革的综合性特征。

第一,改进结果评价。新时代教育评价不仅要关注评价对象教育目标的达成度——这是传统教育评价的主要任务,更要全面界定教育目标,注意正向反馈评价结果,为学校发展提供相对科学的依据与支撑。普通高等学校入学考试从某种意义而言就是一种高中阶段学习结果评价,传统高考强调以统一高考分数作为招生录取的唯一标准,存在"唯分数论"的倾向。而新一轮高考改革依然强调将统一高考分数作为高校录取学生的主要依据,但另一方面也将参考综合素质评价档案等其他过程性评价指标或高校校测成绩等结果评价指标。这既尊重统一高考成绩标准的客观性与科学性,又注重过程评价和多元结果评价的结果,是改进结果评价的一种重要探索。

第二,强化过程评价。新时代教育评价注重教育教学过程的发展性,在教育过程中要加强对评价对象发展目标实现程度的评价,既可为结果评价提供辅助与支撑,又可为持续改进教育教学工作提供依据,从而提高教育评价的有效性。我国改革开放以来陆续探索统考前预考、完善中学生评价档案、实行会考制度等改革措施,都是在考试招生制度改革中加强过程评价的尝试。新一轮高考改革注重过程评价,既将高中学生的学业水平考试成绩与统一高考成绩相关联,实施"3+3"或"3+1+2"考试科目设置方式,也将学业水平考试的合格性考试成绩与高中学生的综合素质评价结果作为高校招生录取的重要参考。可以说,新高考作为一种教育评价改革,评价过程由单一的终结性评价到与

过程性评价并存①,是一项重要的探索。

第三,探索增值评价。新时代教育评价改革不仅要从横向上关注评价对象教育目标的实现程度,还应该从纵向上关注评价对象的提高,即通过评价学生学习、教师教学、学科建设等方面取得进步的程度,进一步评价教育教学、办学水平和管理绩效等。比如,在对学生的评价中不仅要关注学生学业表现在群体中的位次,更应关注学生相较于其自身所取得的进步;在对教师和学校进行绩效评价时,不仅关注学校的升学率,更应该关注学生入校时的学业水平与高中毕业时的学业水平的纵向对比,将学业水平的增值情况作为评价高中教师和学校绩效的重要指标。

第四,健全综合评价。新时代教育评价不再局限于单一目标或标准的实现程度,而是更加注重对评价对象所包含的教育要素进行全面、综合、整体的评价。也就是说,通过设计科学的综合评价指标体系,探索有效的综合评价方法,全面考量和科学判断评价对象教育目标的达成度。比如,新一轮高考综合改革探索综合评价招生,浙江省实施"三位一体"综合评价招生,山东省实施"四位一体"综合评价招生,36所世界一流大学建设A类学校试点"强基计划"招生等,总体来说都是将统一高考成绩、高校校测成绩、学业水平考试成绩以及学生综合素质评价结果进行综合考量,作为招生录取的依据。实践表明,这是破除"唯分数论"的重要尝试,初步呈现了改革成效。

总之,新时代教育评价体系的构建,既需要更新教育评价理念,服务于立德树人的根本任务,也需要进一步明确教育评价标准,完善教育评价的方法、技术,注重评价结果的积极反馈,进而推进教育教学工作的不断完善。

(四)鼓励多元参与,提升教育治理能力现代化水平

深化新时代教育评价改革,就是要发挥党委和政府的主导作用,落

---

① 边新灿、韩月:《论高考改革作为一种教育评价改革》,《中国高教研究》2021年第4期。

实学校的主体责任,鼓励教育利益相关者的多元参与,推进教育治理体系与治理能力的现代化建设。党的十九届四中全会通过的《中共中央关于坚持和完善中国特色社会主义制度、推进国家治理体系和治理能力现代化若干重大问题的决定》,明确将坚持和完善共建共治共享的社会治理制度作为重要任务之一。从教育治理现代化的角度来看,深化教育评价改革、构建科学的教育评价制度,关键是构建政府主导、相关利益群体多元参与的教育评价体系。

新一轮高考综合改革有效地促进了教育治理现代化水平的提升。首先,国家和教育部下放管理权限,充分发挥地方政府和地方教育行政部门的自主权。我国从1952年开始建立全国统一的高考制度,对招生计划分配、高考命题、高考时间、招生录取程序等都予以统一的规定。在新一轮高考改革实施的过程中,充分尊重地方政府及教育行政部门的自主权,各省在教育部统一领导下选择适合省情的高考综合改革方案,包括考试时间、考试次数、考试科目设置、招生录取方式等方面都有所不同。其次,高考改革方案的制定和调整过程中,地方教育行政部门充分吸纳教师、学生、家长、社会等不同利益群体的参与,高考改革方案是各方利益群体诉求博弈的优化方案。最后,高考改革促进了基础教育与高等教育、高中学校与高等学校、高校招生部门与人才培养部门的相互协同与衔接。

总之,落实《总体方案》需要充分发挥党委和政府领导下的教育督导部门在新时代教育评价中的主导作用,进一步强化学校的办学主体责任,同时鼓励和引导专业机构与社会组织的多元参与,提高教育评价的科学化、专业化水平,促进教育治理体系和治理能力的现代化建设。

二、深化高考综合改革的现实挑战

2013年党的十八届三中全会通过的《中共中央关于全面深化改革

若干重大问题的决定》,作出了深化教育领域综合改革、推进考试招生制度改革的战略部署;2014年的《国务院关于考试招生制度改革的实施意见》(下文简称《实施意见》)列举了招生计划分配、考试内容与形式、招生录取方式等方面的系列改革任务,强调要在破解"一考定终身""唯分数论"等传统考试弊端等方面进行一系列有益的探索和尝试。截至目前,全国已经有14个省份正式启动高考综合改革,其中浙江和上海新高考改革已落地实施五年,已经取得了初步成效。同时,高考综合改革也呈现出长期性、复杂性、系统性和艰巨性的特征,对此要有清醒的认识,这样才能把握改革主动权,积极稳妥地向前推进。①

(一)改革的长期性

十年树木,百年树人。人才培养的周期较长,高考改革也一直在路上。从新中国成立以来,高校考试招生制度就一直在改革之中。仅以新一轮高考改革为例,也体现出人才培养周期性带来的挑战。2014年《实施意见》颁布后,浙江省和上海市作为首批试点省份启动高考综合改革,两地改革方案规定从2014年入学的高一新生开始启动改革,2017年这批学生高三毕业,按照新高考方案招生录取,2021年他们才能本科毕业,踏入社会。首先,研判高考综合改革的成效和出现问题的影响都需要长期观察。首轮试点省份在高考改革实施过程中产生了一些问题,比如出现趋易避难的选科倾向,弃选物理的学生增加,给高校人才培养质量和国家科学技术发展带来隐忧。从对试点省份高校学生发展跟踪评估情况来看,选考科目与专业要求不一致会严重影响新高考学生的学业成绩,尤其是理工科专业学业困难学生增加。其次,高考改革举措产生的效果也有待观察。教育行政部门针对物理选考人数下降问题出台了多项改革措施,如继2017年浙江省教育考试院公布《浙江普通高校本科专业选考科目要求设置指引》后,2018年教育部下发

---

① 钟秉林:《持续、系统、稳妥地推进高考综合改革》,《中国教育报》2021年3月5日第6版。

《普通高校本科招生专业选考科目要求指引(试行)》,引导高校克服功利化倾向,科学设置选考科目;浙江、上海、江苏等省份还先后启动了选考科目保障机制,但是政策调整对学生选择的引导作用需要一定的时间。再次,新高考模式选拔出的人才是否满足高校培养要求和社会用人需求尚需长时间跟踪评价。综合评价招生实施效果显著,学生综合素质高,但目前只能证明是按照相关标准选拔出了综合素质高的学生,而这些学生是否一定能适应与本专业相关的社会岗位的用人需求,还有待长期的跟踪评价。最后,解决高考综合改革过程中存在的一些有争议的问题尚需时日。比如有观点认为,新高考实施选择性科目设置,确实实现了文理融合,比如选择物理或者化学的学生一般会选择一门历史或政治等文科科目,带来了新高考生源的"文科化"倾向。这将对未来我国科学技术乃至经济社会发展带来何种影响,回答这个问题也有待时日。

(二)改革的复杂性

复杂性与不确定性日趋成为当前社会的基本特征,在教育领域也不例外。随着教育普及程度的提高,人民群众对教育供给的诉求日趋多元,同时,教育领域的深化改革也使得改革问题叠加,增加了决策的难度和实施改革的风险。如何处理好改革与发展的内在逻辑关系,深刻认识深化教育领域综合改革的阶段性新特点,是当前我国教育领域面临的主要任务,也是高考综合改革必须面对的大环境。① 高考改革尤其应该关注改革的复杂性特征与问题表现,继而增加对改革中可能出现风险的预警。

高考综合改革从东部地区试点向中西部地区逐步推广的同时,也将在一定程度上增加改革的复杂性。第一,我国教育资源配置存在比较明显的区域差异,中西部地区与东部地区差距较大,而高考综合改革对教学资源、教育治理能力、教育现代化水平等都提出较高的要求,中

---

① 钟秉林、刘海峰、辛涛等:《教育考试"十四五"发展愿景笔谈》,《中国考试》2021年第2期。

西部地区高考综合改革的新挑战与教育资源配置等既有问题的叠加将进一步增加改革的复杂性。第二，高考多种科目设置方式并存增加改革难度。高考综合改革实施"必考+选考"的考试科目设置方式，目前浙江、上海、北京、山东、天津、海南六省市实施"3+3"考试科目设置，辽宁、河北、江苏、福建、湖南、湖北、重庆、广东八省市实施"3+1+2"科目设置方式，尚未启动改革的省份实施"文综"和"理综"科目设置，多种科目设置方式并存给高校招生以及新生入校的培养带来较大的困难。第三，高考综合改革探索实施统一高考、综合评价招生、"强基计划"招生、定向招生、审核注册录取招生、提前招生等多元录取方式，这不仅给教育考试院、高校招生部门带来较大的难度，而且考生与家长也面对较难选择。第四，在考试命题方面，国家统一命题、分省命题方式并存，同时学业水平考试的选择性科目命题由地方考试院负责，而从目前实施的过程来看，省级命题能力和水平、命题队伍建设等都有待提高，这也给改革增加了风险。

(三)改革的系统性

高考改革牵一发而动全身，系统性很强。系统观念强调系统是由相互作用、相互依赖的若干组成部分结合而成，需要从事物的总体与全局上、从要素的联系与结合上研究事物的运动与发展，实现系统的优化。有学者认为，高考改革的系统观以整体性为基本原则，强调改革的主体、内容、影响力等诸要素之间的有机联系，以最大限度发挥改革的整体功效。① 具体来说，高考改革的系统性体现在高中与高校、招生与培养、物质资源与人力保障、教育系统内部与外部的各要素之间的关系。

首先，高考综合改革带来高中学校内部系统性的变化。一是课程改革与高考改革的一致性。由于在高考综合改革启动后的一段时期内

---

① 郑若玲、庞颖：《高考综合改革系统性的基本要义、实践审思与完善路径》，《高等教育研究》2020年第3期。

存在新高考、新课程、新教材不一致的现象,如有的学校是新教材、老高考,有的学校是新高考、老教材等,给高中教学带来较大挑战。二是高中学校人力资源与物质资源的保障。高考综合改革不仅涉及教学条件建设等物质资源的保障,也涉及教师队伍建设等人力资源的保障。新高考对高中学校的教室、信息技术条件等教学资源要求较高;同时,学生的选课走班也带来高中教师结构性缺编的问题,对高中教师的数量和教学能力提出更高的要求。三是高考改革不仅涉及教育观念和育人理念的变革,而且涉及教育治理和教学管理体制机制的改革。从教育观念上来讲,新高考要求改变高中育人方式,因材施教。在教育教学管理体制机制改革方面,选课走班制的实施则要求调整教学组织形态和教学管理机制,改革高中教学质量评价和绩效考核机制,最大程度上激发高中教师的积极性。

其次,高考综合改革带来高中教学、高校招生、高校教学系统性的转变。高考改革不仅涉及高中育人方式的变革,而且涉及高校人才选拔与培养模式的变革。高考的功能体现在促进高中育人方式转变、高校人才选拔、社会公平三个方面,尤其是在引导高中育人方式转变方面起着"指挥棒"的作用。新高考促成了高中教学内容、教学方式、教育资源条件的变化,选课走班、分层教学成为高中教学新常态。同时,高校也要面对新高考带来的生源质量和学生知识结构的多元化趋势,不仅要改革招生录取模式,而且要在专业结构调整和人才培养模式改革方面采取相应的措施,加强招生与培养的链接,加强高校与高中的衔接。

最后,高考改革不仅涉及教育系统内部的改革,而且涉及教育系统外部的综合配套改革。比如,为解决新高考带来的高中教师结构性缺编问题,需要政府部门协同编办、规划、人事、教育部门共同研究提出解决之策。又如,应对学生的功利化选考问题,高中学校要加强学生的生涯规划指导,高等学校要科学确定招生专业的限选科目,社会及新闻媒体也要从国家战略需求的角度加强宣传与引导,凝聚改革共识。

(四)改革的艰巨性

高考改革涉及全国学生的前途和千家万户的命运。新一轮高考综合改革从顶层设计至今已经历时十年之久,但改革过程中依然存在一些有待探索解决的深层次问题,这无疑使改革的深化和推广任务更为艰巨。

首先,实现高考招生制度的科学性与公平性的统一。既要保证高考招生制度人才选拔的效率,促进高校科学选拔合适人才,又要保障高考制度的公平性,促进高等教育入学机会公平,一直是高考改革中一对突出的矛盾。比如,新一轮高考综合改革探索综合评价、多元录取,开展综合评价招生试点,选拔出一些综合素质强、具有较大学习潜力的学生,但是综合评价招生是否也能够让社会处境不利群体的子女受益,也是一直存在质疑的问题。

其次,协调高考招生制度的统一性与各省改革方案的差异性。从1952年开始,我国实施统一的招生制度,在招生计划分配、考试时间、考试科目、招生录取等主要环节都保持相对一致性。但实施新高考改革后,各省改革方案不尽相同,在选考科目、考试时间、考试次数、招生录取方式等方面具有较大差异;同时各省份及其所辖地区之间还存在着基础条件的客观差异,必须因地制宜制定适合本地的改革方案。这种统一性与差异性的冲突也将会加剧高考综合改革的艰巨性。

再次,引导解决学生选科的功利性并协调个体理性与群体理性的冲突。新一轮高考改革实施以后,在试点省份出现趋易避难的功利化选科倾向,学生选考物理人数下降,引起社会广泛关注。跟踪调查显示,选考科目与专业一致的情况下学生会有较好的学业表现,否则学生学业质量下降明显。[①] 为解决这一难题,教育部及相关省级教育行政

---

① 王新凤:《高考综合改革实施效果评价:学业表现的视角》,《中国高教研究》2020年第7期。

部门采取了发布选考指引、启动选考科目保障机制、实施"3+1+2"科目设置方式等系列措施,但从根本上解决这个问题尚需长期艰巨的工作。

最后,平衡不同群体的利益诉求。当前我国社会矛盾发生转变,在教育领域体现为人民群众日益增长的接受高质量教育的需求,与优质教育资源供给不足、发展不平衡不充分之间的矛盾。进入普及化阶段之后,这个矛盾更加凸显,而且随着利益相关者的增多,利益诉求及其价值取向呈现多元化趋势。新高考实施效果的跟踪评价发现,学生、家长、教师等不同群体的利益诉求具有较大差异,比如,在对试点省份选考科目与外语"一年两考"的评价方面,高中教师和学生有明显差异,高中教师认为改变了原有教学生态,增加了教学工作负担;高中学生认为尊重了学生选择,减缓了心理压力,减少了偶然因素的影响[1],这也增加了教育政策制定和实施的难度。任何一种利益群体导向的高考改革都容易忽略或者损害其他利益主体的利益,高考改革必须综合与通盘考虑,走上多赢的道路。[2]

总之,考虑到高考综合改革的长期性、复杂性、系统性和艰巨性特征,必须加强系统研究和顶层设计,遵循规律,试点先行,统筹各方扎实稳妥推进,尤其需要政府、高校、高中、科研机构、社会等通力合作,协同推进。

三、系统推进高考改革的实施路径

系统观念是以系统思维为基点,立足整体把握规律,以系统思维分析事物内在机理,运用系统方法处理事物发展矛盾。党的十九届五中全会将坚持系统观念作为"十四五"时期我国经济社会发展必须遵循的原则,系统观念是具有基础性的思想和工作方法。高考综合改革政策

---

[1] 王新凤、余丹茜、边新灿:《高考综合改革评估的实践与思考——以浙江省为例》,《中国考试》2020 年第 5 期。

[2] 李木洲:《高考改革的五种范式及其转换》,《现代教育管理》2013 年第 5 期。

实施的过程涉及政府、高中、高校、家庭、社会等诸多主体，坚持系统观念就是要处理好这些主体之间的关系，改革教育评价，深化综合改革，同时及时进行政策评估与政策调整，积极稳妥推进改革。

（一）系统推进高考综合改革

"十四五"期间，要针对高考综合改革的现实问题和难点问题，加强顶层设计和精准施策，不断提升国家和地方教育治理能力，平稳推进并不断深化高考综合改革。一是坚持高考综合改革的既定目标。从高考综合改革跟踪评估的情况来看，各利益群体对"有利于促进高中学生全面发展、有利于促进科学选才、有利于促进社会公平"的改革目标的认可度高，改革促进科学选才的改革成效得到普遍认可。要坚持改革初心，遵循教育规律，克服焦虑心理和畏难情绪，紧密围绕改革目标，因地制宜、因校制宜进行多样化探索。二是进一步提升高考招生制度的科学性与公平性。当前，尤其要重视破解选考科目等级赋分等关键性问题。各省要依据学生的选修科目、报考人数、赋分方法等实际情况，进行仿真数据模拟和政策推演，对不同的等级赋分方案进行对比分析，科学研判，尝试将不同方案的各自优势相融合，提升选考科目等级赋分办法的科学性与公平性。三是进一步完善各省学业水平考试制度安排。与新课程改革结合，明确相对统一的学业水平考试时间；借鉴先行试点省份的经验教训，结合省情，合理地安排合格性考试时间，并适度提升合格性考试难度，确保高中学生的学业质量。四是后续启动高考综合改革的省份要重视考务工作和改革节奏的适度统一，包括选择性考试科目的考试时间长短、选择性考试科目的考务编排等，缓解改革不确定性带来的社会焦虑情绪。五是稳妥推进中西部地区高考综合改革，尤其要重视中西部地区高中办学经费、师资队伍、教室与实验室、信息技术平台等基础条件的达标情况，关注薄弱中学的发展问题，通过基础条件实地考察评估、专项检查、专家巡讲等手段，促进条件改善和观念转变，为启动和深化高考综合改革奠定基础。

(二)系统推进考试招生综合改革

考试招生制度改革是教育评价改革的重要组成部分,也是学校发展与改革的"指挥棒"。"十四五"期间,要在《总体方案》指引下,稳步推进中高考改革、完善高职考试招生办法、深化研究生考试招生改革等,系统推进考试招生综合改革。一是加强中考与高考改革的制度设计与政策实施的统筹协调。中考与高考改革的内容和任务不同,但促进学生全面发展和学校立德树人的根本目标是一致的。要加强统筹协调,探索构建引导学生全面而有个性发展的考试内容体系;注重对学生学科素养、创新意识、实践能力的考查;加快完善初、高中学生综合素质档案建设和使用办法,为招生录取提供客观的参考依据。二是完善高等职业教育"文化素质+职业技能"的考试招生办法。在高等教育普及化程度提高和高职教育规模扩大的背景下,尤其要关注统一招生、单独招生、提前招生、综合评价招生等多种人才选拔和招生录取方式的有效性,以及可能对生源质量带来的种种影响。三是深化研究生考试招生改革。要加强对考生深造动机、科研创新能力、学术发展潜力和实践能力的考查。同时,探索申请审核、导师推荐、自主测试等多元录取模式,为高层次创新人才选拔与培养奠定基础。四是探索学分银行制度,建立学分认定、积累与转换机制,在终身学习制度框架下实现普职融通、校内外衔接的学习结果互认,构建以学习者为中心的学习结果评价体系和灵活开放的终身学习体系。

(三)系统推进教育综合改革

考试招生制度改革是教育综合改革的重要领域。"十四五"期间,我国教育发展的主要目标和战略任务是构建高质量的教育体系,要在此目标前提下,进一步更新教育观念,加强科学谋划,深化教育综合改革,为高考综合改革、考试招生制度改革、教育评价改革创造更为优良的制度环境。一是加强高中教育领域新高考与新课改的协同。要加强高中教师新高考、新课程、新教材的全员培训,提高教师队伍的整体素质,为高中学校转变育人观念、深化教育评价改革、深化课程改革提供师资保障。二是加强基础教育与高等教育的协同。要以高考综合改革为契机,促进大中衔接,增强高等学校与高中学校的信息交流与共享,改革高中和高校人才培养模式,以服务国家战略需求为导向提高育人质量。三是促进人才选拔与培养的协同。以"强基计划"实施和综合评价招生试点为契机,推动高校人才选拔与培养的一体化改革。增强高校招生与培养部门的互动,培养部门参与招生环节并提出各专业科目限定新要求,招生部门也要了解人才培养过程进而提高人才选拔的有效性。四是加强学生发展的全过程指导,构建小学、中学、大学一体化的学生发展指导体系、综合素质评价体系,助力学生发展全过程;高校要发挥人力资源优势和学科专业优势,主动参与高中学校的生涯规划教育。五是促进党委和政府、学校、教师、学生、用人单位评价体系的一体化。引导各级党委和政府树立正确的绩效观,改变以升学率或者高考录取分数线作为高中、高校、教师的评价标准,是落实立德树人根本任务、促进学生德智体美劳全面发展的重要前提。要加强教育评价改革实施效果的跟踪研究,并根据评价结果进行政策调整,推进改革的不断深化。

  总之,落实《总体方案》,系统推进高考综合改革,需要从制度设计、观念转变、资源投入、配套改革等层面系统推进。既要加强顶层设计,完善高考招生制度的科学性与公平性,也要统筹推进新高考和新课改,加强教师培训,保证改革理念落到实处;既要加强地方层面对教育资源的投入和保障力度,又要完善生涯规划教育等配套改革措施;还要加强舆论引导与宣传,最大程度凝聚改革共识,形成改革合力。

(本文作者钟秉林,原刊《现代教育管理》,2021 年第 8 期)

稳妥推进我国高考综合改革的四个着力点

我国新一轮高考综合改革从试点阶段迈入了逐步推广阶段,稳妥推进高考综合改革,应关注以下四个着力点:

不忘初心,坚持改革方向不动摇 高考综合改革方案的设计初衷是"有利于推进素质教育、有利于促进教育公平、有利于科学选拔人才",从上海市与浙江省第一批改革试点省市的实践来看,改革平稳落地,成效明显。一是促进学生全面发展。"3+3"考试科目设置增加了学生选择机会,初步实现了文理融合;完善中学生综合素质评价,考试内容改革强化了对学生能力的考察,引导学生的全面发展。二是促进高中学校特色发展。高中学校深化课程改革,开设特色课程,重视综合素质评价,推动了高中学校办出特色、多样化发展;利用现代信息技术手段探索选课走班、进行教学评价,促进了高中教育现代化进程。三是促进高校科学选才。逐步取消录取批次,实施平行志愿投档,探索多元评价,促进高校科学选才和探索多元录取方式;倒逼高校增强质量意识,调整专业结构,促进中高衔接。八省市的高考综合改革方案依然凸显了引导学生全面发展、促进高校科学选才的改革初衷与价值取向,为确保国家总体改革设计平稳落地奠定了基础。

因地制宜,促进高考科学性与公平性 与试点省份相比,八个省份的高考综合改革方案主要在四个方面进行了政策微调:一是"3+1+2"考试科目设置。除语文、数学和外语三科统考外,设定物理或历史为首选科目,化学、生物、思想政治、地理四个科目选择两科作为选考科目,在增加学生选择性的基础上,强调物理和历史学科的基础性地位。与试点省份相比,这种选科设置方案将选考科目组合调减为12种,有利于降低中西部省份高中学校选课走班教学的难度。二是改进选考科目赋分办法。物理、历史科目采用原始分计分,分列招生计划、分开画线;另外四门选考科目实施等级赋分,并确定为"一分一档",增加考试区分度,以适应生源大省的投档录取。三是调整选考科目考试安排。八个省份均将高中选考科目的考试时间安排在6月份,与夏季高考同期举行,并且将考试次数确定为一次,有利于保证高中教学秩序、减轻基层中学教学工作负担。四是调整外语科目考试安排。河北等六省市拟只在6月份组织一次外语听力和笔试考试;江苏省和广东省拟在6月份组织一次外语笔试,而将外语听说考试放在平时并实行机考。这种安排既有助于缓解外语考试在命题、组织管理方面的压力,也符合各地基础教育发展的实际。总之,八省市高考综合改革方案坚持因地制宜的原则,充分考虑了区域差异性,有利于改善高考改革的科学性与公平性,推动改革平稳进行。

多元探索,高度关注改革的风险点 高考改革牵一发而动全身,是一项高关注度、高利害性的综合改革,科学性和公平性等问题会给利益相关者带来巨大的影响,在某些关键环节上容错率较低,甚至不允许"试错"。因此,在改革过程中要尊重教育规律,坚持循序渐进,对改革的复杂性及其可能带来的风险要有充分的认知。随着启动高考综合改革省份的增加,高考改革的复杂性也在增加,全国范围内存在文综和理综传统考试科目、浙沪等地"3+3"考试科目、八省市"3+1+2"考试科目等不同的设置,这无疑将会增加考试机构和高校招生工作的难度,必须认真研究。总之,对高考综合改革的重点、难点问题要加强跟踪研究,广泛听取各利益相关群体的意见,尤其要重视高中校长和教师群体对方案制定和执行过程的参与,加强科学决策,保证改革顺利进行。

协同推进,完善高考综合改革保障机制 我国教育资源分布不均衡,实施新方案的八个省份与浙沪教育发达地区、中西部地区省份与东部地区省份的教育基础条件均存在差距,要重视研究出台相关配套措施,协同推进高考综合改革。一是加强省级统筹力度。政府各部门要健全协调推进机制,增加对高中教育的投入,重点解决高中大班额问题和师资结构性短缺问题,保障与高考改革相适应的教育资源配置,多方探索增加高中教师编制。二是促进教考联动。结合各个省份的实际情况,逐步实现新高考、新课标、新教材的统一,为深化高中教育教学改革和课程改革提供良好的环境。三是推进中高衔接。高等学校与高中学校之间要加强招生与培养的联动,共同探索综合素质评价结果的有效应用,协同开展高中学生的生涯规划教育。总之,要形成政府与学校、考试招生与人才培养、高中教育与高等教育之间协同联动、整体推进的良好局面,推进高考综合改革的稳妥实施。

(本文作者钟秉林,原刊《中国教育学刊》2019年第6期)

落实立德树人，探索教考衔接，深化高考内容改革

一、明确考试内容改革的价值与意义

我国高等教育已经从大众化迈入普及化阶段，2020年高等教育毛入学率达到54.4%，"十四五"期间高等教育毛入学率将达到60%。高等教育领域的主要矛盾已经突出表现为人民群众日益增长的对优质高等教育的需求与优质高等教育供给不充分、不平衡的矛盾。进入新时代，教育发展要满足经济社会发展对各级各类人才的多样化需求以及人民群众多样化的受教育需求，必须研究和探索普及化阶段高等教育的分类发展模式、人才选拔标准的优化、高中阶段育人方式的转变等重大现实问题，这对高考招生制度改革提出了新要求和新挑战，也成为高考内容改革面临的大形势。

从1952年我国建立统一的高考招生制度以来，高考改革一直在路上。2014年启动的新一轮高考综合改革，按照有利于促进学生健康发展、有利于促进科学选才、有利于促进社会公平的目标，在招生计划分配、考试内容、考试形式、招生录取方式等方面进行系统的改革探索。迄今为止，已经有21个省份分四批启动了高考综合改革，首轮试点的上海、浙江已经有五届学生按照新高考招生录取。高考综合改革增加了高校和学生的双向选择权，在促进高校科学选才方面取得了较好的成效。但是同时，新高考生源知识结构日趋多元化，学生选科与专业的匹配度出现新问题，这对高校保证和提高人才培养质量带来新的冲击，

也成为高考内容改革所处的大背景。

考试内容改革是高考综合改革的重要内容,是深化新时代教育评价改革的重要载体,对高中教育教学和育人方式的转变具有导向作用,也将直接影响到高校人才选拔与培养质量,进而影响到普及化阶段我国高质量高等教育体系的建设进程。高考综合改革是系统性工程,牵一发而动全身,考试内容改革要立足促进学生全面而有个性发展、建设高质量教育体系的目标定位,扎实探索,稳妥推进。

二、遵循考试内容改革的目标与原则

《国务院关于深化考试招生制度改革的实施意见》明确了高考考试内容改革的目标——依据高校人才选拔要求和国家课程标准,科学设计命题内容,增强基础性、综合性,着重考查学生独立思考和运用所学知识分析问题、解决问题的能力。教育部考试中心制定的《中国高考评价体系》进一步明确了高考"立德树人、服务选才、引导教学"的核心功能,"核心价值、学科素养、关键能力、必备知识"的考试内容,以及"基础性、综合性、应用性、创新性"的考查要求,这是考试内容改革的基本目标和价值遵循。在考试内容改革过程中还应该遵守以下基本原则:

首先,要遵循教育规律,结合学校实际,坚持"小步走、不停步",积极稳妥推进考试内容改革。高考内容改革涉及面广,改革应该逐步推进,尤其要避免"翻烧饼"的做法。教师和考生每年都能够看到试卷内容的变化,但变化幅度都在可以接受的范围内,不会引起太大的焦虑和波动。通过三五年或更长时间持续改革的积累,考试内容的改革成效会非常显著。笔者领衔的研究团队在高考综合改革跟踪和评估过程中发现,高考从考查知识为主转变为考查能力为主的价值取向得到了不同教育相关者的广泛认同;但如果变化太大,考试内容不确定性增加,在教研指导和教师培训没有同步跟上的情况下,也会增加教师、考生和家长的焦虑情绪,给高考改革带来一定的阻力。

其次,考试内容改革在强调能力立意的同时,要注重基础知识的考察。目前高考内容的改革强调核心价值、学科素养与关键能力,尤其是注重对考生独立思考、分析和解决问题能力的考察,力图避免通过刷题得高分的现象。这是针对基础教育领域的现实问题,引导基础教育学校克服应试教育倾向、深化教育评价改革、创新育人方式和人才培养模式的重要探索。同时也应认识到,人文社会科学与自然科学领域的基础学科知识体系是养成学生学科素养与关键能力的基础性支撑,在能力立意考查导向的同时也要重视基础学科基本知识内容的考察,从而为高等学校保证和提高专业人才培养质量奠定扎实的知识基础。

最后,考试内容改革要坚持问题导向,加强系统研究,保持改革初衷。传统高考过于强调统一性,在保障公平性的同时也带来了科学性的问题,难以满足高校人才选拔的多元需求,尤其是唯分数论、一考定终身等问题引发社会广泛争议;过早的文理分科带来学生偏科,容易导致学生知识结构不完善、思维方式不健全,既不符合学科发展的综合化趋势,也影响创新人才的选拔与培养。考试内容改革要针对现实问题有的放矢地开展,如探索分类考试、一纲多卷、文理不分科等。同时,也要研究和解决改革探索中出现的新情况和新问题,比如,选考科目命题的科学性、等级考试加权赋分的公平性、数学一张试卷的难度系数及区分度的合理性等问题。

三、健全考试内容改革的配套措施与保障体系

深化考试内容改革,需要转变教育观念,扎实推进新课程、新教材、新高考协同改革,积极探索教、学、考、招一体化衔接,加强统筹协调,完善改革配套措施,健全改革保障体系。

首先,转变教育观念,加强宣传引导。社会舆论的正确引导是高考综合改革顺利实施的重要前提,考试内容改革作为高考综合改革的核心环节尤其需要加强宣传、正确引导。教育主管部门应以先进的教育

价值观、科学的人才观与质量观、现代的教学观与学习观为先导,围绕考试内容改革的原因与依据、考试内容改革的走向及其相关配套措施等问题,采取多种形式开展宣传和培训,缓解公众对改革的担心和疑虑,最大限度地争取社会的理解与支持,最大程度地形成改革共识,确保高考综合改革积极稳妥地向前推进。

其次,加强省级考试命题能力建设。加强考试命题队伍和命题机构建设,是提高考试命题能力、深化考试内容改革的关键。就目前高考综合改革的实际情况来看,部分省份存在考试机构设置不健全,专用命题场所缺乏;学科秘书和专业化的命题人员配备不足,命题管理经验欠缺;信息化建设水平不高,试题库建设不完善等情况。考试能力建设将会直接影响考试命题的科学性与公平性,继而影响考试内容改革的成效,甚至影响到社会信任与稳定,需要予以高度关注,加强政策导向,增加专项投入,采取有效措施尽快解决问题。

最后,做好教师培训,促进教考衔接。高素质的教师与教研队伍是落实考试内容改革的主体。在新课程、新教材、新高考的实施过程中,教师和教研人员对改革目标与举措的理解程度,将直接影响到高考综合改革的推进;教师教学能力与水平以及综合素质的提高,亦将直接影响到考试内容改革的成效。在考试内容改革过程中,要坚持"教什么考什么"的改革思路,重视加强教师队伍的全员培训,重视教研队伍的全过程指导,促进教、学、考、招全过程的一体化衔接,努力形成改革合力,推进高考综合改革的不断深化。

(本文作者钟秉林,"中国考试"微信公众号发布,2022年4月7日)

提高教师职业幸福感,重在深化教育改革

2019年全国教育工作会议提出,教育部将专门出台中小学教师减负政策,将教师减负作为一件大事来抓。减轻中小学教师工作负担,让教师回归教学本身,是切实提高教师职业幸福感的重要举措,也是深化教育改革的关键。

如何切实减轻教师尤其是高中教师工作负担?总体来看,我们应深化教育领域的综合改革,尤其要重视变革体制机制带来的活力效应。

首先,重视工作负担问题,提升教师的改革获得感。落实以人为本的教育理念,重视教师的教学压力与心理压力问题,关注高考改革直接利益相关群体的认可度与获得感。对教师工作负担的类型和原因进行深入分析和综合考量,提出有效的应对策略,切实缓解教师工作负担过重问题。增加教师对教育改革的实质参与度,促进教师专业成长,提升教师的改革获得感。

其次,深化高考综合改革,为稳定教学秩序提供切实保障。研讨外语与选考科目一年两考的科学性与可行性,减轻高中学生备考压力和高中教师工作负担。科学区分学考与选考的功能,固定高中学生学考时间与科目,缓解高中教师工作负担阶段性增加等问题。探索新高考选课走班的教学管理模式,鼓励高中学校因地制宜,量力而行,进行多样化探索。

再次,扭转应试教育导向,建立科学的评价机制。加强舆论引导,呼吁全社会转变教育观念,引导树立全面的学生发展观、科学的教育质量观和正确的政绩观,为改革创造良好的舆论与制度环境。改变传统应试教育模式下过于重视学生考试成绩而忽视学生兴趣与特长发展的

倾向,重视对学生德智体美劳全面发展的过程性评价。改变过去对教师的考核过多集中于教学常规、教学成绩、教学及教科研贡献奖励以及事故惩罚等方面,看重教案、听课笔记、集中备课、教研活动、作业批改、公开课等具体内容的现象,激发教师的教育教学主动性,建立动态、科学的教师绩效评价体系,注重教师教学过程中的考核与评价,关注教师对学生成长与发展的促进作用,关注教师在教育过程中对学生产生思维的启迪、思想的影响和灵魂的塑造。改变教育行政部门对学校的绩效评价机制,开展"绿色评价"、增值评价,鼓励基层创造性实践与做法,深化教育评价机制改革,克服应试教育倾向。总之,我们要敢于在常规评价体系上"动刀",实现多元评价方式,真正实现过程性评价与结果性评价相结合。随着人工智能时代的到来,我们还要利用先进的信息技术,为评价体系赋予新内涵,实现科学、精准的评价。

最后,落实改革配套政策,应对教师"潮汐"现象。根据高考改革需要优化高中教师队伍编制结构,盘活事业编制存量,鼓励多种方式增加教师编制,扩大高中教师总量。探索建立教师资源区域共享机制,按照"省级统筹、市域调剂、以县为主、动态调配"的方针,加大高中教师编制统筹配置和跨区域协调力度,应对高中教师"潮汐"现象。加强急需学科高中教师的培养和培训,推动物理等教师的专业能力提升与教学领域拓展,探索STEAM、技术等新兴学科教师的培养,建立高中教师持续发展机制。

(本文作者王新凤,原载《中国教师报》2019年4月3日第3版)

增强高考改革的满意度与获得感

办人民群众满意的教育是当前我国教育发展与改革的重要目标。"十四五"期间,办人民满意的教育体现为建设高质量的教育体系,发展更加公平更高质量的教育,反映在高考改革中则体现为各利益相关群体能够有更高的获得感与满意度。

高考改革的成效关系着全国上千万学子的命运,关系着高考制度的科学性与有效性。北京师范大学课题组通过持续的跟踪研究发现,首轮试点省份高考改革落地后,在增加学生选择性、促进高校科学选才的同时,也在学生选科、学生学习负担和教师工作负担等方面遇到一些新情况、新问题,后续改革省份在高考科目设置、考试次数、考试时间等方面都做了调整。2020年,第二轮试点的北京、山东、天津、海南四省市按新高考方案招生录取后,课题组在北京选取四个城区的高中学校,对高中教师、高三学生及其家长发放并回收了2414份问卷,对部分学校的教师和学生进行访谈,了解他们对高考改革方案的认可度与改革成效的满意度。

一、新高考改革有利于科学选才

对调查研究结果进行统计分析,我们总结出四点:

第一,高考综合改革促进科学选才的目标认可度较高。《国家中长期教育改革和发展规划纲要(2010—2020年)》提出,推进考试招生制度改革的基本原则是"有利于科学选拔人才、促进学生健康发展、维护社会公平"。调查结果显示,从教师、学生、家长的视角来看,新高考"有利于促进科学选拔各类人才"的目标认可度最高,其次是"有利于促进学生健康发展"。可以说,高考的首要功能是促进高校科学选才,新高考在考试科目选择、志愿填报、招生录取方式等方面增加了学生的选择性,学生可以选择自己喜欢或者擅长的科目;高校也有自主权通过综合评价招生、"强基计划"等方式选择专业发展需要的人才,增加了高校和学生的双向选择权。调查对象认为新高考有利于促进科学选拔各类人才,这一结果与前期改革省份的跟踪评价结果高度一致。

第二,学生满意度最高,体现了以学生发展为中心的改革导向。学生群体是高考改革最直接的利益相关者,因此,学生对高考综合改革方案、措施、录取结果等方面的满意度至关重要。从问卷调查结果来看,学生、教师和家长对高考综合改革满意度分别是 74.30%、72.34%和 61.39%,学生群体的满意度最高。无独有偶,从项目组对首轮试点省份的高中教师、高中学生、高中学生家长、高校教师和高校学生五类利益相关群体的调查结果来看,学生群体满意度更高,通过新高考进入高校的学生满意度最高,远高于家长和高中教师的满意度。可以说,高考综合改革体现了以学生为中心的价值导向。

第三,物理选考人数下降等功利化选科倾向并不明显。首轮试点省份改革中出现了学生功利化的选科倾向,带来物理选科人数下降,同时部分地区和学校难以满足所有学生的选课需求,只能实施"套餐制"选课模式。针对这些改革中出现的新情况、新问题,教育部下发了《普通高校本科招生专业选考科目要求指引(试行)》,引导高校合理限制选考科目要求,第三批启动改革的江苏等八省市实施"3+1+2"科目设置方式,将物理或者历史作为首选科目,大大降低了高中学校实施选课走班的难度。从北京的问卷调查和实地访谈来看,学生科目选择上依然一定程度上存在盲目或者趋易避难的情况,但弃选物理或者化学的情况并不突出,调查对象中分别有 67.9%和 61.3%的学生选考物理和化学,科目选择趋于理性。

第四,学生和家长对高考改革政策的了解有待加强。人民群众对改革政策的认知程度也会影响对改革的获得感与满意度。课题组前期跟踪评估发现,学生和家长、高中校长和教师群体均存在对高考改革政策了解不够深入的情况,但在部分改革阻力较小的省份,政策宣传的力度也会更到位。这在启动或者尚未启动改革的省份中都不同程度地存在。如对北京的问卷调查中,超过10%的调查对象"不了解"高职考试招生方式、农村专项招生计划、强基计划、平行志愿填报方式等改革措施,郊区高中、普通高中或者家庭收入较低的家长"不了解"高考改革的比例更高。

二、凝聚共识,推动形成高考改革合力

高考改革是一项系统性的工程,广大师生和家长对改革的了解与认同程度关系着改革实施的成效,也关系着改革的方向与路径。总体来说,改革省份学生群体对改革的成效认可度最高,促进高校科学选才目标达成度高,初步实现了改革预期,也在一定程度上说明需要坚持改革初心与方向。同时,后续改革省份调整了改革方案,各利益相关群体的认可度较高,学生功利化选科倾向并不明显,这既说明政策调整已见成效,也说明随着改革的推进,大家对改革的认可度也在提高。

但是,与此同时,我们也要意识到高考改革是一个持续性、长期性、系统性的过程,随着高考综合改革在全国范围内的推进,加上教育内外环境的复杂性和教育系统内部改革难度的增加,要提升人民群众对高考改革的满意度和获得感,依然有很多工作要做。

第一,要进一步完善高考综合改革方案及其相关配套措施。要推进考试技术的科学与完善,以制度的科学性与公平性保障广大考生的根本利益,增加各类相关群体对改革的获得感与满意度。

第二,要进一步加强学生发展指导。既要加强师范院校对学生发展指导教师的培养和培训,也要规范当前鱼龙混杂的学生发展指导市场,加强高中生生涯规划教育的专业指导,开发相应的指导课程与技

术,引导学生认识自我,提高自主选择能力,理性选择科目与发展方向。

第三,要加强对高中教师等改革关键群体的关注与支持。减轻高中教师工作负担,提高教师的工资待遇,完善高中教师绩效考核制度,对高考改革中的额外付出及动态化的工作投入予以适当考虑。同时,还要加强高中教师的全员培训,提高他们适应新高考、新课改的能力,提高教育教学的水平与效率。

第四,要进一步加强高考综合改革政策的宣传力度。要通过新闻媒体、培训讲座、家长学校等各种方式,加强对家长群体尤其是欠发达地区和薄弱学校家长群体的政策宣传,形成更大程度的改革共识与合力。

(本文作者王新凤,原载《中国教育报》2021年5月21日第6版)

后 记

近年来,我们的研究团队聚焦高考改革研究,完成了包括教育部社科重大课题攻关项目在内的七个项目,在《教育研究》《中国高教研究》《高等教育研究》《中国教育学刊》《教育学报》《人民日报》《光明日报》《中国教育报》《中国青年报》等期刊和报纸公开发表高考改革相关论文和访谈六十余篇,其中《高考招生制度改革与高中人才培养》等八篇文章被《新华文摘》全文转载;向教育部等提供了《关于深化高考改革提高人才培养质量的政策建议》等咨询报告二十余份,对高考改革的理论创新、政策调整与实践问题解决起到了实质性的推动作用,产生了一定的社会影响与学术影响。

本书收录论文31篇,其中《积极稳妥地推进高等学校考试招生制度改革》《我国高考改革的价值取向变迁与理性选择》分别收录在商务印书馆出版的《大学的走向》《教育的变革》两本书中,为保持高考改革研究专题的完整性和延续性,将这两篇文章也收录在本书中。北京师范大学周海涛教授、姚云教授、杜瑞军副教授、方芳副教授等作为研究团队核心成员为项目实施作出了重要贡献,北京师范大学教育学部高等教育研究院的研究生参与专题调研和数据整理工作,在此一并表示感谢。

感谢商务印书馆谢仲礼先生对本书出版给予的鼎力支持与悉心扶正。

作者

2022年1月12日